Sabine Jentges | Kathrin Sokolowski |
Eveline Schwarz (Übungen zu den Grammatik-Clips)

DaF leicht

A1

Lehrerhandbuch

Ernst Klett Sprachen
Stuttgart

Bildquellen:
14 Fotolia.com (Kaarsten), New York; **16.1** iStockphoto (pressureUA), Calgary, Alberta; **16.2** Klett-Archiv (Eva Mokhlis), Stuttgart; **16.3** Klett-Archiv (Eva Mokhlis), Stuttgart; **16.4** Fotolia.com (yamix), New York; **16.5** iStockphoto (saiko3p), Calgary, Alberta; **16.6** Fotolia.com (ILYA AKINSHIN), New York; **16.7** Fotolia.com (Henry Schmitt), New York; **16.8** Fotolia.com (Gresei), New York; **16.9** Shutterstock (Evgeny Karandaev), New York; **16.10** Shutterstock (Djomas), New York; **16.11** Fotolia.com (kocetoilief), New York; **16.12** dreamstime (Anton Starikov), Brentwood, TN; **16.13** Fotolia.com (hec), New York; **16.14** Fotolia.com (rdnzl), New York; **16.15** Klett-Archiv (Claudia Stumpfe), Stuttgart; **16.16** Shutterstock (olavs), New York; **17.1** Fotolia.com (Henry Schmitt), New York; **17.2** Fotolia.com (Elena Petrova), New York; **17.3** Fotolia.com (volff), New York; **17.4** dreamstime (Nikolay Denisov), Brentwood, TN; **17.5** Fotolia.com (ILYA AKINSHIN), New York; **17.6** dreamstime (Anton Starikov), Brentwood, TN; **17.7** Fotolia.com (kocetoilief), New York; **17.8** Fotolia.com (freezeframe), New York; **17.9** Fotolia.com (Miredi), New York; **17.10** Fotolia.com (ivanukh), New York; **17.11** Klett-Archiv (Eva Mokhlis), Stuttgart; **17.12** Shutterstock (olavs), New York; **27.1** Fotolia.com (cristi180884), New York; **27.2** FC Bayern München; **27.3** Wikimedia Commons (Goldi64 at de.wikipedia); **27.4** Klett-Archiv (Elke Körner), Stuttgart; **27.5** Swatch; **27.6** Fotolia.com (venusangel), New York; **27.7** Fotolia.com (Stefan Ebinger), New York; **27.8** Fotolia.com (babimu), New York; **27.9** Klett-Archiv (Angelika Lundquist-Mog), Stuttgart; **27.10** Fotolia.com (Henry Schmitt), New York; **35.1** Fotolia.com (ExQuisine), New York; **35.2** Fotolia.com (babimu), New York; **35.3** Shutterstock (Elena Schweitzer), New York; **35.4** Fotolia.com (Mara Zemgaliete), New York; **35.5** Shutterstock (Svetlana Foote), New York; **35.6** iStockphoto (EasyBuy4u), Calgary, Alberta; **35.7** iStockphoto (xxmmxx), Calgary, Alberta; **35.8** iStockphoto (Kasiam), Calgary, Alberta; **35.9** Klett-Archiv (Elke Körner), Stuttgart; **35.10** Wikimedia Commons (Dougal2010); **35.11** Fotolia.com (Henry Schmitt), New York; **35.12** Fotolia.com (Schlierner), New York; **35.13** Fotolia.com (karandaev), New York; **35.14** Fotolia.com (volff), New York; **35.15** iStockphoto (solaris_design), Calgary, Alberta; **35.16** Fotolia.com (gavran333), New York; **35.17** Fotolia.com (imstock), New York; **35.18** Klett-Archiv (Eva Mokhlis), Stuttgart; **35.19** iStockphoto (Maksym Narodenko), Calgary, Alberta; **35.20** Klett-Archiv (Stephan Klonk), Stuttgart; **35.21** iStockphoto (alex-mit), Calgary, Alberta; **35.22** Fotolia.com (stockphoto-graf), New York; **35.23** Klett-Archiv (Stephan Klonk), Stuttgart; **35.24** Klett-Archiv (Stephan Klonk), Stuttgart; **35.25** Fotolia.com (stockphoto-graf), New York; **35.26** Klett-Archiv (Stephan Klonk), Stuttgart; **35.27** Klett-Archiv (Stephan Klonk), Stuttgart; **35.28** Fotolia.com (rdnzl), New York; **35.29** Fotolia.com (kzww), New York; **35.30** iStockphoto (winterling), Calgary, Alberta; **35.31** iStockphoto (karandaev), Calgary, Alberta; **35.32** Klett-Archiv (Stephan Klonk), Stuttgart; **35.33** Fotolia.com (yamix), New York; **37.1** Fotolia.com (Corinna Gissemann), New York; **37.2** Fotolia.com (Corinna Gissemann), New York; **37.3** Fotolia.com (kab-vision), New York; **37.4** Fotolia.com (B. and E. Dudzinscy), New York; **37.5** Fotolia.com (Barbara Pheby), New York; **37.6** Fotolia.com (sumnersgraphicsinc), New York; **56.1** Klett-Archiv (Stephan Klonk), Stuttgart; **56.2** Klett-Archiv (Stephan Klonk), Stuttgart; **56.3** Klett-Archiv (Stephan Klonk), Stuttgart; **56.4** Klett-Archiv (Stephan Klonk), Stuttgart; **74.1** iStockphoto (littleny), Calgary, Alberta; **74.2** Fotolia.com (digitalfoto105), New York; **74.3** iStockphoto (fotoVoyager), Calgary, Alberta; **74.4** Shutterstock (Daniel Prudek), New York; **74.5** Fotolia.com (Sulabaja), New York; **74.6** Shutterstock (majeczka), New York; **74.7** Fotolia.com (B. Wylezich), New York; **74.8** Klett-Archiv (Renate Weber), Stuttgart; **74.9** Fotolia.com (B. Wylezich), New York; **74.10** Fotolia.com (Julián Rovagnati), New York; **74.11** Shutterstock (lola1960), New York; **74.12** Fotolia.com (digitalfoto105), New York; **87.1** Shutterstock (monika3steps), New York; **87.2** Klett-Archiv (Renate Weber), Stuttgart; **87.3** Shutterstock (Eldad Carin), New York; **87.4** iStockphoto (EasyBuy4u), Calgary, Alberta; **87.5** Klett-Archiv (Renate Weber), Stuttgart; **87.6** Fotolia.com (Julián Rovagnati), New York; **87.7** Klett-Archiv (Stephan Klonk), Stuttgart; **87.8** Shutterstock (joingate), New York; **104** Shutterstock (Bocman1973), New York; **125.1** Klett-Archiv (Eva Mokhlis), Stuttgart; **125.2** Klett-Archiv (Eva Mokhlis), Stuttgart; **125.3** Fotolia.com (rdnzl), New York; **125.4** iStockphoto (saiko3p), Calgary, Alberta; **125.5** Shutterstock (Djomas), New York; **125.6** Fotolia.com (yamix), New York; **126.1** Klett-Archiv (Angelika Lundquist-Mog), Stuttgart; **126.2** Wikimedia Commons (Dougal2010); **126.3** www.flip-flap-solar.com; **126.4** Fotolia.com (Stefan Ebinger), New York; **126.5** Swatch; **126.6** FC Bayern München; **127.1** Klett-Archiv (Eva Mokhlis), Stuttgart; **127.2** Klett-Archiv (Angelika Lundquist-Mog), Stuttgart; **127.3** iStockphoto (brightstorm), Calgary, Alberta; **127.4** iStockphoto (brightstorm), Calgary, Alberta; **128.1** Shutterstock (Svetlana Foote), New York; **128.2** Fotolia.com (schmanosch113), New York; **128.3** iStockphoto (EasyBuy4u), Calgary, Alberta; **128.4** iStockphoto (xxmmxx), Calgary, Alberta; **128.5** Shutterstock (Elena Schweitzer), New York; **128.6** Fotolia.com (Mara Zemgaliete), New York; **128.7** Fotolia.com (babimu), New York; **132.1** iStockphoto (4774344sean), Calgary, Alberta; **132.2** Shutterstock (Iakov Filimonov), New York; **136.1** Shutterstock (Jaroslav Moravcik), New York; **136.2** Shutterstock (Ljupco Smokovski), New York; **136.3** iStockphoto (Sportstock), Calgary, Alberta; **136.4** Fotolia.com (alextan8), New York; **138** iStockphoto (Fotovika), Calgary, Alberta; **139.1** Shutterstock (Africa Studio), New York; **139.2** Dreamstime.com (Akila1001), Brentwood, TN; **139.3** Thinkstock (kurga), München; **139.4** iStockphoto (Fotovika), Calgary, Alberta; **139.5** Fotolia.com (rdnzl), New York; **140.1** Shutterstock (Karkas), New York; **140.2** Klett-Archiv (Claudia Stumpfe), Stuttgart; **140.3** iStockphoto (dendong), Calgary, Alberta; **140.4** Shutterstock (Simone Andress), New York; **140.5** Shutterstock (Kucher Serhii), New York; **140.6** Thinkstock (gongzstudio), München; **142.1** Fotolia.com (ExQuisine), New York; **142.2** iStockphoto (SednevaAnna), Calgary, Alberta; **142.3** Thinkstock (Remains), München; **142.4** Thinkstock (ulkan), München; **142.5** iStockphoto (mayamo), Calgary, Alberta; **142.6** Thinkstock (Boris Ryzhkov), München; **142.7** Thinkstock (aquariagirl1970), München

1. Auflage 1 5 4 3 2 1 | 2019 18 17 16 15

Autorinnen: Sabine Jentges, Kathrin Sokolowski, Eveline Schwarz (Übungen zu den Grammatik-Clips)

Redaktion: Renate Weber, Victoria Simons
Beratung und Redaktion: Angelika Lundquist-Mog
Gestaltungskonzeption: Claudia Stumpfe
Satz: Regina Krawatzki, Stuttgart
Illustrationen: Gert Albrecht, Stuttgart
Umschlaggestaltung: Anna Wanner
Reproduktionen: Meyle + Müller, Medien-Management, Pforzheim
Druck und Bindung: Druckerei A. Plenk KG, Berchtesgaden • Printed in Germany

ISBN: 978-3-12-676252-6

9 783126 762526

Lehrerhandbuch

Das Lehrerhandbuch zu *DaF leicht* ergänzt das Kurs- / Übungsbuch durch praktische Tipps und Anregungen mit „Rezeptcharakter“: Im Leitfaden sehen Sie im Zentrum der Seite eine verkleinerte Abbildung der Kursbuchseite. Darum gruppiert finden Sie präzise Informationen und Empfehlungen. Dieser Aufbau erleichtert ein schnelles Erfassen. Die Tipps und Hinweise sind mit eindeutigen Symbolen versehen und klar zugeordnet, sodass Sie sich auf einen Blick über den Unterrichtsverlauf und Zusatzangebote orientieren können.

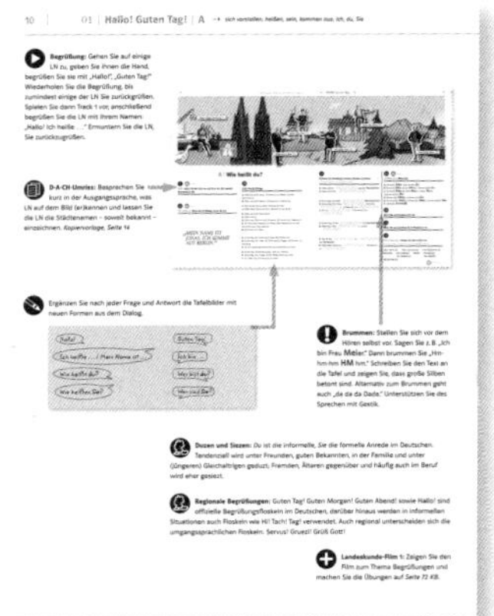

- Ideen für Stundeneinstiege
- Tipps und Erläuterungen zu einzelnen Übungen
- Tafelbilder
- landeskundliche Informationen
- zusätzliche Übungs- und Projektideen
- Kopiervorlagen / Übungen zu den Grammatik-Clips

Zudem gibt es 4 Kopiervorlagen pro Lektion sowie Übungsideen zur Weiterarbeit mit den Grammatik-Clips. Am Ende des Lehrerhandbuchs finden Sie 10 Lektionstests, die Transkriptionen des Kurs- / Übungsbuchs sowie die Lösungen des Kursbuchteils.

Inhaltsverzeichnis:

Abkürzungen:

KB = Kursbuchteil
ÜB = Übungsbuchteil
LHB = Lehrerhandbuch
LN = Lernende
Ü = Übungen

Was ist DaF leicht?

DaF leicht ist ein handlungsorientiertes Anfängerlehrwerk für Erwachsene. Es bereitet in 6 Halbbänden auf die Niveaustufen A1 – B1 vor. Sprachlich und thematisch basiert das Lehrwerk auf dem GeR, ergänzt um aktuelle Themen aus D-A-CH.

Komponenten

- Kurs-/Übungsbuch mit DVD-ROM
- Lehrerhandbuch
- Grammatik-Clips: Clips – Kopiervorlagen – Unterrichtsideen
- Medienpaket mit 4 Audio-CDs und 1 DVD (entspricht dem Inhalt der DVD-ROM)
- *DaF leicht* digital

www.klett-sprachen.de/dafleicht

- Moodle-Kursinhalte mit Foren und Chatroom
- Selbstevaluation mit Übungs- und Testmodus
- Einstufungstests

www.klett-sprachen.de/dafleicht-online

- alle Inhalte der DVD-ROM
- auch für Tablet und Smartphone

Was bedeutet *leicht*?

DaF leicht fokussiert auf das Wesentliche. Das Lehrwerk ist klar aufgebaut und leicht zu handhaben. Das bietet Sicherheit und schafft eine positive Lernatmosphäre. Die Maxime von *DaF leicht* ist: Buch aufschlagen und loslegen!

Leicht für Unterrichtende

- transparente Lernzielangaben zu Beginn jeder Lektion und auf jeder Doppelseite
- integrierte Unterrichtshinweise in roter Schriftfarbe innerhalb des Kursbuchteils
- einfache Zeitplanung: eine Doppelseite im Kursbuch = 2 Unterrichtseinheiten
- eindeutige Navigation: große Symbole, klares Verweissystem zwischen Kurs- und Übungsbuchteil
- alle Medien auf einer DVD-ROM: Audio-Tracks, Grammatik-Clips und Landeskunde-Filme
- visuell gestaltetes Lehrerhandbuch mit rezeptartigen Tipps und Hinweisen

Leicht für Lernende

- kleine kommunikative Einheiten überfordern nicht
- markante Visualisierungen unterstützen das Lernen
- Rhythmusübungen festigen grammatische Strukturen
- Grammatik-Clips visualisieren Regeln Schritt für Schritt
- kommunikativ relevante Chunks prägen sich durch plakative Zitate ein
- besonderes Papier im Übungsbuchteil ermöglicht das Schreiben (und Radieren) auch mit Bleistift
- im Übungsbuchteil und in der Online-Selbstevaluation ist selbstständiges Üben und Testen möglich

Aufbau eines Halbbandes

- 5 Lektionen im Kurs- und Übungsbuchteil
- 1 Einheit Landeskunde extra
- Grammatik im Überblick
- Lösungen zum Übungsbuchteil
- 1 DVD-ROM mit allen Audio-Tracks, Grammatik-Clips und Landeskunde-Filmen

Lektionsaufbau

Jede Lektion gliedert sich in einen 12-seitigen Kursbuch- und einen 10-seitigen Übungsbuchteil. Pro Lektion gibt es ein Oberthema, das aus zwei thematischen Einheiten besteht (Teil A und Teil B). Alle Lektionen haben diesen übersichtlichen und einheitlichen Aufbau. Verweise am Ende einer Doppel- bzw. Einzelseite führen direkt zur passenden Seite im Übungsbuchteil.

Kursbuchteil

- eine Einstiegs-Doppelseite mit einem ganzseitigen Foto und Lernzielangaben zur Lektion (Kommunikation, Wortschatz, Grammatik, Phonetik, Landeskunde)
- Teil A und Teil B mit jeweils 4 Seiten (eine Doppel- und zwei Einzelseiten)
- eine Überblicks-Doppelseite mit Redemitteln, Strukturen und Aussprache

Übungsbuchteil

- eine Doppelseite mit Wortschatzübersicht inklusive Bildwörterbuch und integrierten Lernstrategien
- passend zu Teil A und B je 3 Seiten mit Übungen zum selbstständigen Lernen
- eine Seite Schreibtraining und eine Seite Aussprachetraining

Zeitplanung

Für Teil A sowie Teil B sind je 180 Minuten einzuplanen, d.h. pro Doppelseite etwa 90 Minuten. Aber natürlich variiert der Zeitbedarf je nach Zielgruppe, Lerngruppengröße und individuellen Unterrichtsvorgaben.

5-Minuten-Einstieg

Großformatige, interessante Fotos machen neugierig auf die Lektion und regen die Fantasie der Lernenden an. Erste Fragen dazu sind bewusst offen gehalten und können am Anfang auch in der Muttersprache beantwortet werden. Sie regen dazu an, sich auf die Themen der Lektion einzustimmen.
Wortschatz und neue Strukturen sollen aber erst schrittweise in der Lektion erarbeitet werden.

Übungsbogen

Das kommunikative Lernziel ist auf jeder Seite in der Kopfzeile angegeben. Neuer Wortschatz und neue Strukturen werden in authentischen Kontexten präsentiert.
Die Fertigkeiten Hören, Sprechen, Lesen und Schreiben werden den kommunikativen Anforderungen eines Themas entsprechend geübt.
Die Übungen sind so aufgebaut, dass sie in kleinen Schritten von rezeptiv über reproduktiv bis zu einer produktiven Abschlussaufgabe führen, sodass sich die Lernenden sicher fühlen, bevor sie frei formulieren müssen. Ziel ist, sich am Ende persönlich mündlich oder schriftlich zu einem Thema äußern zu können.

Grammatikvermittlung

Grammatik wird in *DaF leicht* durch das Prinzip der Formfokussierung vermittelt: Die Aufmerksamkeit der Lernenden wird auf kommunikativ relevante Formaspekte gelenkt, wodurch der Zusammenhang von inhaltlichen und formalen Aspekten der Kommunikation deutlich gemacht wird. Es handelt sich also um eine „funktionale Grammatikvermittlung", die stark anwendungsbetont ist.

Neue Strukturen werden in vier Schritten eingeführt

1. In der Einführungsphase wird den Lernenden ein schriftlicher oder mündlicher Input präsentiert, der auch die zu fokussierende grammatische Form enthält.
2. Die neuen Strukturen werden durch gelbe Markierungen („Signalgrammatik") und durch animierte Grammatik-Clips bewusst gemacht.
3. In zunächst noch gelenkten Übungen machen sich die Lernenden mit den neuen Strukturen vertraut, in rhythmischen Übungen werden diese gefestigt und automatisiert.
4. Den Abschluss bildet immer eine Transferübung, in der die grammatischen Strukturen im kommunikativen Kontext angewendet werden.

Grammatikclips

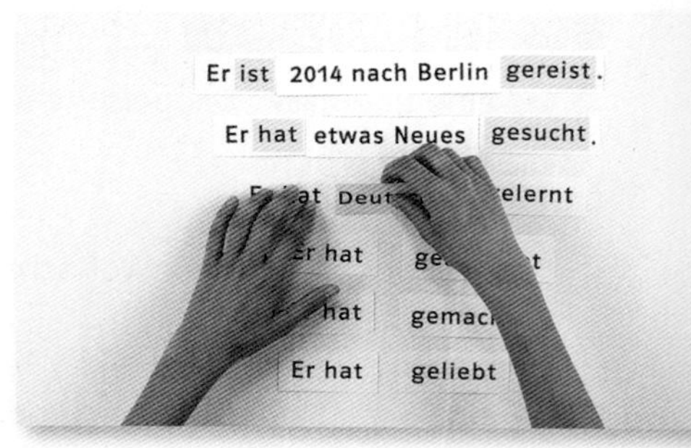

Die Grammatik-Clips folgen ebenfalls dem Prinzip der Formfokussierung: Formen und Funktionen werden gezeigt und im Zusammenhang präsentiert, aber nicht metasprachlich erläutert.
Wort- und Satzkarten werden – eingebettet in eine Geschichte – so hin- und hergeschoben, dass die Struktur sichtbar und deutlich wird. Intuitiv, ohne komplizierte grammatische Erklärungen, wird die Regel begreifbar.

Die Grammatik-Clips
- zeigen Form und Funktion grammatischer Strukturen
- sind einsetzbar, wenn die jeweilige Struktur eingeführt, wiederholt oder geübt wird
- arbeiten mit dem Wortschatz aus der jeweiligen Lektion
- können als Screenshot Tafelbilder ersetzen
- sind online jederzeit verfügbar

Weiterführende Übungen
- bieten Anregungen zum Nachspielen Variieren und Strukturieren der Clips.
- Sie unterstützen das Verstehen der jeweiligen sprachlichen Struktur.
- Zu jedem Grammatik-Clip gibt es drei Übungsvorschläge, die je nach Lernergruppe ausgewählt und im Unterricht bearbeitet werden können: 1. Den Clip nachlegen, 2. Interaktiv üben, 3. Strukturtabelle ausfüllen. Diese Übungen befinden sich im LHB am Ende jedes Lektionsleitfadens. In einem zusätzlichen Heft gibt es das Wort- und Bildmaterial als Kopiervorlagen aufbereitet. (Grammatikclips. Clips – Kopiervorlagen – Unterrichtsideen, ISBN 978-3-12-676265-6)

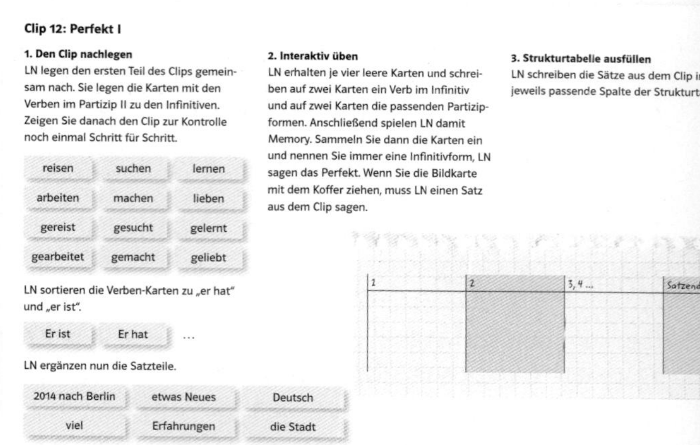

Clip 12: Perfekt I

1. Den Clip nachlegen
LN legen den ersten Teil des Clips gemeinsam nach. Sie legen die Karten mit den Verben im Partizip II zu den Infinitiven. Zeigen Sie danach den Clip zur Kontrolle noch einmal Schritt für Schritt.

reisen	suchen	lernen
arbeiten	machen	lieben
gereist	gesucht	gelernt
gearbeitet	gemacht	geliebt

LN sortieren die Verben-Karten zu „er hat" und „er ist".

Er ist | Er hat | …

LN ergänzen nun die Satzteile.

2014 nach Berlin	etwas Neues	Deutsch
viel	Erfahrungen	die Stadt

2. Interaktiv üben
LN erhalten je vier leere Karten und schreiben auf zwei Karten ein Verb im Infinitiv und auf zwei Karten die passenden Partizipformen. Anschließend spielen LN damit Memory. Sammeln Sie dann die Karten ein und nennen Sie immer eine Infinitivform, LN sagen das Perfekt. Wenn Sie die Bildkarte mit dem Koffer ziehen, muss LN einen Satz aus dem Clip sagen.

3. Strukturtabelle ausfüllen
LN schreiben die Sätze aus dem Clip in
jeweils passende Spalte der Strukturtab

1	2	3, 4 …	Satzende

Grammatikübersichten

- In den tabellarischen Darstellungen zu Redemittel, Strukturen, Aussprache am Ende jeder Lektion sind alle eingeführten Phänomene noch einmal übersichtlich zusammengestellt. Gelbe Markierungen machen auf Besonderheiten aufmerksam.
- Die Überblicksgrammatik im Anhang bietet eine Zusammenstellung aller Phänomene eines Bandes (bzw. einer Niveaustufe), unterstützt durch originelle Visualisierungen und Tipps.
- Eine Übersicht der benutzten Grammatikbegriffe mit Beispielen ergänzt diesen Teil.

Rhythmusstücke und Ausspracheübungen

In *DaF leicht* werden sprachliche Strukturen zusammen mit ihrer rhythmischen Form erworben.
Auf diese Weise werden die Lernenden spielerisch mit dem typischen deutschen Staccato-Rhythmus vertraut gemacht.
Die Lernenden speichern so die sprachlichen Einheiten in Form von Chunks und können sie später leichter in der korrekten Form wieder abrufen und verwenden, so wie man sich bestimmte Zusammenhänge (z. B. Telefonnummern) über rhythmische Strukturen auch leichter einprägt.
Durch das Einbeziehen körpersprachlicher Elemente (Mimik, Gestik) wird der Spracherwerb zusätzlich unterstützt und der Rhythmus spürbar. Die Lernenden haben oft mehr Freude am Lernen, weil emotionales und ästhetisches Empfinden über den rhythmisch geformten Sprachklang angesprochen wird.

In jeder Lektion gibt es

- Rhythmusstücke zum Einüben grammatischer Strukturen und Redemittel. Die betonten Silben sind mit großer Schrift hervorgehoben:

  Ich will, du willst, er will … ins Kino gehen.

- Sprechstücke zum Einüben bestimmter Aussprachebesonderheiten. Hierbei sind entweder die lautlichen Besonderheiten hervorgehoben, z. B. lange und kurze Vokale:

  Guten Tag. Alles da?

  Oder sie sind ebenfalls in Rhythmusschrift abgedruckt, wenn es um den Wort- oder Satzakzent geht, z. B.:

  Das Handy, die Zeitung, die Tasche.

- Zum Abschluss eine Übung (*Alles im Rhythmus)*, in der fast alle in der Lektion vermittelten Strukturen aufgegriffen werden. Sie dient der Festigung und soll natürlich auch Spaß machen.
- Ein ganzseitiges Aussprachetraining im Übungsbuchteil, das die Lernenden in Einzelarbeit bearbeiten können.

Tipps für den Einsatz im Unterricht

- Vermitteln Sie den Lernenden, dass man sich Sprache im Rhythmus besser merkt. Erinnern Sie sie z. B. daran, dass man so Gedichte und Lieder oder auch das Einmaleins leichter lernt.
- Spielen Sie die Rhythmusstücke mehrmals vor, damit sich die Strukturen fest im Gedächtnis verankern. Greifen Sie hin und wieder spielerisch einzelne Zeilen heraus, die zur Situation passen, z. B. begrüßen Sie Ihre Lernenden zu Unterrichtsbeginn immer mit: Hallo, guten Morgen, wie geht's?
- Lassen Sie den Lernenden etwas Zeit, sich an die Rhythmusstücke zu gewöhnen. Ermuntern Sie sie, jedes Rhythmusstück zuerst mitzubrummen und / oder zu klopfen, zu klatschen, mit der Hand zu dirigieren, …
- Schlagen Sie vor, dass die Lernenden, den Rhythmus auch mit dem ganzen Körper ausdrücken – dazu gehören Bewegungen von Kopf bis Fuß und auch die Mimik.
- Lassen Sie die Lernenden unbedingt zuerst mehrmals das gesamte Rhythmusstück im Chor sprechen. Später können sie es auch in Gruppen sprechen oder wie ein kleines Theaterstück vorführen.
- Korrigieren Sie Ausspracheefehler Ihrer Lernenden während des rhythmischen Sprechens möglichst gar nicht, sodass der Spaß am Rhythmus auf keinen Fall verlorengeht.

7b Track 6

Im Rhythmus: Hören Sie.

A: Hallo! Guten Morgen, wie geht's?
B: Hallo! Danke gut. Wie geht's dir?
A: Ach ja, danke gut. Danke gut.

Wortschatz

Der den Niveaustufen entsprechende Wortschatz wird in *DaF leicht* gezielt anwenderorientiert ausgewählt.

- Im Kursbuchteil werden neue Wörter stets mehrfach präsentiert, bevor sie aktiv verwendet werden: Um eine korrekte Aussprache zu erreichen, werden die Einzelwörter oder Wortkombinationen zuerst gehört und einer Visualisierung zugeordnet. Damit sich den Lernenden das Schriftbild einprägt, lesen sie die Wörter im Anschluss auch. Die Automatisierung des Wortschatzes und einzelner Chunks erfolgt durch stark gelenkte Übungen, Rhythmusstücke und Grammatik-Clips. In kleinen Aufgaben zum Abschluss jeder (Doppel-)Seite wenden die Lernenden den neuen Wortschatz produktiv an. Eingeführte Redemittel werden auf der letzten Seite jeder Lektion noch einmal übersichtlich und systematisch dargestellt.
- Im Übungsbuchteil ist jeder Lektion eine Doppelseite vorangestellt, die den Lernwortschatz – nach Wortarten systematisiert – darstellt. Bildwörterbücher, Assoziationen und Rätsel geben den Lernenden zusätzlich Impulse, diesen neuen Wortschatz mit eigenen Kontexten zu vernetzen und so leichter zu lernen. Auf den Folgeseiten befinden sich abwechslungsreich gestaltete Übungen, die den Lektionswortschatz trainieren und den aus vorherigen Lektionen wiederholen.

Landeskunde

Landeskunde zu D-A-CH (Deutschland, Österreich, Schweiz) ist in *DaF leicht* in jeder Lektion integriert. Darüber hinaus gibt es am Ende des Kursbuchteils die Plateau-Seiten „Landeskunde extra" mit einem expliziten landeskundlichen Schwerpunkt.

Landeskunde integrativ

Jedes Alltagsthema (Freizeit, Essen, Arbeit, Wohnen, ...) ist landeskundlich interessant. Es kommt auf die Unterschiede, Gemeinsamkeiten und Ausprägungen an, die in jedem Land – auch innerhalb der D-A-CH-Länder – anders sind. Zahlreiche authentische Fotos, informative Texte und Statistiken ermöglichen landeskundliche Themenzugänge, die zur Auseinandersetzung mit dem Zielsprachenland motivieren und zugleich zum Vergleich mit der Heimatkultur anregen. Auch aus der Fremdperspektive werden einige Aspekte bewusst gemacht, die vielen Personen auffallen, wenn sie zum ersten Mal in die deutschsprachigen Länder reisen.
Manche Themen sind in einigen Kulturen tabuisiert (z. B. Alleinerziehende, Lektion 5). Sie haben immer die Möglichkeit, ein Thema kontrastiv zu diskutieren oder auch die abgebildete Realität stehen zu lassen.

Landeskunde extra

Auf den vier Plateau-Seiten „Landeskunde extra" werden klassische landeskundliche D-A-CH -Themen präsentiert: Landkarten, Feste, Bräuche, Personen. Sie gliedern sich in zwei Teile:

- **Rätsel**: Spielerische Übungen regen zur Arbeit mit Faktenwissen an. Es kommt hier darauf an, einen Überblick zu geben und für Unterschiede innerhalb der D-A-CH-Länder zu sensibilisieren.
- **Filme**: Kurze Filmsequenzen präsentieren „echte" Personen unterschiedlichen Alters, Geschlechts und mit unterschiedlichen Berufen. Eine Sensibilisierung für unterschiedliche Lebensrealitäten in D-A-CH steht dabei im Vordergrund. Die Bilderwelt in den Porträts vermittelt auch vielfältige landeskundliche Informationen (z.B. Wohnen, Essen, Kleidung), über die man im Unterricht sprechen und die man mit der eigenen Kultur vergleichen kann. Übungen zum Hör-/Sehverstehen sind so gestellt, dass sie nur globales oder selektives Verstehen erfordern und so auch mit geringen Sprachkenntnissen zu lösen sind. (Als Hilfestellung finden Sie im Kursbuchteil zusätzlich die Transkriptionen der Filme.)

01 | Hallo! Guten Tag!

International begrüßen: Geben Sie einigen LN die Hand und sagen Sie abwechselnd „Guten Tag!" und „Hallo!" LN lesen die internationalen Begrüßungsfloskeln vor und ergänzen weitere aus der eigenen oder anderen Sprachen. Erläutern Sie, dass „die Hand geben" eine typische Begrüßungsgeste im deutschsprachigen Raum ist.

1A Wie heißt du?

Lernziele: LN können in Kennenlern-Situationen einfache Informationen in Form von Chunks äußern und verstehen
Kommunikation: sich begrüßen und verabschieden; sich und andere vorstellen
Wortschatz: Internationalismen; und, oder; erste Verben (sein, heißen, kommen aus)
Grammatik: Personalpronomen (ich, du, er / sie, Sie); erste Verben im Singular; W-Fragen (wer? wie?)
Phonetik: Wortakzent
Landeskunde: duzen, siezen in D-A-CH
Sie brauchen: zwei Gegenstände, z. B. Schokolade, Chips, Kaffee, Tee *(Seite 14 KB, Ü5a)*

1B Wie heißt das?

Lernziele: LN können höfliche Fragen nach der Bezeichnung und Schreibung von Dingen stellen und beantworten
Kommunikation: Wendungen für den Alltag; buchstabieren
Wortschatz: erste Nomen für den Alltag; das Alphabet
Grammatik: Definitartikel; Nomen in Singular und Plural
Phonetik: Wortakzent; kurze und lange Vokale
Sie brauchen: Tasche mit einigen Gegenständen *(Seite 16 KB, Ü8a)*; Plakatpapier, Zeitschriften, Scheren, Klebestifte *(Seite 18 KB, Ü11b)*

Zusatzmaterial:
Online-Selbstevaluation: http://www.klett-sprachen.de/dafleicht
Lektionstest: *Seite 124–125*
Kopiervorlagen und Übungen zu den Grammatik-Clips 1 und 2: *Seite 14–18*

Seite 14

Seite 15

Seite 16

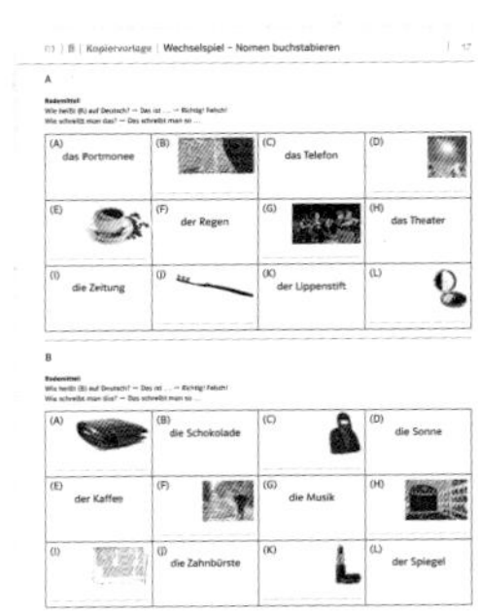
Seite 17

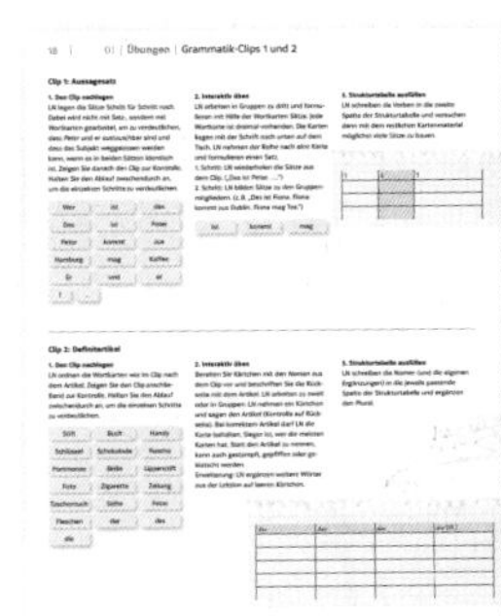
Seite 18

Begrüßung: Gehen Sie auf einige LN zu, geben Sie ihnen die Hand, begrüßen Sie sie mit „Hallo!", „Guten Tag!" Wiederholen Sie die Begrüßung, bis zumindest einige der LN Sie zurückgrüßen. Spielen Sie dann Track 1 vor, anschließend begrüßen Sie die LN mit Ihrem Namen: „Hallo! Ich heiße …" Ermuntern Sie die LN, Sie zurückzugrüßen.

D-A-CH-Umriss: Besprechen Sie kurz in der Ausgangssprache, was LN auf dem Bild (er)kennen und lassen Sie die LN die Städtenamen – soweit bekannt – einzeichnen. *Kopiervorlage, Seite 14*

Ergänzen Sie nach jeder Frage und Antwort die Tafelbilder mit neuen Formen aus dem Dialog.

Brummen: Stellen Sie sich vor dem Hören selbst vor. Sagen Sie z. B. „Ich bin Frau **Mei**er." Dann brummen Sie „Hm-hm-hm **HM** hm." Schreiben Sie den Text an die Tafel und zeigen Sie, dass große Silben betont sind. Alternativ zum Brummen geht auch „da da da Dada." Unterstützen Sie das Sprechen mit Gestik.

Duzen und Siezen: *Du* ist die informelle, *Sie* die formelle Anrede im Deutschen. Tendenziell wird unter Freunden, guten Bekannten, in der Familie und unter (jüngeren) Gleichaltrigen geduzt; Fremden, Älteren gegenüber und häufig auch im Beruf wird eher gesiezt.

Regionale Begrüßungen: Guten Tag! Guten Morgen! Guten Abend! sowie Hallo! sind offizielle Begrüßungsfloskeln im Deutschen, darüber hinaus werden in informellen Situationen auch Floskeln wie Hi! Tach! Tag! verwendet. Auch regional unterscheiden sich die umgangssprachlichen Floskeln: Servus! Gruezi! Grüß Gott!

Landeskunde-Film 1: Zeigen Sie den Film zum Thema Begrüßungen und machen Sie die Übungen auf *Seite 72 KB*.

Aus zwei Dingen wählen: Bringen Sie zwei der Gegenstände von *Ü5a* mit, z. B. Schokolade und Chips. Halten Sie einem / einer LN beide Gegenstände hin und fragen Sie: „Schokolade oder Chips?"

Ich heiße …	Er/Sie heißt …
Ich bin …	Er/Sie ist …
Ich komme aus …	Er/Sie kommt aus …
Ich mag …	Er/Sie mag …

Speed-Dating – Kennenlernen: LN stehen sich in zwei Reihen gegenüber. Eine Seite hat die Fragenliste A, die andere Liste B. LN begrüßen sich zunächst und stellen sich kurz vor. Danach stellen sie sich gegenseitig Fragen von der Kopiervorlage. Sobald Sie ein Zeichen geben, rücken alle einen Platz nach links und lernen einen neuen LN kennen, indem sie weitere Fragen stellen. *Kopiervorlage, Seite 15*

Grammatik-Clip 1 (Aussagesatz): Zeigen Sie den Grammatik-Clip mehrmals vor *Ü5d* und arbeiten Sie mit den *Übungen, Seite 18* weiter.

Schreibtraining:
Seite 98 ÜB, Ü25b, Ü27a, Ü27b

Der Tag: Spielen Sie mimisch-gestisch kurz einen Tagesablauf. Machen Sie Gesten für Aufwachen am Morgen, für Arbeiten am Tag, für Zur-Ruhe-Kommen am Abend und Schlafen in der Nacht. Nennen Sie dabei die folgenden Begrüßungen: „Guten Morgen!" „Guten Tag!" „Guten Abend!" „Gute Nacht!"

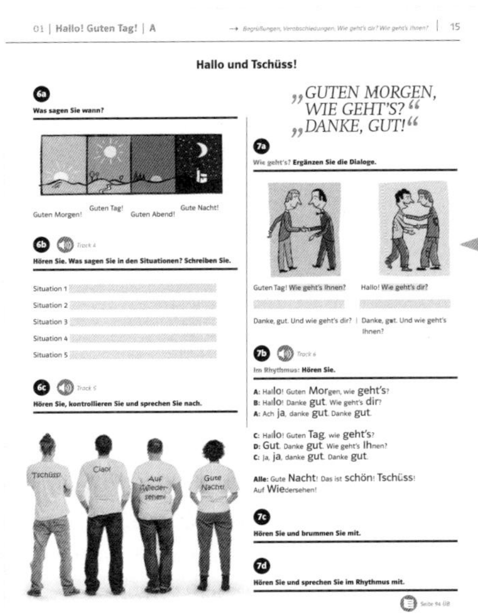

Konferenz: Kündigen Sie eine fiktive Veranstaltung, z. B. eine Konferenz oder eine Willkommensparty für neue Studierende / Mitarbeiter an, zu der alle LN eingeladen sind. LN bewegen sich durch den Raum. Stellen Sie sich selbst einigen Personen vor und fragen Sie, wie es ihnen geht. Fordern Sie LN auf, möglichst viele Personen zu begrüßen und sich vorzustellen.

Ergänzen Sie das Tafelbild von Seite 10.

Hallo!	Guten Tag!	
Ich heiße … / Mein Name ist …	Ich bin …	
Wie heißt **du**?	Wer bist **du**?	Wie geht's **dir**?
Wie heißen **Sie**?	Wer sind **Sie**?	Wie geht's **Ihnen**?

Tascheninhalt: Stellen Sie Ihre Tasche für alle LN gut sichtbar auf einen Tisch, holen Sie einzelne Dinge aus Ihrer Tasche, die Sie benennen, z. B.: der Schlüssel, das Foto, die Schokolade.

Wortakzent: Klopfen Sie mit den LN zusammen die betonte Silbe in jedem Wort. Ermuntern Sie die LN, die betonte Silbe besonders laut zu sprechen. Machen Sie die Übungen auf *Seite 99 ÜB, Ü28a-d*.

Vermutungen anstellen: Erklären Sie den LN, dass es bei der Übung nicht um die richtige Lösung geht, sondern geraten werden soll. Erst in *Ü9c* wird eine mögliche Lösung präsentiert.

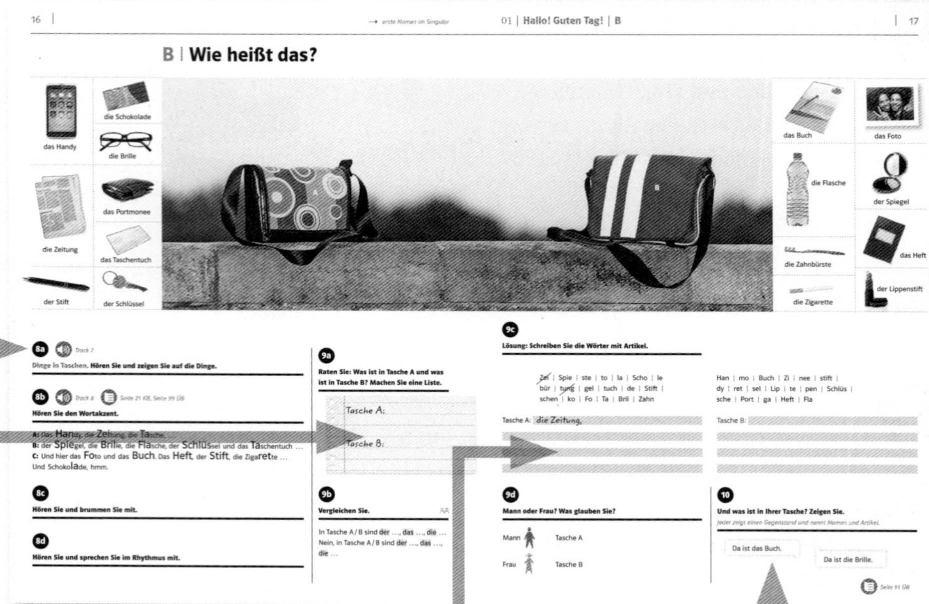

Wort-Bild-Karten: Verteilen Sie je einen Satz der Karten an Kleingruppen. LN versuchen Paare aus Wort- und Bildkarten zu finden. Beim Aufdecken der Karten soll immer das Wort vorgelesen und der Begriff auf der Bildkarte genannt werden. Wer die meisten Paare gefunden hat, hat gewonnen. *Kopiervorlage, Seite 16*

Schreibtraining: *Seite 98 ÜB, Ü26*

Kettenübung: Bringen Sie eine Tasche mit Gegenständen mit. LN sitzen im Kreis, eine Person hat die Tasche in der Hand und holt einen Gegenstand heraus. Der Dialog verläuft dann wie im Beispiel. In jeder Runde kommt ein weiterer Gegenstand dazu.
1. Gegenstand (der Schlüssel): A: „Wie heißt das?" B: „Der Schlüssel." C: „Da ist der Schlüssel."
2. Gegenstand (das Buch): B: „Wie heißt das?" C: „Das Buch" D: „Da ist der Schlüssel und da ist das Buch." usw.

Regen Sie die Nutzung eines Wörterbuchs an, falls LN Gegenstände benennen wollen, die noch nicht bekannt sind.

Recycelte Taschen: Seit einiger Zeit sind in Deutschland Taschen aus recycelten Materialien wie LKW-Planen, altem Segeltuch oder alten Schul-Turnmatten beliebt. Diese Taschen gibt es in allen möglichen Formen: als Handtasche, Umhängetasche, Reisetasche, Fahrradtasche usw. Sie werden sowohl von Frauen als auch von Männern getragen.

Geräusche für Artikel: Fragen Sie die LN nach dem Inhalt der abgebildeten Tasche. Weisen Sie dann auf die drei Geräusch-Symbole für die Artikel der / das / die hin: Machen Sie das Stampfen (der), Klopfen (das) und Pfeifen (die) kurz vor, bevor Sie mit *Ü11a* beginnen.

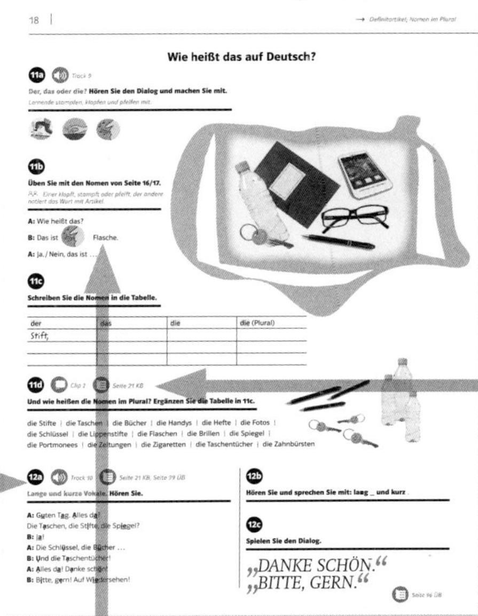
18
Wie heißt das auf Deutsch?
Und wie heißen die Nomen im Plural? Ergänzen Sie die Tabelle in 11c.
die Stifte | die Taschen | die Bücher | die Handys | die Hefte | die Fotos | die Schlüssel | die Lippenstifte | die Flaschen | die Brillen | die Spiegel | die Portmonees | die Zeitungen | die Zigaretten | die Taschentücher | die Zahnbürsten
„DANKE SCHÖN.“
„BITTE, GERN.“

Artikel-Spiel: Bitten Sie die LN, eine 10er-Liste mit der / das / die in beliebiger Reihenfolge aufzuschreiben. Lesen Sie langsam bisher bekannte Nomen ohne den Artikel vor. Stimmt das Nomen mit dem obersten Artikel auf der 10er-Liste eines / einer LN überein, schreibt LN das Nomen hinter den Artikel. Jetzt muss LN auf ein passendes Nomen für den zweiten Artikel warten. Wer für alle 10 Artikel nacheinander ein Nomen notiert hat, ruft „Gewonnen!“ und das Spiel ist beendet.

LN	LK
1. die Tasche	- Buch
2. das Telefon	- Tasche
3. das	- Telefon
4. der	- Zahnbürste
5. das	- Schlüssel
…	…

Kurze und lange Vokale: Zeigen Sie mit Handbewegungen die Länge des Vokals an, der gleichzeitig betont ist, z. B. Sp**ie**gel – St**i**fte. Übertreiben Sie Länge und Kürze beim Sprechen. Bestimmen Sie mit den LN gemeinsam die Vokallänge in anderen schon bekannten Wörtern. Machen Sie die Übungen auf *Seite 99 ÜB, Ü29a-d.*

Grammatikclip 2 (Artikel): Zeigen Sie den Clip mehrmals und arbeiten Sie weiter mit den *Übungen, Seite 18.*

Sich erinnern: Fordern Sie die LN auf, sich die Gegenstände auf *Seite 16/17* noch mal anzusehen, sich den Artikel einzuprägen und das Buch dann zu schließen. LN notieren alle Gegenstände, an die sie sich erinnern. Danach sammeln Sie gemeinsam alle Wörter an der Tafel, sortiert nach dem Artikel im Singular. Das Tafelbild kann als Grundlage für die Partnerarbeit in *Ü11b* dienen. Ergänzen Sie in *Ü11c* die Pluralformen.

der	das	die	die (Plural)

Buchstabieren: Schreiben Sie das Alphabet an die Tafel. Stellen Sie sich dann mit Ihrem Vornamen vor und buchstabieren Sie ihn, indem Sie auf die passenden Buchstaben an der Tafel zeigen.

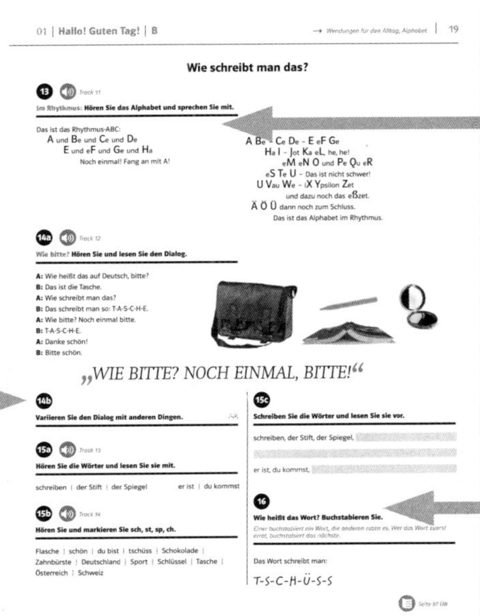
01 | Hallo! Guten Tag! | B
19
Wie schreibt man das?
„WIE BITTE? NOCH EINMAL, BITTE!“
T-S-C-H-Ü-S-S

Wörtersuche: LN versuchen, zu möglichst vielen Buchstaben des (deutschen) Alphabets ein Wort aus Lektion 1 zu finden, das mit dem Buchstaben beginnt, z. B.: A wie Auf Wiedersehen, B wie Berlin, … Wer hat in fünf Minuten die meisten Wörter gefunden?

Wechselspiel – Nomen buchstabieren: LN arbeiten zu zweit, dabei erfragt Partner A Informationen von B und umgekehrt. *Kopiervorlage, Seite 17*

Kompliziert buchstabiert: LN buchstabieren zunächst die Buchstabenfolge des Wortes, in einer nächsten Runde diktieren LN einem Partner die Buchstaben in beliebiger Reihenfolge, z. B.: S – E – C – A – T – H (für Tasche).

DaF leicht A1, Lehrerhandbuch
ISBN: 978-3-12-676252

Redemittel:
Guten Tag! Hallo! Wer bist du? / Wie heißt du?
Ich bin … / Ich heiße … Ich mag … und ich mag …

Fragen A

1. Kaffee oder Tee?
2. Telefon oder E-Mail?
3. Sonne oder Regen?
4. Berlin oder Wien?

Redemittel:
Guten Tag! Hallo! Wer bist du? / Wie heißt du?
Ich bin … / Ich heiße … Ich mag … und ich mag …

Fragen B

1. Schokolade oder Chips?
2. Sport oder Musik?
3. Kino oder Theater?
4. Fußball oder Tennis?

DaF leicht A1, Lehrerhandbuch
ISBN: 978-3-12-676252

das Handy		das Buch	
die Zeitung		die Flasche	
der Stift		die Zahnbürste	
die Schokolade	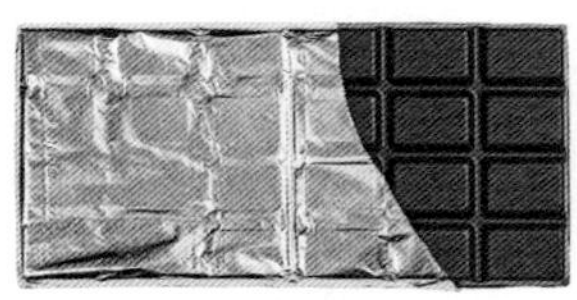	die Zigarette	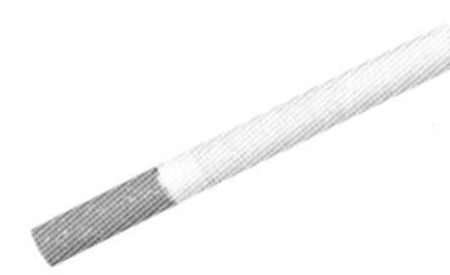
die Brille		das Foto	
das Portmonee		der Spiegel	
das Taschentuch	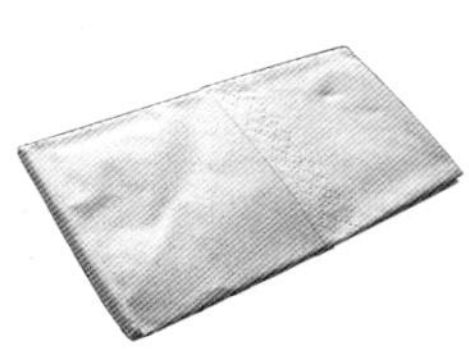	das Heft	
der Schlüssel		der Lippenstift	

DaF leicht A1, Lehrerhandbuch
ISBN: 978-3-12-676252

A

Redemittel:
Wie heißt (A) auf Deutsch? → Das ist … → Richtig! Falsch!
Wie schreibt man das? → Das schreibt man so …

(A) das Portmonee	(B) 	(C) das Telefon	(D)  ....
(E) 	(F) der Regen	(G) 	(H) das Theater
(I) die Zeitung	(J) 	(K) der Lippenstift	(L)  ....

B

Redemittel:
Wie heißt (B) auf Deutsch? → Das ist … → Richtig! Falsch!
Wie schreibt man das? → Das schreibt man so …

(A) 	(B) die Schokolade	(C) 	(D) die Sonne
(E) der Kaffee	(F) 	(G) die Musik	(H)  ....
(I) 	(J) die Zahnbürste	(K) 	(L) der Spiegel

DaF leicht A1, Lehrerhandbuch
ISBN: 978-3-12-676252

Clip 1: Aussagesatz

1. Den Clip nachlegen
LN legen die Sätze Schritt für Schritt nach. Dabei wird nicht mit Satz-, sondern mit Wortkarten gearbeitet, um zu verdeutlichen, dass *Peter* und *er* austauschbar sind und dass das Subjekt weggelassen werden kann, wenn es in beiden Sätzen identisch ist. Zeigen Sie danach den Clip zur Kontrolle. Halten Sie den Ablauf zwischendurch an, um die einzelnen Schritte zu verdeutlichen.

Wer	ist	das
Das	ist	Peter
Peter	kommt	aus
Hamburg	mag	Kaffee
Er	und	er
?	.	

2. Interaktiv üben
LN arbeiten in Gruppen zu dritt und formulieren mit Hilfe der Wortkarten Sätze. Jede Wortkarte ist dreimal vorhanden. Die Karten liegen mit der Schrift nach unten auf dem Tisch. LN nehmen der Reihe nach eine Karte und formulieren einen Satz.
1. Schritt: LN wiederholen die Sätze aus dem Clip. („Das ist Peter. …")
2. Schritt: LN bilden Sätze zu den Gruppenmitgliedern. (z. B. „Das ist Fiona. Fiona kommt aus Dublin. Fiona mag Tee.")

ist	kommt	mag

3. Strukturtabelle ausfüllen
LN schreiben die Verben in die zweite Spalte der Strukturtabelle und versuchen dann mit dem restlichen Kartenmaterial möglichst viele Sätze zu bauen.

1	2	3

Clip 2: Definitartikel

1. Den Clip nachlegen
LN ordnen die Wortkarten wie im Clip nach dem Artikel. Zeigen Sie den Clip anschließend zur Kontrolle. Halten Sie den Ablauf zwischendurch an, um die einzelnen Schritte zu verdeutlichen.

Stift	Buch	Handy
Schlüssel	Schokolade	Flasche
Portmonee	Brille	Lippenstift
Foto	Zigarette	Zeitung
Taschentuch	Stifte	Fotos
Flaschen	der	das
die		

2. Interaktiv üben
Bereiten Sie Kärtchen mit den Nomen aus dem Clip vor und beschriften Sie die Rückseite mit dem Artikel. LN arbeiten zu zweit oder in Gruppen: LN nehmen ein Kärtchen und sagen den Artikel (Kontrolle auf Rückseite). Bei korrektem Artikel darf LN die Karte behalten. Sieger ist, wer die meisten Karten hat. Statt den Artikel zu nennen, kann auch gestampft, gepfiffen oder geklatscht werden.
Erweiterung: LN ergänzen weitere Wörter aus der Lektion auf leeren Kärtchen.

3. Strukturtabelle ausfüllen
LN schreiben die Nomen (und die eigenen Ergänzungen) in die jeweils passende Spalte der Strukturtabelle und ergänzen den Plural.

der	das	die	die (Pl.)

DaF leicht A1, Lehrerhandbuch
ISBN: 978-3-12-676252

02 | Zu Hause und auf Reisen

Drei Länder: Lassen Sie die LN vermuten, was auf dem Foto abgebildet ist. Lesen Sie als Anregung die einleitenden Fragen auf dem Foto vor. Zeigen Sie auf der D-A-CH-Karte *(Seite 70/71 KB)* die Alpenregion. LN können die Flaggen der D-A-CH-Länder von der Einstiegsseite einzeichnen.

2A Freizeit

Lernziele: LN können sich über Freizeitaktivitäten und Reiseziele austauschen
Kommunikation: über Freizeitaktivitäten sprechen; Reiseziele angeben
Wortschatz: Verb und gern; Länder; reisen nach / in die
Grammatik: regelmäßige Verben im Präsens; Personalpronomen wir, ihr, sie (Pl.); Negation nicht; Ja/Nein-Frage
Phonetik: Satzmelodie
Landeskunde: Freizeitaktivitäten in Deutschland
Sie brauchen: Würfel und Spielfiguren *(Kopiervorlage, Seite 25)*; Plakatpapier, Stifte *(Seite 27 KB, Ü9)*; eine Weltkarte *(Seite 27 KB)*

2B Souvenirs

Lernziele: LN können kurze Gespräche über Souvenirs führen und die Zahlen bis 100 anwenden
Kommunikation: über typische Souvenirs sprechen; nach Preisen fragen; Preise angeben
Wortschatz: Adjektive; doch; Zahlen von 1 bis 100; Sprachen; ich wohne in …, ich spreche …
Grammatik: Indefinitartikel ein / ein / eine; Negativartikel kein / kein / keine
Phonetik: Wortakzent (Zahlen)
Landeskunde: Souvenirs aus D-A-CH
Sie brauchen: Souvenirs aus D-A-CH *(Seite 28 KB, Ü10)*; einen kleinen Ball *(Seite 29 KB, Ü11c)*

Zusatzmaterial:
Online-Selbstevaluation: http://www.klett-sprachen.de/dafleicht
Lektionstest: *Seite 126–127*
Kopiervorlagen und Übungen zu den Grammatik-Clips 3 und 4: *Seite 24–28*

Seite 24

Seite 25

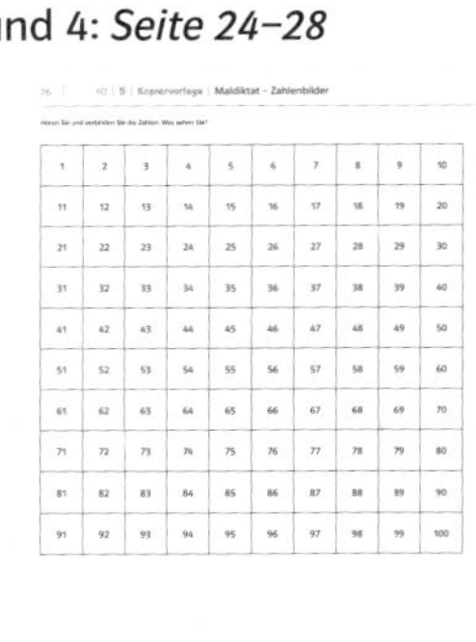
Seite 26

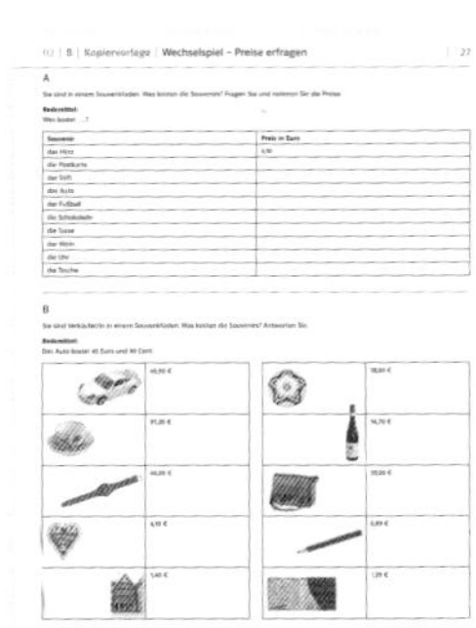
Seite 27

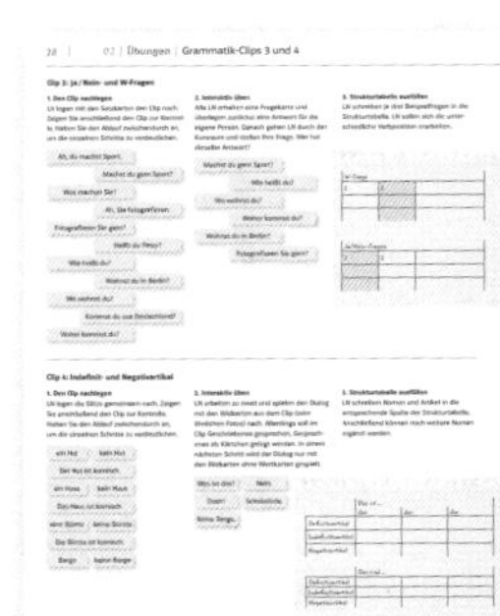
Seite 28

Telefongespräch: Nehmen Sie Ihr Handy und spielen Sie ein Telefongespräch: „Meier. Hallo! Ah, ja guten Morgen! Wie geht's? Gut? Ja? Schön. Ja, ja, auch gut. Danke! Tschühüss!" Wenden Sie sich den LN zu. Sagen Sie: „Ich telefoniere gern." Fragen Sie dann einen / eine LN: „Telefonieren Sie gern? Ja? Nein?"

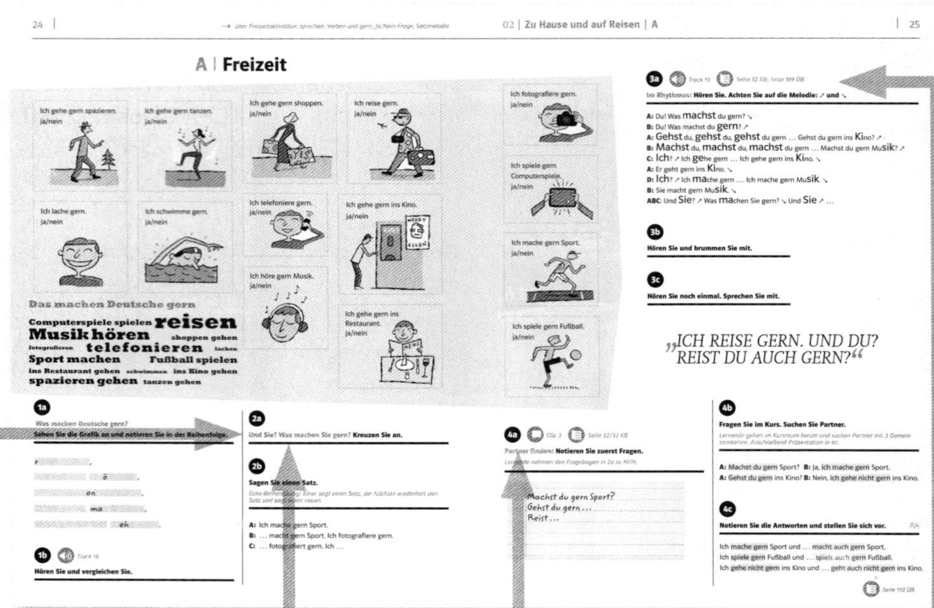

Schreibtraining: *Seite 108 ÜB, Ü34*

Schreiben Sie zuerst das Tafelbild zu der Frage „Was machst du gern?" Sammeln Sie im zweiten Schritt Antworten zu der Frage „Was machst du **nicht** gern?"

Was machst du gern? / Was machst du **nicht** gern?

Ich telefoniere gern. / Ich telefoniere **nicht** gern.
Ich lache gern.
Ich reise gern.

Ich mache gern Sport. / Ich mache nicht gern Sport.
Ich höre gern Musik.
Ich spiele gern Fußball.
Computerspiele.

Ich gehe gern spazieren. / Ich gehe nicht gern spazieren.
tanzen.
shoppen.
ins Kino.
ins Restaurant.

Grammatik-Clip 3 (W-Fragen und Ja/Nein-Fragen): Zeigen Sie vor *Ü4a* den Clip mehrmals und arbeiten Sie weiter mit den *Übungen, Seite 28*.

W-Fragen: Bei W-Fragen (Was machst du gern?) wirkt eine steigende Melodie ↗ meist besonders höflich, eine fallende Melodie ↘ wirkt neutraler. Verdeutlichen Sie den Unterschied. Sprechen Sie die Frage einmal mit besonders freundlichem Lächeln und mit steigender Melodie ↗ und einmal mit neutralem Gesichtsausdruck und fallender Melodie ↘ vor. Beide Melodieformen sind korrekt. Machen Sie die Übungen auf *Seite 109 ÜB*.

Wort-Bild-Karten – Freizeitaktivitäten: Verteilen Sie pro Kleingruppe ein Set Karten. LN sollen Paare aus Bild- und Wortkarten finden. Beim Aufdecken der Karten lesen LN das Verb vor und nennen die Tätigkeit auf der Bildkarte. Wer die meisten passenden Paare gefunden hat, hat gewonnen. *Kopiervorlage, Seite 24*

Landeskunde-Film 2: Zeigen und bearbeiten Sie den Film zum Thema Freizeit und machen Sie die Übungen auf *Seite 72 KB*.

Umfrage: Hängen Sie Zettel mit der Aufschrift „Kino" und „Theater" an zwei Ecken des Raums auf. Fragen Sie LN: „Kino oder Theater?" Fordern Sie die LN auf, als Antwort zu einer der Raumecken zu gehen. Werten Sie die Antwort aus: „Ah, ihr geht gern ins Kino! Und ihr geht gerne ins Theater." Spielen Sie weitere Runden mit telefonieren oder fotografieren und schwimmen oder tanzen. Leiten Sie damit das Personalpronomen *ihr* ein.

Spiel – Pronomenschlange: LN spielen zu zweit oder dritt: Ein / eine LN würfelt, geht die gewürfelte Zahl auf dem Feld vor und nennt die passende Form des Verbs. Ist die Antwort richtig, bleibt die Spielfigur stehen, ansonsten geht sie zurück zum Ausgangspunkt. Dann ist der / die nächste LN an der Reihe. Gewonnen hat, wer zuerst das Ziel erreicht.
Kopiervorlage, Seite 25

Pantomime: Gruppe A fragt nach dem Schreiben: „Was macht ihr?" Gruppe B stellt die Aktivität zuerst pantomimisch dar. Gruppe A fragt dann dazu: „Macht ihr Musik?" Gruppe B: „Ja, wir … / Nein, wir … nicht …" Danach stellt Gruppe A eine Aktivität vor.

Ergänzen Sie das Tafelbild um die Pluralformen.

Was macht ihr gern? / Was macht ihr nicht gern?

Wir telefonieren gern. / Wir telefonieren nicht gern.
Wir lachen gern.
…

Reisewünsche: Bringen Sie eine Weltkarte mit. Zeigen Sie ein Land und sagen Sie: „Ich reise gern nach …" Sie können auch die Abbildung auf *Seite 27 KB* nutzen.

Schreibtraining: *Seite 108 ÜB, Ü35*

Markieren Sie *nach* und *in die*. LN sollen jetzt weitere Länder nennen und überlegen, ob es *nach* oder *in die* heißt. Ergänzen Sie das Tafelbild mit den neuen Beispielen.

Ich reise gern **nach** …	Ich reise gern **in** …
Deutschland, Österreich	**die** Schweiz

Reiselust der Deutschen: Reisen ist beliebt in Deutschland. Die Deutschen reisen zu jeder Jahreszeit und in alle Länder der Welt. Die meist besuchten Urlaubsorte sind Deutschland, Spanien, Italien, die Türkei und Österreich.

D-A-CH-L – Rätsel: Bearbeiten Sie mit den LN die Landkarte auf *Seite 70/71 KB*.

Urlaubsländer recherchieren: Fragen Sie die LN: „Welche Reiseziele haben die Leute aus Ihrem Land?" LN recherchieren die Informationen entweder im Internet oder durch persönliche Befragungen.

Souvenirs präsentieren: Bringen Sie ungewöhnliche und typische Souvenirs mit. Alternativ können Sie mit den Abbildungen auf *Seite 28/29 KB* beginnen. Zeigen Sie auf einzelne Souvenirs und fragen Sie: „Was ist das? Das ist ein / eine …" Wiederholen Sie die Vorstellung mehrfach. Kommentieren Sie danach mit passender Mimik und Stimmlage die Souvenirs: „Hhm, lecker! Oh, wie schön! Iih, hässlich! Ha, lustig! Gähn, langweilig! Wow, cool!"

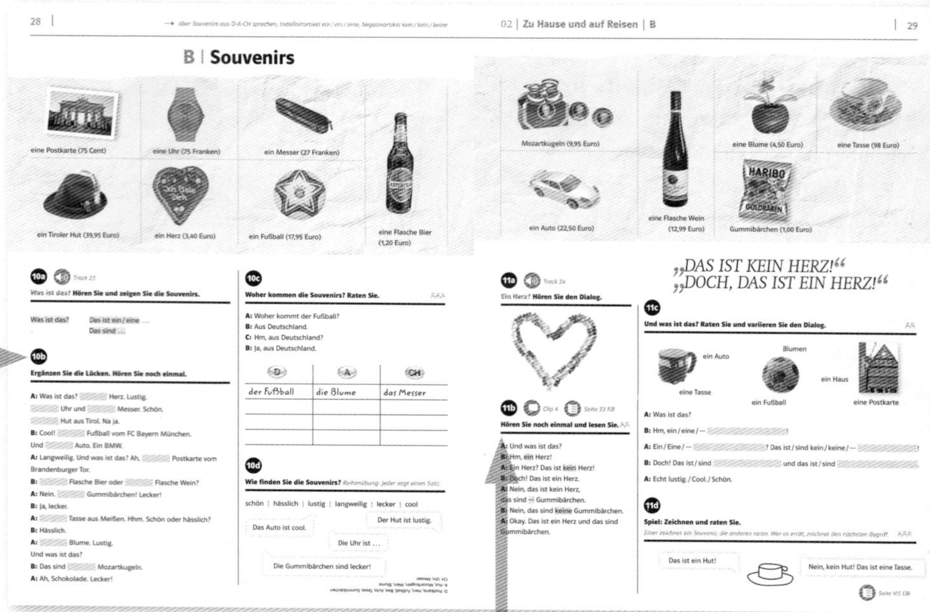
28 | → über Souvenirs aus D-A-CH sprechen; Indefinitartikel ein / ein / eine; Negativartikel kein / kein / keine

02 | Zu Hause und auf Reisen | B | 29

B | Souvenirs

10a Track 23

Was ist das? **Hören Sie und zeigen Sie die Souvenirs.**

Was ist das? Das ist ein / eine …
Das sind …

10b

Ergänzen Sie die Lücken. Hören Sie noch einmal.

A: Was ist das? ___ Herz. Lustig.
___ Uhr und ___ Messer. Schön.
___ Hut aus Tirol. Na ja.
B: Cool! ___ Fußball vom FC Bayern München.
Und ___ Auto. Ein BMW.
A: Langweilig. Und was ist das? Ah, ___ Postkarte vom Brandenburger Tor.
B: ___ Flasche Bier oder ___ Flasche Wein?
A: Nein. ___ Gummibärchen! Lecker!
B: Ja, lecker.
A: ___ Tasse aus Meißen. Hhm. Schön oder hässlich?
B: Hässlich.
A: ___ Blume. Lustig.
Und was ist das?
B: Das sind ___ Mozartkugeln.
A: Ah, Schokolade. Lecker!

10c

Woher kommen die Souvenirs? Raten Sie.

A: Woher kommt der Fußball?
B: Aus Deutschland.
C: Hm, aus Deutschland?
B: Ja, aus Deutschland.

D	A	CH
der Fußball	die Blume	das Messer

10d

Wie finden Sie die Souvenirs? *Reihenübung: Jeder sagt einen Satz.*

schön | hässlich | lustig | langweilig | lecker | cool

Das Auto ist cool.
Der Hut ist lustig.
Die Uhr ist …
Die Gummibärchen sind lecker!

11a Track 24

Ein Herz? **Hören Sie den Dialog.**

11b Clip 4 Seite 33 KB

Hören Sie noch einmal und lesen Sie.

A: Und was ist das?
B: Hm, ein Herz!
A: Ein Herz? Das ist kein Herz!
B: Doch! Das ist ein Herz.
A: Nein, das ist kein Herz, das sind – Gummibärchen.
B: Nein, das sind keine Gummibärchen.
A: Okay. Das ist ein Herz und das sind Gummibärchen.

„DAS IST KEIN HERZ!"
„DOCH, DAS IST EIN HERZ!"

11c

Und was ist das? Raten Sie und variieren Sie den Dialog.

ein Auto
eine Tasse
Blumen
ein Fußball
ein Haus
eine Postkarte

A: Was ist das?
B: Hm, ein / eine / – ___!
A: Ein / Eine / – ___? Das ist / sind kein / keine / – ___!
B: Doch! Das ist / sind ___ und das ist / sind ___.
A: Echt lustig. / Cool. / Schön.

11d

Spiel: Zeichnen und raten Sie.
Einer zeichnet ein Souvenir, die anderen raten. Wer es errät, zeichnet den nächsten Begriff.

Das ist ein Hut!
Nein, kein Hut! Das ist eine Tasse.

Seite 105 ÜB

Schreiben Sie zunächst nur die Nomen und Indefinitartikel an. Anschließend ergänzen Sie die Definitartikel.

Singular		Plural
der / ein	Hut	die / - Hüte
das / ein	Herz	die / - Herzen
die / eine	Blume	die / - Blumen

Grammatik-Clip 4 (Indefinit- und Negativartikel): LN hören und sprechen zunächst den Dialog *Ü11b*. Zeigen Sie dann mehrmals den Clip und arbeiten Sie mit den *Übungen auf Seite 28* weiter.

Ergänzen Sie das Tafelbild um die Negativartikel.

Singular	Plural
kein Hut	keine Hüte
kein Herz	keine Herzen
keine Blume	keine Blumen

D-A-CH-Souvenirs: Die Solarblume ist eine Wackelfigur, die in Österreich hergestellt wird. Durch eine Solarfunktion bewegen sich Blätter und Blüte ohne Batterie. Die Porzellantasse (im sogenannten Zwiebelmuster) kommt aus der Meißner Porzellanmanufaktur. In Meißen wurde das erste Hartporzellan hergestellt, das auch als „weißes Gold" bezeichnet wurde. Die Gummibärchen sind kleine essbare Bären aus Fruchtgummi und eine sehr beliebte Süßigkeit. Eine andere Süßigkeit ist das Herz aus Lebkuchen, das man sich um den Hals hängen kann. Man kauft es oft auf dem Oktoberfest oder auf einer Kirmes.

Zählen: Halten Sie einen Stift hoch und fragen Sie: „Was ist das?" LN antworten: „Ein Stift". Nehmen Sie einen zweiten Stift und fragen Sie: „Was ist das?" Wenn kein Lerner antwortet, helfen Sie: „Das sind zwei Stifte." Zählen Sie weiter: „Das sind 3, 4, 5, … 10 Stifte."

Schreiben Sie die Zahlen aus *Ü12a* während des Hörens an die Tafel. Zeigen Sie beim zweiten Hören jeweils auf die gerade zu hörende Zahl.

1, 2, 3, 4	21
5, 6	22
7, 8, 9, 10	23
11, 12	30, 40, 50
13, 14, 15	60, 70
16, 17	80, 90
18, 19, 20	100

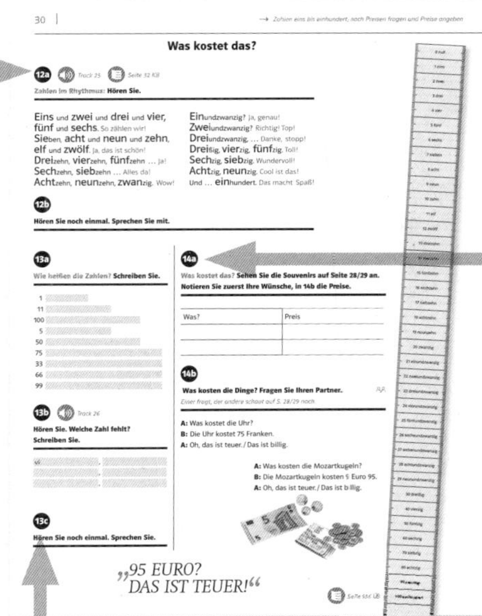
30 | → Zahlen eins bis einhundert; nach Preisen fragen und Preise angeben

Was kostet das?

12a Zahlen im Rhythmus: Hören Sie.

Eins und zwei und drei und vier, fünf und sechs. …
Sieben, acht und neun und zehn, elf und zwölf. …

12b Hören Sie noch einmal. Sprechen Sie mit.

13a Wie heißen die Zahlen? Schreiben Sie.

14a Was kostet das? Sehen Sie die Souvenirs auf Seite 28/29 an.

14b Was kosten die Dinge? Fragen Sie Ihren Partner.

A: Was kostet die Uhr?
B: Die Uhr kostet 75 Franken.
A: Oh, das ist teuer. / Das ist billig.

13b Hören Sie. Welche Zahl fehlt? Schreiben Sie.

13c Hören Sie noch einmal. Sprechen Sie.

„95 EURO? DAS IST TEUER!"

Preise verstehen: Zeigen Sie auf ein Souvenir auf *Seite 28/29 KB* und fragen Sie: „Was kostet das? Was kostet der / das / die …? 1 Euro? 2 Euro? 10 Euro? 20 Euro? 100 Euro?" Sagen Sie dann: „1 Euro, das ist billig. 100 Euro, das ist teuer." Setzen Sie Gestik zur Erklärung von „teuer" und „billig" ein.

Währungen: 1 Euro (EUR) = 100 Cent: gemeinsame Währung der Europäischen Union seit 1999.
1 Schweizer Franken (CHF) = 100 Rappen: Währung der Schweiz und Liechtensteins.

Maldiktat – Zahlenbilder: Diktieren Sie die folgenden Zahlenreihen:
91 – 81 – 71 – 61 – 51 – 42 – 33 – 44 – 55 – 65 – 75 – 85 – 95 – 91: ein Haus
26 – 27 – 38 – 29 – 30 – 40 – 50- 60 – 69 – 78 – 67 – 56 – 46 – 36 – 26: ein Herz
LN markieren die genannten Zahlen im Zahlenfeld und verbinden sie. Wer erkennt zuerst das Bild? Anschließend können LN sich gegenseitig Zahlen für eigene Bilder diktieren. Teilen Sie dafür neue Seiten mit Zahlenfeldern aus. *Kopiervorlage, Seite 26*

Ein Souvenir aus Berlin: Zeigen Sie auf das Foto und fragen Sie: „Was ist das? Wie finden Sie das? Wo kann man das kaufen?"

Wechselspiel – Preise erfragen: LN arbeiten in Paaren zusammen. A fragt nach dem Preis der Souvenirs, B antwortet. In einem zweiten Durchgang können die Rollen getauscht werden. *Kopiervorlage, Seite 27*

Länder und Sprachen: Erstellen Sie mit den LN eine Liste mit Ländernamen und den passenden Sprachen. Nutzen Sie die Weltkarte auf *Seite 27 KB*.

02 | Zu Hause und auf Reisen | B → Sprachen; ich wohne in …, ich spreche … | 31

Entschuldigung, sprechen Sie Deutsch?

15a Souvenirladen in Berlin. Hören Sie. Welche Antwort stimmt?

Sprache?	Souvenir?	Preis?
Ja, ich spreche Deutsch.	Das ist das Brandenburger Tor.	Das kostet 24 Franken.
Nein, ich spreche nicht Deutsch.	Das ist eine Bürste.	Das kostet 19 Euro.

15b Hören Sie den ganzen Dialog und ergänzen Sie.

Name	Sprache	Land	Stadt
Anna Seidl		Österreich	
Louisa Retri			Bern

„ICH SPRECHE ENGLISCH, SPANISCH UND DEUTSCH."

16a Weltsprachen: Hören Sie.

16b Welche Sprachen sprechen Sie?

Ich spreche …

16c Lesen und spielen Sie den Dialog mit Ihren Angaben.

A: Entschuldigung, sprechen Sie …?
B: Ja, ich spreche …
A: Was ist das?
B: Das ist …
A: Was kostet das?
B: Das kostet … Euro.
A: Aha, danke.
B: Woher kommen Sie?
A: Ich komme aus …
Ich wohne in …
Und Sie? Woher kommen Sie?
B: Ich komme aus …
und wohne in …
… ist mein Name.
A: Ich heiße …

Berlin-Souvenirs: Die Touristeninformation in Berlin bietet mehr als 600 verschiedene Souvenirs an: vom Mauerstein bis zur Berliner Luft. Die meistverkauften Berlin-Andenken sind: 1. Mauersouvenirs, 2. Berliner Bären und 3. Mini-Trabis (Trabi = Abkürzung für Trabant, das typische DDR-Auto).

Dialog spielen: Lassen Sie die LN zunächst in Partnerarbeit in den Varianten Sie und du sprechen. Danach unterhalten sich jeweils zwei Paare miteinander in der ihr-Variante. Anschließend können einige Paare ihren Dialog vorspielen.

spazieren gehen

tanzen gehen

shoppen gehen

reisen

fotografieren

Computerspiele spielen

lachen

schwimmen

telefonieren

ins Kino gehen

Sport machen

Fußball spielen

Musik hören

ins Restaurant gehen

DaF leicht A1, Lehrerhandbuch
ISBN: 978-3-12-676252

Würfeln Sie, gehen Sie die Punktzahl vor und nennen Sie das Verb auf dem Feld in der richtigen Form. Wer zuerst im Ziel ist, gewinnt.

Beispiel: → sein → wir sind

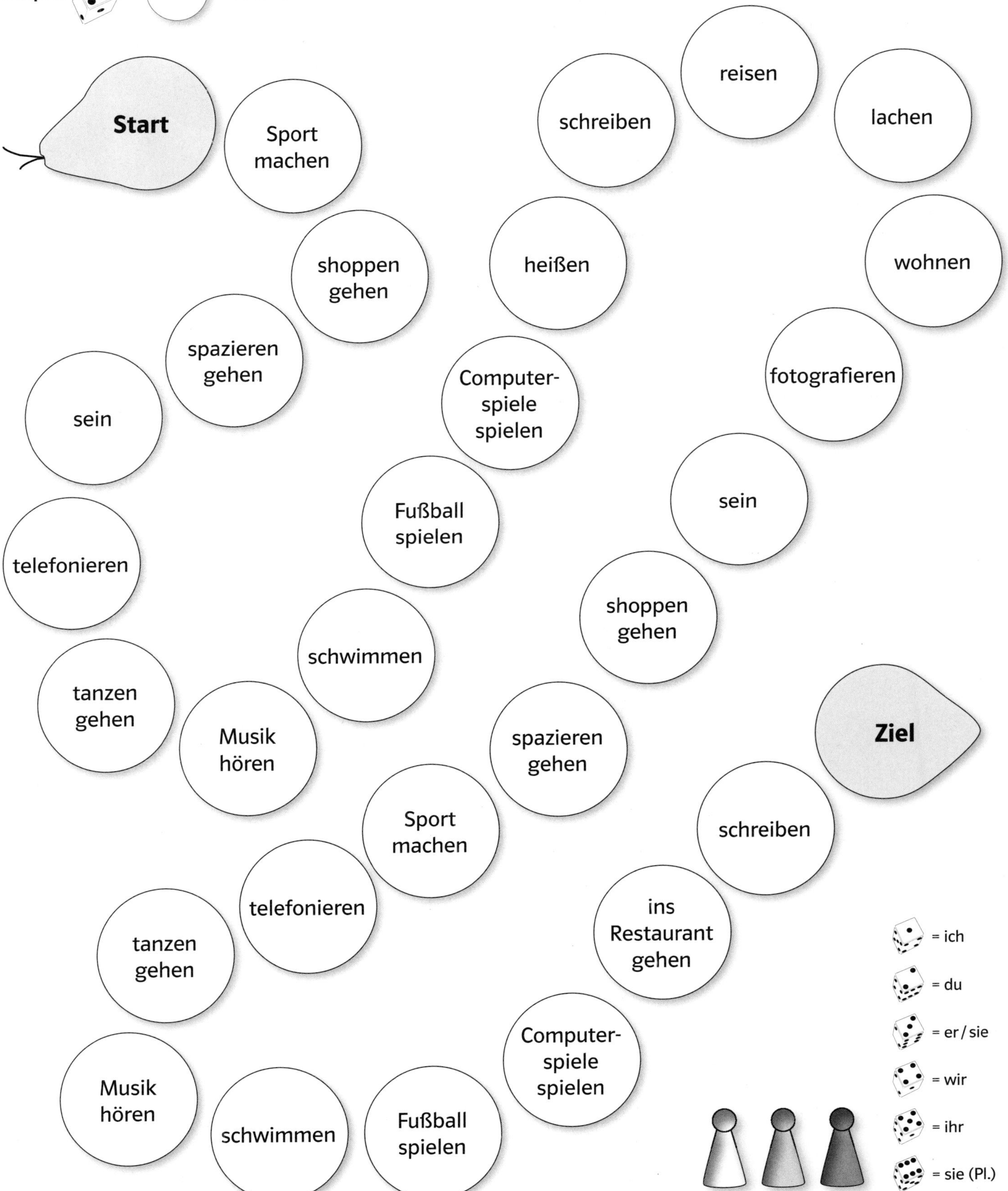

DaF leicht A1, Lehrerhandbuch
ISBN: 978-3-12-676252

Hören Sie und verbinden Sie die Zahlen. Was sehen Sie?

1	2	3	4	5	6	7	8	9	10
11	12	13	14	15	16	17	18	19	20
21	22	23	24	25	26	27	28	29	30
31	32	33	34	35	36	37	38	39	40
41	42	43	44	45	46	47	48	49	50
51	52	53	54	55	56	57	58	59	60
61	62	63	64	65	66	67	68	69	70
71	72	73	74	75	76	77	78	79	80
81	82	83	84	85	86	87	88	89	90
91	92	93	94	95	96	97	98	99	100

DaF leicht A1, Lehrerhandbuch
ISBN: 978-3-12-676252

A

Sie sind in einem Souvenirladen. Was kosten die Souvenirs? Fragen Sie und notieren Sie die Preise.

Redemittel:
Was kostet …?

Souvenir	**Preis in Euro**
das Herz	4,10
die Postkarte	
der Stift	
das Auto	
der Fußball	
die Schokolade	
die Tasse	
der Wein	
die Uhr	
die Tasche	

B

Sie sind Verkäufer/in in einem Souvenirladen. Was kosten die Souvenirs? Antworten Sie.

Redemittel:
Das Auto kostet 45 Euro und 90 Cent.

	45,90 €		18,00 €
	91,20 €		14,70 €
	44,00 €	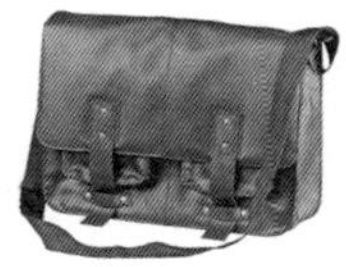	39,00 €
	4,10 €		0,89 €
	1,40 €		1,29 €

DaF leicht A1, Lehrerhandbuch
ISBN: 978-3-12-676252

Clip 3: Ja / Nein- und W-Fragen

1. Den Clip nachlegen
LN legen mit den Satzkarten den Clip nach. Zeigen Sie anschließend den Clip zur Kontrolle. Halten Sie den Ablauf zwischendurch an, um die einzelnen Schritte zu verdeutlichen.

Ah, du machst Sport.
Machst du gern Sport?
Was machen Sie?
Ah, Sie fotografieren.
Fotografieren Sie gern?
Heißt du Peter?
Wie heißt du?
Wohnst du in Berlin?
Wo wohnst du?
Kommst du aus Deutschland?
Woher kommst du?

2. Interaktiv üben
Alle LN erhalten eine Fragekarte und überlegen zunächst eine Antwort für die eigene Person. Danach gehen LN durch den Kursraum und stellen ihre Frage. Wer hat dieselbe Antwort?

Machst du gern Sport?
Wie heißt du?
Wo wohnst du?
Woher kommst du?
Wohnst du in Berlin?
Fotografieren Sie gern?

3. Strukturtabelle ausfüllen
LN schreiben je drei Beispielfragen in die Strukturtabelle. LN sollen sich die unterschiedliche Verbposition erarbeiten.

W-Frage

1	2	

Ja/Nein-Fragen

1	2	

Clip 4: Indefinit- und Negativartikel

1. Den Clip nachlegen
LN legen die Sätze gemeinsam nach. Zeigen Sie anschließend den Clip zur Kontrolle. Halten Sie den Ablauf zwischendurch an, um die einzelnen Schritte zu verdeutlichen.

ein Hut | kein Hut
Der Hut ist komisch.
ein Haus | kein Haus
Das Haus ist komisch.
eine Bürste | keine Bürste
Die Bürste ist komisch.
Berge | keine Berge

2. Interaktiv üben
LN arbeiten zu zweit und spielen den Dialog mit den Bildkarten aus dem Clip (oder ähnlichen Fotos) nach. Allerdings soll im Clip Geschriebenes gesprochen, Gesprochenes als Kärtchen gelegt werden. In einem nächsten Schritt wird der Dialog nur mit den Bildkarten ohne Wortkarten gespielt.

Was ist das? | Nein.
Doch! | Schokolade.
Keine Berge.

3. Strukturtabelle ausfüllen
LN schreiben Nomen und Artikel in die entsprechende Spalte der Strukturtabelle. Anschließend können noch weitere Nomen ergänzt werden.

	Das ist … der	das	die
Definitivartikel			
Indefinitivartikel			
Negativartikel			

	Das sind …	
Definitivartikel		
Indefinitivartikel		
Negativartikel		

DaF leicht A1, Lehrerhandbuch
ISBN: 978-3-12-676252

03 | Essen und Zeit

Toaster mit Motiv: In D-A-CH sind Toaster mit Motiven beliebt, man findet beispielsweise auch Modelle mit Emblemen von Fußballvereinen, Comicfiguren und Liebeserklärungen. LN sehen das Foto an und beschreiben es. LN spekulieren, was das Toastmotiv bedeuten soll, sie suchen auch eine mögliche Interpretation der Zahlen (es ist ein Datum in englischer Schreibweise). Fragen Sie die LN, was sie von einem solchen Motivtoaster halten, ob sie selbst einen solchen haben oder sich kaufen würden. Welches Motiv sollte der eigene Motivtoaster haben?

3A Ein Brot bitte!

Lernziele: LN können über Essgewohnheiten / Geschmack sprechen und einen Einkaufsdialog führen
Kommunikation: Einkaufsdialog; über Essgewohnheiten sprechen
Wortschatz: Lebensmittel; Adjektive zur Beschreibung von Lebensmitteln; Angaben zur Menge und Häufigkeit
Grammatik: Verb mit Vokalwechsel (essen); das Pronomen man; Personalpronomen für Nomen; Komposita
Phonetik: Wortakzent (Komposita)
Landeskunde: Brot – ein typisches Lebensmittel aus D-A-CH
Sie brauchen: Fotos von Lebensmitteln *(Seite 38 KB, Ü5c)*; Frühstückszutaten *(Seite 38 KB, Ü6)* mehrere Würfel *(Seite 39 KB, Ü8b)*

3B Schnell bitte!

Lernziele: LN können eine kurze Bestellung am Imbissstand aufgeben und Vorlieben ausdrücken
Kommunikation: eine Statistik lesen; Bestelldialog am Imbissstand; landestypische Desserts vorstellen
Wortschatz: Speisen und Getränke; Tageszeiten; Angaben zur Häufigkeit
Grammatik: Akkusativ (Definit-, Indefinit- und Negativartikel); die Verben mögen, haben, nehmen
Phonetik: E-Laute
Landeskunde: Fastfood in Deutschland, Desserts aus D-A-CH
Sie brauchen: mehrere Würfel und eine Spielfigur pro LN *(Kopiervorlage, Seite 35)*

Zusatzmaterial:
Online-Selbstevaluation: http://www.klett-sprachen.de/dafleicht
Lektionstest: *Seite 128–129*
Kopiervorlagen und Übungen zu den Grammatik-Clips 5 und 6: *Seite 34–38*

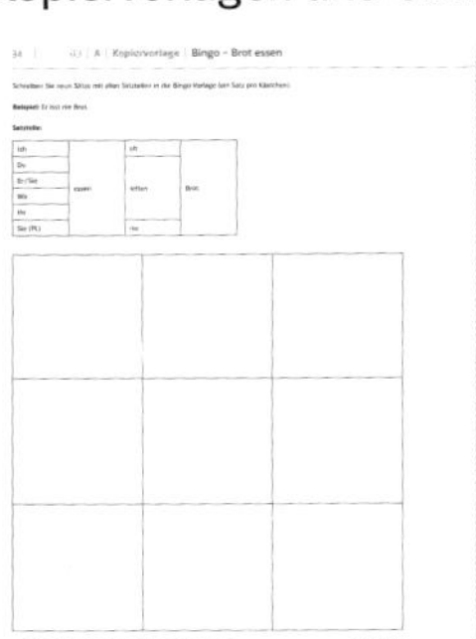
Seite 34

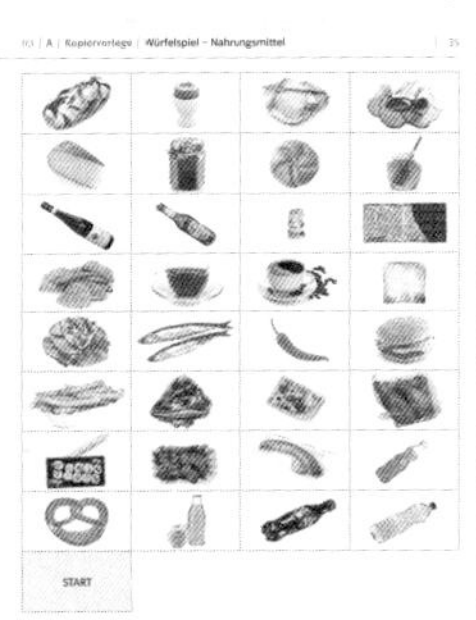
Seite 35

Seite 36

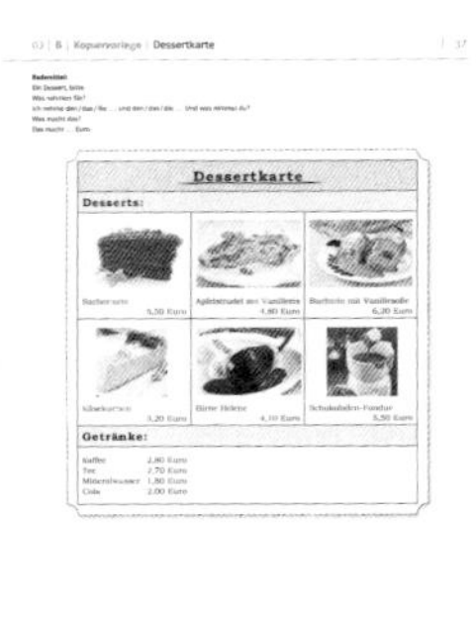
Seite 37

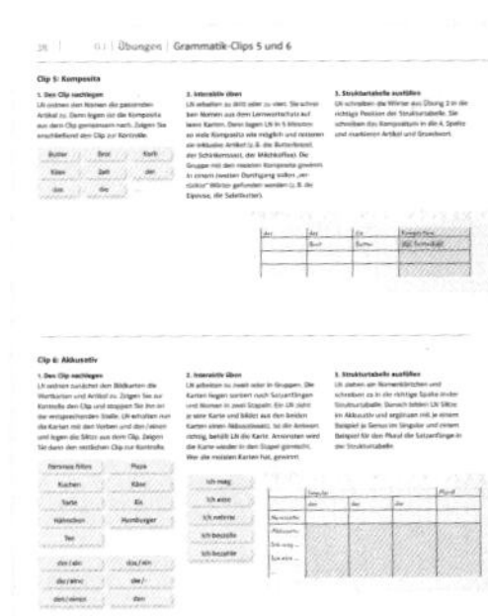
Seite 38

Brotsorten: Fragen Sie LN, ob und welches Brot sie kaufen? Wo kaufen sie normalerweise Brot (Bäcker, Supermarkt, …) und wie viel Auswahl gibt es dort? LN sehen sich das Foto an. Besprechen Sie gemeinsam, was zu sehen ist und ob die Brotauswahl als normal oder als überraschend empfunden wird.

Brot in Zahlen: LN äußern Vermutung, wie viel Brot in ihrem Land durchschnittlich gegessen wird. Alternativ: Fragen Sie, welches Lebensmittel es in solcher Häufigkeit in ihrem Land gibt wie Brot in D-A-CH.

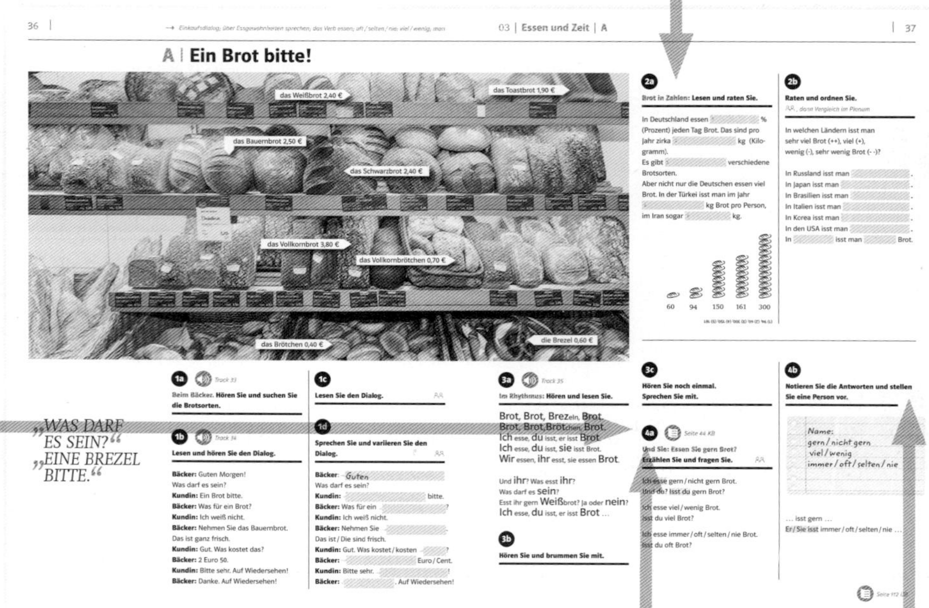

essen	
ich	esse
du	isst
er / es / sie	isst
wir	essen
ihr	esst
sie / Sie	essen

Adverbien der Häufigkeit: Erklären Sie mit Hilfe eines Kalenders die Bedeutung von immer, oft, selten, nie.

Bingo – Brot essen: LN bilden neun Sätze wie auf der Kopiervorlage vorgegeben und schreiben sie durcheinander in die Bingo-Vorlage. Ein Satz pro Kästchen. Ein LN ist Spielleiter und liest seine / ihre Sätze vor. Alle LN, die diesen Satz geschrieben haben, markieren das Kästchen. Sind drei Kästchen in einer Reihe markiert (senkrecht, waagerecht oder diagonal), ruft die Person „Bingo“ und hat gewonnen. *Kopiervorlage, Seite 34*

Brot-Weltmeister: Das Angebot an Brotsorten ist riesig: Schwarzbrot, Toast, Vollkornbrot, Baguette oder Laugengebäck und vieles mehr. Mehr als 300 Brotsorten gibt es in D-A-CH. Jede Region hat ihre eigenen Sorten und Bezeichnungen.

Kostprobe: Gibt es einen deutschen Bäcker in Ihrer Nähe? Bringen Sie ein paar Brot- / Brötchensorten mit in den Kurs und lassen Sie die LN probieren. Wie schmeckt das? Gut, lecker, nicht so lecker, …

Frühstück im Vergleich: LN zeichnen, was für sie ein typisches Frühstück ist. Die Zeichnungen werden ausgelegt und verglichen. Die häufigsten Begriffe können an die Tafel geschrieben werden.

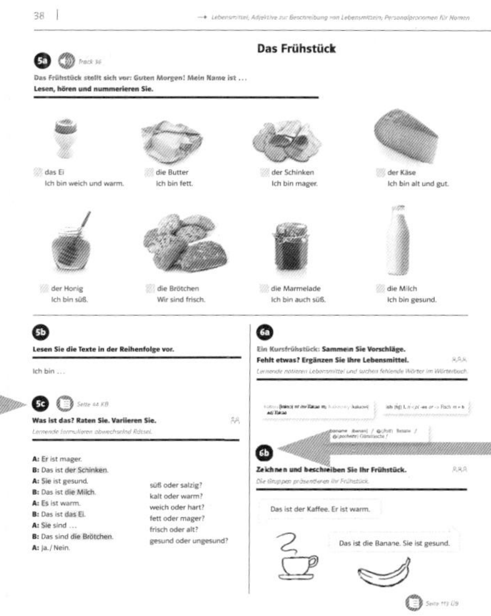

Was ist das? Bringen Sie Fotos von bereits bekannten Lebensmitteln mit (Schokolade, Kaffee, Tee, Gummibärchen, Chips, Wein, Bier). Mit diesen können LN die Übung erweitern und eigene Rätsel erstellen.

Kursfrühstück: LN bringen nach Absprache Zutaten für ein Frühstück mit. Essen Sie gemeinsam im Kurs. Dabei kann auch *Ü5c* sowie *Ü6b* durchgeführt werden. LN können sich weiter darüber austauschen, was sie zum Frühstück mögen: „Magst du Kaffee?" – „Nein, ich mag Tee."

Frühstück in D-A-CH: Das Frühstück (schweizerisch: Morgenessen) ist die erste Mahlzeit des Tages. In Deutschland, Österreich und der Schweiz besteht das Frühstück üblicherweise aus einem heißen Getränk (meist Kaffee, Tee, Milch oder Kakao) sowie aus Brot, Toastbrot, Brötchen. Das Brot wird mit Butter oder Margarine bestrichen, hierauf kommt zum Beispiel Marmelade, Honig, Nuss-Nougat-Creme, Wurst, Käse, Quark … Oft gehört auch ein Frühstücksei, Saft, Müsli, Joghurt oder Obst dazu.

Butterbrot: Lassen Sie Assoziationen zu dem Begriff Butterbrot anstellen. Fragen Sie: „Wer kennt das Wort? Was könnte das sein? Wer mag Butterbrote?"

Grammatik-Clip 5 (Komposita): Zeigen Sie im Anschluss an *Ü7b* und *Ü7c* den Grammatik-Clip und üben Sie die Kompositabildung mit den *Übungen, Seite 38*.

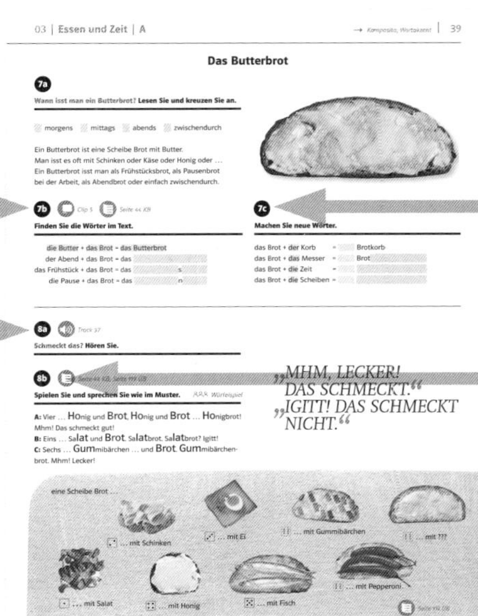

Schreibtraining: *Seite 118 ÜB, Ü28*

Wortakzent bei Komposita: Schreiben Sie nach dem ersten Hören Beispiele wie auf *Seite 44, KB* an die Tafel. Zeigen Sie den LN, dass der Wortakzent in Komposita immer auf dem ersten Wort liegt. Üben Sie weiter auf *Seite 119 ÜB, Ü30a-d*.

Honig + Brot = Honigbrot

Brotvarianten: LN bilden Gruppen, pro Gruppe ein Würfel. Ein / eine LN würfelt und benennt das Bild mit der gewürfelten Zahl; Beispiel: „Eine Scheibe Brot mit Schinken, das ist ein Schinkenbrot." Wird das Bild richtig benannt, erhält LN die gewürfelte Zahl als Punkte. Die Zahl 6 ist ein Joker: LN kann eines der drei 6er-Bilder auswählen. Wer eine neue Brotvariante richtig benennt, erhält die doppelte Punktzahl, also 12 Punkte. Gewonnen hat, wer zuerst 25 Punkte gesammelt hat.

Das Butterbrot: Das deutsche Butterbrot gibt es traditionell zum Frühstück, meist mit Honig oder Marmelade, und zum Abendbrot mit Wurst oder Käse. Man nimmt es auch zusammengeklappt als Pausenbrot zur Arbeit oder Schule mit. Der Ursprung des Butterbrotes wird im deutschen Kulturkreis angenommen. Schon Johann Wolfgang Goethe erwähnt das Butterbrot in „Die Leiden des jungen Werther". Aktuelle Rezepte, Initiativen, Cartoons und Kunst zum Butterbrot finden Sie auf: http://www.butterbrot.de.

Internationales Fastfood: LN sehen sich das Foto an. Fragen Sie: „Was ist das? Wann und wo isst man das? Kennen Sie …?/Kennt ihr …? Wie heißt das?“ Sammeln Sie deutsche Bezeichnungen an der Tafel.

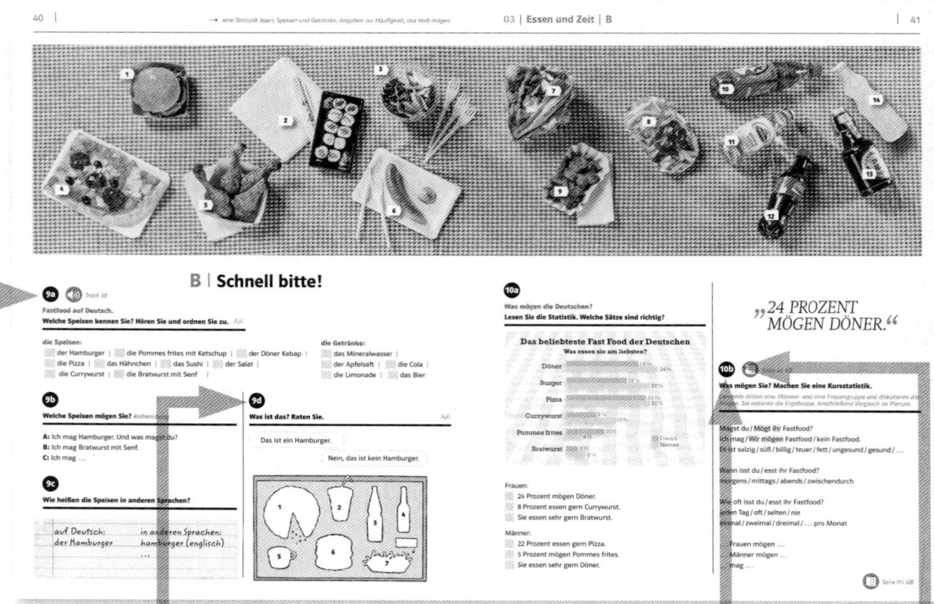

Würfelspiel – Nahrungsmittel: Verteilen Sie je einen Satz der Spielkarten, Spielfiguren und einen Würfel pro Kleingruppen. 20 Karten werden verdeckt im Kreis ausgelegt, der Startpunkt wird gekennzeichnet. Die restlichen Karten werden verdeckt auf einen Stapel gelegt. LN würfeln der Reihe nach, gehen gewürfelte Zahl vor und decken die entsprechende Bildkarte auf. Beim Aufdecken der Karte nennt LN den Begriff samt Artikel. Ist alles richtig, darf LN die Karte behalten. Sonst kommt die Karte zurück in den Kartenstapel. Die leere Stelle im Kreis wird mit der obersten Karte des Stapels aufgefüllt. Wer die meisten Karten hat, hat gewonnen.
Kopiervorlage, Seite 35

Schreibtraining: *Seite 118 ÜB, Ü29*

mögen

ich	mag
du	magst
er/es/sie	mag
wir	mögen
ihr	mögt
sie/Sie	mögen

Begriffe erinnern: LN schauen sich kurz noch mal das Foto an und versuchen, sich alle Lebensmittel zu merken. Danach schließen LN das Buch und versuchen, innerhalb von 1 Minute möglichst viele der Lebensmittel zu notieren. Wer konnte die meisten Begriffe behalten und korrekt mit Artikel schreiben?

Landeskunde-Film 3: Zeigen Sie eine Alternative zum Fastfood und spielen Sie den Film vor. Machen Sie dann die Übungen auf *Seite 73 KB*.

Der Döner: Er ist Deutschlands liebstes Fastfood. Anfang der 1970er Jahre soll in Berlin der erste Döner-Imbiss eröffnet worden sein. Heute gibt es in Deutschland über 16.000 Dönerbuden. Das ursprünglich türkische Gericht wird in Deutschland mit einigen weiteren Zutaten gegessen: In einem gerösteten Fladenbrot sind das Döner-Fleisch mit Salat, Tomaten, Gurken und Zwiebeln, Weiß- und Rotkohl und eine Majonäse-Soße. Statt mit Rindfleisch kann man den Döner auch mit Hühnchen oder mit gegrilltem Käse bekommen.

Menü auswählen: Spielen Sie eine Situation am Imbisstand vor: „Hmm, was gibt es hier denn? – Aha, Pommes, Currywurst … Pizza, lecker, und Döner, hmm, … Was nehme ich? Einen Döner? Oder doch eine Pizza? Ich weiß nicht, alles ist so lecker …"

Tafelbild zu Akkusativ (Indefinitiv-artikel, Negativartikel)

Das ist	ein Kaffee	ein Wasser	eine Cola.
Ich trinke	**einen** Kaffee	ein Wasser	eine Cola.

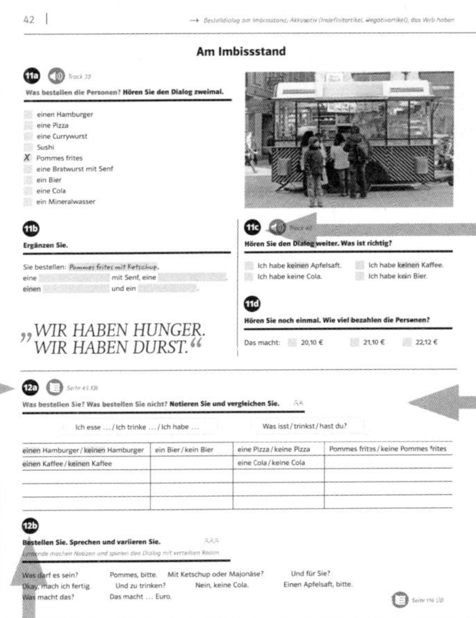

Das ist ein Kaffee.
Ich habe **einen** Kaffee.
keinen Kaffee.

LN versuchen die unterschiedliche Bedeutung der beiden Sätze zu erläutern. Wer isst wen oder was?

Die Frau isst einen Hamburger.

Der Hamburger isst eine Frau.

Dialog – Was darf es sein? LN arbeiten zu dritt. Sie bringen den Dialog in die richtige Reihenfolge und füllen die Lücken auf den Karten. Dann spielen LN den Dialog mit verteilten Rollen: Verkäufer/in am Imbissstand und zwei Kunden / Kundinnen. *Kopiervorlage, Seite 36*

Desserts: Fragen Sie: „Essen Sie / Isst du gern Schokolade? … Süßes? … Eis? … ein Dessert nach dem Essen?" „Kennen Sie / Kennt ihr deutsche, österreichische oder schweizerische Desserts?" Sammeln Sie Antworten an der Tafel.

E-Laute: Schreiben Sie s**eh**r auf die linke Seite und lẹcker auf die rechte Seite der Tafel, und markieren Sie die Vokallänge. Zeigen Sie, dass man den E-Laut in s**eh**r mit sehr breiten Lippen wie beim Lächeln spricht. Lesen Sie nun Wörter mit langem und kurzem E-Laut vor. LN stehen und hören zu. Ist das Wort mit langem E-Laut, dann gehen LN einen Schritt nach links, hören sie ein kurzes E, dann gehen LN einen Schritt nach rechts. LN sprechen die Wörter jeweils nach.

s**eh**r	lẹcker

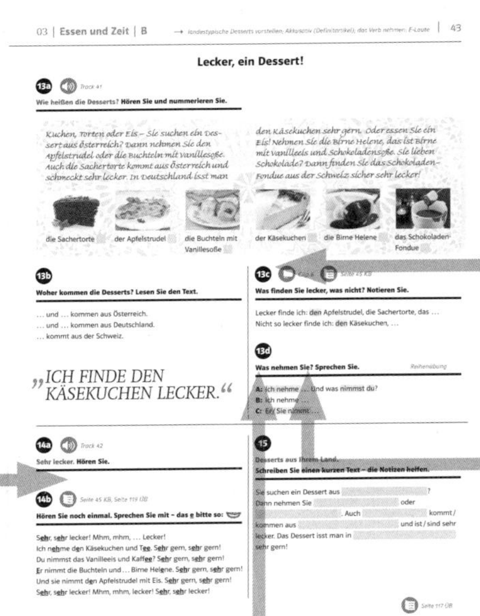

Grammatik-Clip 6 (Akkusativ): Zeigen Sie den Clip und üben Sie den Akkusativ mit den *Übungen auf Seite 38*.

Ergänzen Sie das Tafelbild zu *12a*. mit dem Definitartikel im Akkusativ.

Ich trinke **den** Kaffee das Wasser die Cola.

nehmen	
ich	nehme
du	nimmst
er / es / sie	nimmt
wir	nehmen
ihr	nehmt
sie / Sie	nehmen

Dialog – Dessertkarte: Drei LN spielen zwei Gäste und eine Bedienung im Café. Sie wählen aus der Speisekarte ein Dessert und ein Getränk aus. LN tauschen dann die Rollen in ihrer Gruppe. Der Dialog kann variiert werden. *Kopiervorlage, Seite 37*

Schreiben Sie neun Sätze mit allen Satzteilen in die Bingo-Vorlage (ein Satz pro Kästchen).

Beispiel: Er isst nie Brot.

Satzteile:

<table>
<tr><td>Ich</td><td rowspan="6">essen</td><td>oft</td><td rowspan="6">Brot.</td></tr>
<tr><td>Du</td><td rowspan="4">selten</td></tr>
<tr><td>Er / Sie</td></tr>
<tr><td>Wir</td></tr>
<tr><td>Ihr</td></tr>
<tr><td>Sie (Pl.)</td><td>nie</td></tr>
</table>

DaF leicht A1, Lehrerhandbuch
ISBN: 978-3-12-676252

START

DaF leicht A1, Lehrerhandbuch
ISBN: 978-3-12-676252

Guten Tag!	Hallo!	Was macht das?
Was darf es sein?	………………………… ………………………………………………, bitte.	Das ……………………………………………… ………………………… Euro.
Mit Ketschup oder ………………………………………………?	Mit ……………………………………………… .	Was macht das?
Und zu ………………………………………………?	Eine Cola?	Das ……………………………………………… ………………………… Euro.
Nein, ………………………… ……………………………………………… . Einen Apfelsaft.	Und für Sie?	
………………………… ……………………………………………… und ………………………… ………………………………………………, bitte.	Okay, mach ich fertig.	

DaF leicht A1, Lehrerhandbuch
ISBN: 978-3-12-676252

Redemittel:

Ein Dessert, bitte.
Was nehmen Sie?
Ich nehme den / das / die ... und den / das / die ... Und was nimmst du?
Was macht das?
Das macht ... Euro.

Dessertkarte

Desserts:

Sachertorte
5,50 Euro

Apfelstrudel mit Vanilleeis
4,80 Euro

Buchteln mit Vanillesoße
6,20 Euro

Käsekuchen
3,20 Euro

Birne Helene
4,10 Euro

Schokoladen-Fondue
5,50 Euro

Getränke:

Kaffee	2,80 Euro
Tee	2,70 Euro
Mineralwasser	1,80 Euro
Cola	2,00 Euro

DaF leicht A1, Lehrerhandbuch
ISBN: 978-3-12-676252

Clip 5: Komposita

1. Den Clip nachlegen

LN ordnen den Nomen die passenden Artikel zu. Dann legen sie die Komposita aus dem Clip gemeinsam nach. Zeigen Sie anschließend den Clip zur Kontrolle.

Butter	Brot	Korb
Käse	Zeit	der
das	die	...

2. Interaktiv üben

LN arbeiten zu dritt oder zu viert. Sie schreiben Nomen aus dem Lernwortschatz auf leere Karten. Dann legen LN in 5 Minuten so viele Komposita wie möglich und notieren sie inklusive Artikel (z. B. die Butterbrezel, der Schinkentoast, der Milchkaffee). Die Gruppe mit den meisten Komposita gewinnt. In einem zweiten Durchgang sollen „verrückte" Wörter gefunden werden (z. B. die Eipause, die Salatbutter).

3. Strukturtabelle ausfüllen

LN schreiben die Wörter aus Übung 2 in die richtige Position der Strukturtabelle. Sie schreiben das Kompositum in die 4. Spalte und markieren Artikel und Grundwort.

der	das	die	Kompositum
	Brot	Butter	das Butterbrot

Clip 6: Akkusativ

1. Den Clip nachlegen

LN ordnen zunächst den Bildkarten die Wortkarten und Artikel zu. Zeigen Sie zur Kontrolle den Clip und stoppen Sie ihn an der entsprechenden Stelle. LN erhalten nun die Karten mit den Verben und den / einen und legen die Sätze aus dem Clip. Zeigen Sie dann den restlichen Clip zur Kontrolle.

Pommes frites	Pizza
Kuchen	Käse
Torte	Eis
Hähnchen	Hamburger
Tee	

der / ein	das / ein
die / eine	die / -
den / einen	den

2. Interaktiv üben

LN arbeiten zu zweit oder in Gruppen. Die Karten liegen sortiert nach Satzanfängen und Nomen in zwei Stapeln. Ein LN zieht je eine Karte und bildet aus den beiden Karten einen Akkusativsatz. Ist die Antwort richtig, behält LN die Karte. Ansonsten wird die Karte wieder in den Stapel gemischt. Wer die meisten Karten hat, gewinnt.

Ich mag
Ich esse
Ich nehme
Ich bestelle
Ich bezahle

3. Strukturtabelle ausfüllen

LN ziehen ein Nomenkärtchen und schreiben es in die richtige Spalte in der Strukturtabelle. Danach bilden LN Sätze im Akkusativ und ergänzen mit je einem Beispiel je Genus im Singular und einem Beispiel für den Plural die Satzanfänge in der Strukturtabelle.

	Singular			Plural
	der	das	die	
Nominativ				
Akkusativ Ich mag ... Ich esse				

DaF leicht A1, Lehrerhandbuch
ISBN: 978-3-12-676252

04 | Wochentage

Arbeitsplatz: Lassen Sie die LN spekulieren, welche Person in diesem Raum wohnt und was sie dort macht. Führen Sie dazu die Verben arbeiten und schlafen durch Pantomime ein. Schreiben Sie dazu W-Fragen (Wer? Wann? Was? Wie?) an die Tafel. LN erstellen in Kleingruppen einen Steckbrief zu der Person und stellen sie kurz vor. LN sollen auch zu einer Einschätzung kommen, wie sie einen solchen Arbeits- und / oder Schlafplatz finden.

4A Alles Routine

Lernziele: LN können kurze Gespräche über Alltag, Arbeit und Beruf führen
Kommunikation: über Alltagstätigkeiten sprechen; eine Wochenstatistik erstellen; über Arbeit und Beruf sprechen
Wortschatz: Zeitangaben (Jahr, Monat, Tag, Stunde, Minute); Tageszeiten und Wochentage; Berufsbezeichnungen
Grammatik: Verben mit Vokalwechsel a → ä, e → i/ie; trennbare Verben; Satzklammer
Phonetik: Wortakzent bei trennbaren Verben
Landeskunde: 80 Jahre in Deutschland leben
Sie brauchen: mehrere Würfel, Spielfiguren *(Kopiervorlage, Seite 44)*

4B Sonntag ist Ruhetag

Lernziele: LN können sich in einfachen Phrasen zu geplanten und ge-/erzwungenen Aktivitäten äußern
Kommunikation: einen Blog lesen; über Aktivitäten am Sonntag sprechen; nach der Uhrzeit fragen und die Uhrzeit angeben
Wortschatz: Aktivitäten am Sonntag; Uhrzeit
Grammatik: Modalverben wollen und müssen; Modalverben im Satz
Landeskunde: der Sonntag in D-A-CH
Sie brauchen: Kopien der Fotos *(Einstieg Seite 52/53 und 55 KB)*; Schere, Klammern (für Uhrzeiger) *(Kopiervorlage, Seite 47)*

Zusatzmaterial:
Online-Selbstevaluation: http://www.klett-sprachen.de/dafleicht
Lektionstest: *Seite 130–131*
Kopiervorlagen und Übungen zu den Grammatik-Clips 7 und 8: *Seite 44–48*

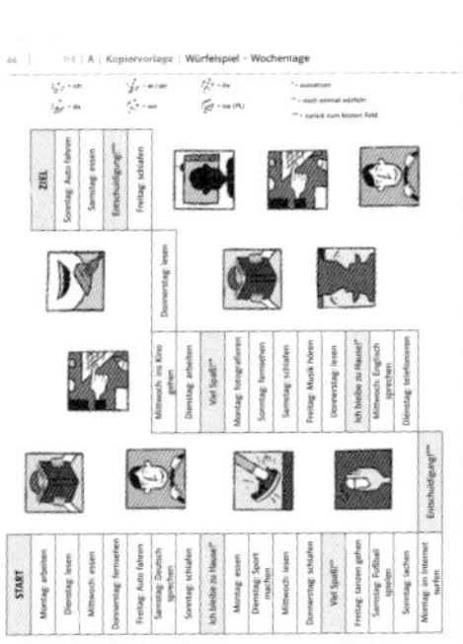
Seite 44

Seite 45

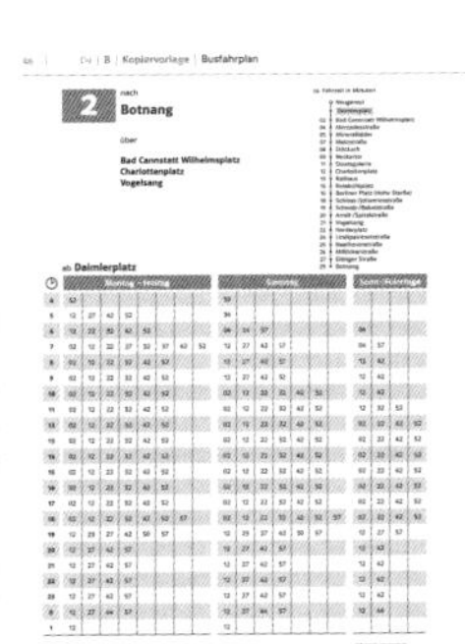
Seite 46

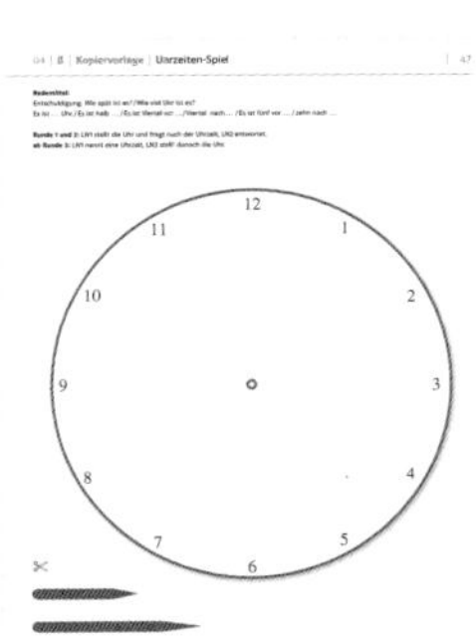
Seite 47

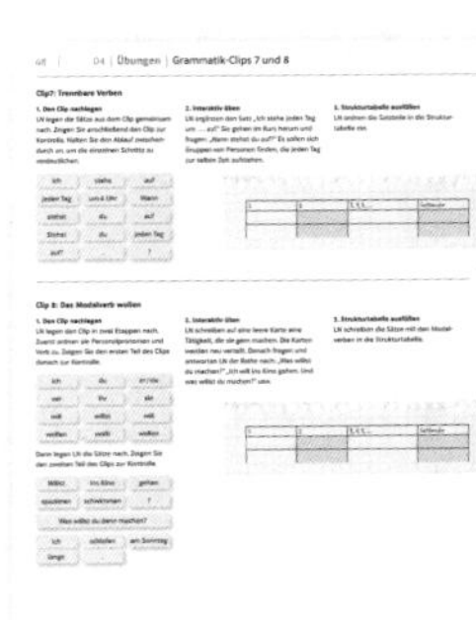
Seite 48

Nach dem Alter aufstellen: LN stellen sich dem Alter nach in eine Reihe. Zur Kontrolle sagt jede Person ihr Alter.

Alter raten: Bringen Sie Fotos / Bilder von Menschen unterschiedlichen Alters mit. LN raten das Alter. Die Bilder können später bei der Erklärung des Begriffs „Durchschnitt" und beim Üben der Verben weiter verwendet werden.

Hörtext spielen: Nach dem Hören und laut Lesen bilden LN eine Männer- und eine Frauengruppe. Die Gruppen sprechen im Chor mit Gestik unterstützt, was das andere Geschlecht macht.

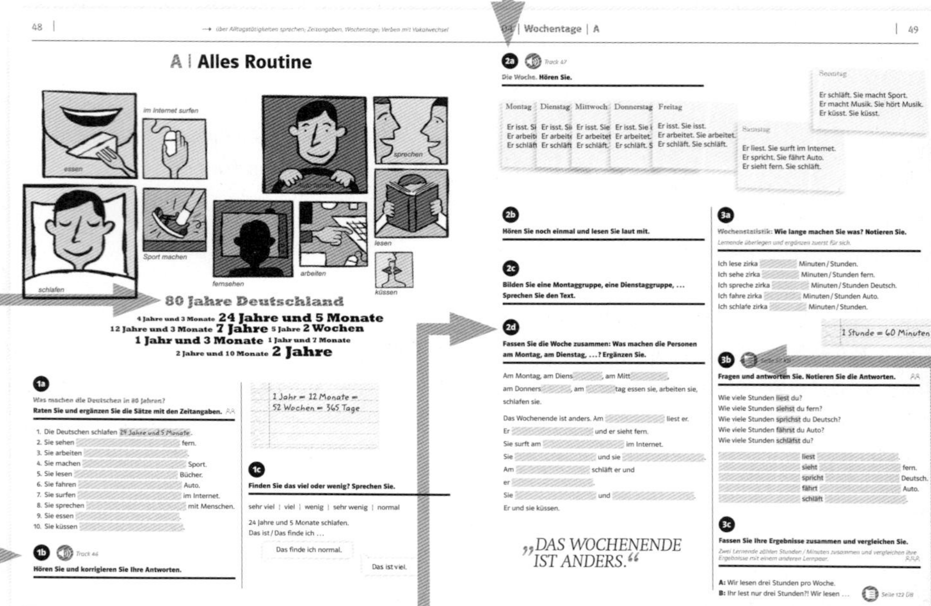

Zeitangaben: Bringen Sie zur Erklärung der Zeitangaben (Jahr, Monat, Woche, Tag, Wochentage, Wochenende) einen Kalender mit oder zeigen Sie einen online / auf dem Smartphone.

Im Durchschnitt: Weisen Sie LN darauf hin, dass die Daten nur Durchschnittsangaben sind.

Hören: Spielen Sie Track 46 zwei Mal ab. Kontrollieren Sie gemeinsam die Antworten. Wer hat richtig geraten?

Wochentage-Spiel: LN spielen in Kleingruppen, die gewürfelte Zahl bestimmt das Spielfeld und die Verbform. Würfelt man z. B. eine 4, geht man vier Felder vor und bildet einen Satz mit *wir* sowie der Feldvorgabe (z. B.: „Wir lesen am Donnerstag."). Erklären Sie zu Spielbeginn die Bedeutung der Sonderfelder. Wer zuerst im Ziel ist, hat gewonnen.

Kopiervorlage, Seite 44

	fahren	lesen	sprechen
ich	fahre	lese	spreche
du	fährst	liest	sprichst
er / sie / es	fährt	liest	spricht
wir	fahren	lesen	sprechen
ihr	fahrt	lest	sprecht
sie	fahren	lesen	sprechen
Sie	fahren	lesen	sprechen

Wochenende und Arbeitstage: Im deutschsprachigen Raum sind Montag bis Freitag reguläre Arbeitstage, die Arbeitszeit umfasst dann meist den Zeitraum von ca. 8 Uhr morgens bis 17 Uhr abends. Am Samstag und am Sonntag haben die meisten Arbeitnehmer frei. Es gibt aber auch Berufssparten, in denen auch nachts und am Wochenende gearbeitet wird, z. B. im Bereich öffentliche Verkehrsmittel, in der Gastronomie und im Hotelgewerbe, in Krankenhäusern und in der Pflege sowie in industriellen Großbetrieben.

Arbeitszeiten: Nennen Sie Ihre eigene (fiktive) Wochenstundenarbeitszeit und Ihre Arbeitstage und notieren Sie Wochentage und Arbeitszeit(en) an der Tafel, z. B.: „Ich bin Lehrer / Lehrerin. Am Montag und Dienstag und Freitag arbeite ich von 8 bis 12 Uhr, am Mittwoch habe ich frei, am Donnerstag arbeite ich von 8 bis 16 Uhr und am Samstag von 10 bis 14 Uhr. Am Sonntag habe ich frei."

Speed-Dating: Alternativ oder ergänzend zum Partnerinterview können LN ein Speed-Dating machen: LN stehen sich in zwei Reihen gegenüber. Reihe A beginnt mit der ersten Frage auf der Liste im Buch. Dann stellt Reihe B diese Frage. Nach ca. 30 Sekunden geben Sie ein Zeichen und alle LN in Reihe A rücken einen Platz nach links. Dann stellen LN aus Reihe B eine Frage von der Liste usw.

50 | → über Arbeit und Beruf sprechen, Zeitangaben von … bis, um, am

Die Arbeitswoche

4a Berufe und Arbeitszeiten. **Welcher Text passt zu welchem Foto? Ordnen Sie zu.**

A Tom Broschek ist arbeitslos. Im Moment macht er ein Praktikum im Kindergarten. Er arbeitet von 8 bis 17 Uhr. Um 12 Uhr ist Mittagspause. Abends jobbt der Praktikant im Fastfood-Restaurant. Am Wochenende hat er frei.

B Jana Mahl ist IT-Spezialistin und hat eine Computer-Firma. Sie arbeitet zirka 50 Stunden pro Woche von 8 bis 19 Uhr. Manchmal arbeitet sie auch am Samstag. Sie macht keine Pause. Sie isst zwischendurch ein Butterbrot im Büro.

C Aylin Torun studiert Medizin. Von Montag bis Freitag ist sie von 9 bis 16 Uhr in der Uni. Meistens macht sie um 13 Uhr Pause. Abends lernt die Studentin. Am Sonntag jobbt sie oft im Krankenhaus.

D Sven Bode arbeitet von 7 bis 14 Uhr oder von 14 bis 20 Uhr im Hotel. Vormittags macht er um 11 Uhr Pause, nachmittags um 17 Uhr. Am Montag hat er frei.

4b **Wer macht was wann und wie lange? Markieren Sie im Text und notieren Sie die Zeitangaben.**

	Wie lange arbeitet er / sie? von … bis …	Wann hat er / sie frei? am …	Wann macht er / sie Pause? um …
Tom Broschek			
Jana Mahl			
Aylin Torun			
Sven Bode			

„AM MONTAG HABE ICH FREI!"

4c **Fragen Sie eine Person im Kurs. Notieren Sie die Ergebnisse. Stellen Sie die Person vor.**
evtl. ein Wörterbuch benutzen

Was machst du beruflich? — Ich bin … / Ich bin Student / Studentin.
Was arbeitest du im Moment? — Ich bin im Moment arbeitslos. / Ich bin Praktikant / Praktikantin. / Ich jobbe … Ich studiere … / Ich mache ein Praktikum.
Wie lange arbeitest du? — Ich arbeite von … bis … / am Wochenende / …
Wann hast du Pause? — Um zwölf Uhr. / Um dreizehn Uhr. / Um …
Wann hast du frei? — Am Samstag und am Sonntag. / Ich habe immer am … frei.

Seite 123 ÜB

Internationalismen: LN markieren Internationalismen in den Texten, z. B. in Text A: Kindergarten, jobben / Job, Fastfood, Restaurant. Weisen Sie LN darauf hin, dass sie ihre Kenntnisse aus der Muttersprache oder anderen Sprachen beim Erschließen solcher Lesetexte gut nutzen können.

Wechselspiel – Arbeitszeit und Pausenzeit: Partner erfragen gegenseitig die jeweils fehlenden Angaben im Kalender: Wie lange arbeitet er / sie? Wann hat er / sie frei? Wann macht er / sie Pause?
Kopiervorlage, Seite 45

Berufswege: Vor der Aufnahme eines Berufs steht in D-A-CH in der Regel eine betriebliche Ausbildung oder ein Studium. Praktika sind oft Bestandteil einer schulischen oder universitären Ausbildung, um sich bereits vor dem Abschluss auf dem Arbeitsmarkt orientieren zu können. Sie werden oft nur geringfügig oder gar nicht bezahlt.

Aufstellung Uhrzeit: Zeigen Sie mit Hilfe der Uhr auf *Seite 47* die Uhrzeiten und sprechen Sie müde: „Es ist 6 Uhr. Ich schlafe. Es ist 6:10 Uhr. Ich schlafe. Es ist 6:20 Uhr. Ich schlafe. Es ist 6:30. Ich stehe langsam auf." Gähnen Sie und rekeln Sie sich zur Verdeutlichung. Wann stehen LN auf? Geben Sie den Auftrag, im Raum eine nach Uhrzeit geordnete Reihe zu bilden. Sie können dazu Zettel mit verschiedenen Uhrzeiten auslegen.

Betonung trennbarer Verben: Verdeutlichen Sie die Regel und schreiben Sie ein Beispiel an die Tafel. Sprechen Sie es vor.

<u>auf</u>wachen	Er wacht <u>auf</u>.

Lassen Sie die LN weitere Beispiele (aus dem Text) mit richtiger Akzentuierung sprechen und legen Sie eine Liste an. Machen Sie die Übungen auf *Seite 129 ÜB, Ü32-33.*

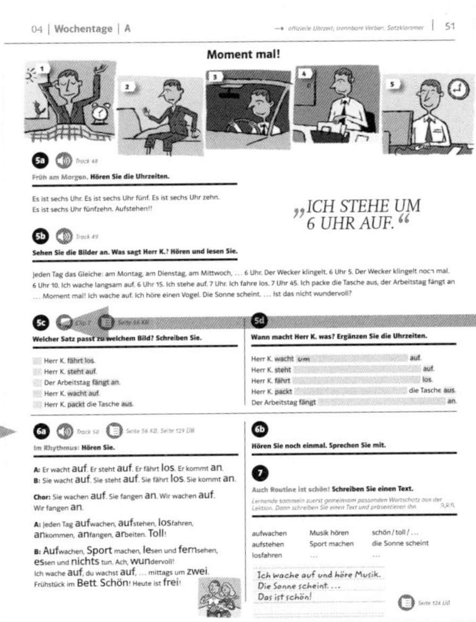
04 | Wochentage | A → offizielle Uhrzeit; trennbare Verben, Satzklammer | 51

Moment mal!

5a Track 48
Früh am Morgen. **Hören Sie die Uhrzeiten.**

Es ist sechs Uhr. Es ist sechs Uhr fünf. Es ist sechs Uhr zehn.
Es ist sechs Uhr fünfzehn. Aufstehen!!

„ICH STEHE UM 6 UHR AUF."

5b Track 49
Sehen Sie die Bilder an. Was sagt Herr K.? Hören und lesen Sie.

Jeden Tag das Gleiche: am Montag, am Dienstag, am Mittwoch, … 6 Uhr. Der Wecker klingelt. 6 Uhr 5. Der Wecker klingelt noch mal. 6 Uhr 10. Ich wache langsam auf. 6 Uhr 15. Ich stehe auf. 7 Uhr. Ich fahre los. 7 Uhr 45. Ich packe die Tasche aus, der Arbeitstag fängt an … Moment mal! Ich wache auf. Ich höre einen Vogel. Die Sonne scheint. … Ist das nicht wundervoll?

5c Clip 7 Seite 56 KB
Welcher Satz passt zu welchem Bild? Schreiben Sie.

Herr K. fährt los.
Herr K. steht auf.
Der Arbeitstag fängt an.
Herr K. wacht auf.
Herr K. packt die Tasche aus.

5d
Wann macht Herr K. was? Ergänzen Sie die Uhrzeiten.

Herr K. wacht um … auf.
Herr K. steht … auf.
Herr K. fährt … los.
Herr K. packt … die Tasche aus.
Der Arbeitstag fängt … an.

6a Track 50 Seite 56 KB, Seite 129 ÜB
Im Rhythmus: **Hören Sie.**

A: Er wacht auf. Er steht auf. Er fährt los. Er kommt an.
B: Sie wacht auf. Sie steht auf. Sie fährt los. Sie kommt an.

Chor: Sie wachen auf. Sie fangen an. Wir wachen auf. Wir fangen an.

A: Jeden Tag aufwachen, aufstehen, losfahren, ankommen, anfangen, arbeiten. Toll!

B: Aufwachen, Sport machen, lesen und fernsehen, essen und nichts tun. Ach, wundervoll!
Ich wache auf, du wachst auf, … mittags um zwei. Frühstück im Bett. Schön! Heute ist frei!

6b
Hören Sie noch einmal. Sprechen Sie mit.

7
Auch Routine ist schön! **Schreiben Sie einen Text.**
Lernende sammeln zuerst gemeinsam passenden Wortschatz aus der Lektion. Dann schreiben Sie einen Text und präsentieren ihn.

aufwachen	Musik hören	schön / toll / …
aufstehen	Sport machen	die Sonne scheint
losfahren	…	…

Ich wache auf und höre Musik.
Die Sonne scheint. …
Das ist schön!

Seite 124 ÜB

Pantomime – Verben raten: LN spielen sich in Partnerarbeit Tätigkeiten vor und wechseln sich ab. Die Partner raten: „Stehst du auf?" Die Antwort „Ja, ich stehe auf." „Nein, ich stehe nicht auf."

Grammatik-Clip 7 (Trennbare Verben): Zeigen Sie den Clip und vertiefen Sie die neuen Strukturen mit den *Übungen auf Seite 48.*

fahren	losfahren
Ich **fahre**.	Ich **fahre** los.
Ich **fahre** am Samstag.	Ich **fahre** am Samstag los.

Aktivitäten am Sonntag: Verteilen Sie Fotos aus dem Buch und von weiteren Aktivitäten (Sport machen, tanzen, in die Kirche gehen, shoppen gehen) an den Wänden im Raum und fordern Sie LN auf, sich dahin zu stellen, was sie am Sonntag gern machen. LN tauschen sich vor den Fotos aus.

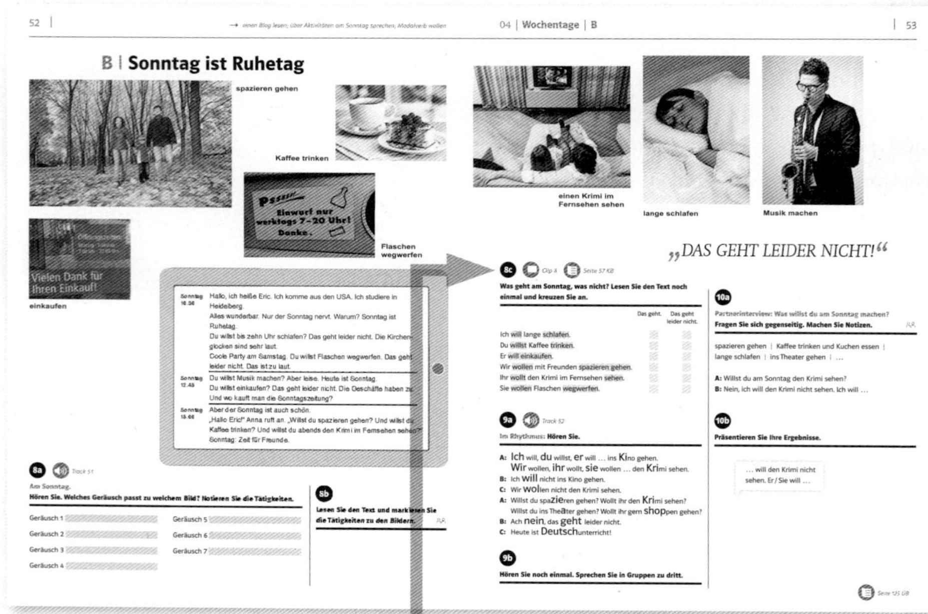
52 | → *einen Blog lesen; über Aktivitäten am Sonntag sprechen; Modalverb wollen*

B | Sonntag ist Ruhetag

spazieren gehen

Kaffee trinken

einkaufen

Flaschen wegwerfen

Sonntag 10.30
Hallo, ich heiße Eric. Ich komme aus den USA. Ich studiere in Heidelberg.
Alles wunderbar. Nur der Sonntag nervt. Warum? Sonntag ist Ruhetag.
Du willst bis zehn Uhr schlafen? Das geht leider nicht. Die Kirchenglocken sind sehr laut.
Coole Party am Samstag. Du willst Flaschen wegwerfen. Das geht leider nicht. Das ist zu laut.

Sonntag 12.45
Du willst Musik machen? Aber leise. Heute ist Sonntag.
Du willst einkaufen? Das geht leider nicht. Die Geschäfte haben zu. Und wo kauft man die Sonntagszeitung?

Sonntag 15.00
Aber der Sonntag ist auch schön.
„Hallo Eric!" Anna ruft an. „Willst du spazieren gehen? Und willst du Kaffee trinken? Und willst du abends den Krimi im Fernsehen sehen?"
Sonntag: Zeit für Freunde.

8a *Track 51*
Am Sonntag.
Hören Sie. Welches Geräusch passt zu welchem Bild? Notieren Sie die Tätigkeiten.

Geräusch 1 ___ Geräusch 5 ___
Geräusch 2 ___ Geräusch 6 ___
Geräusch 3 ___ Geräusch 7 ___
Geräusch 4 ___

8b
Lesen Sie den Text und markieren Sie die Tätigkeiten zu den Bildern.

04 | Wochentage | B | 53

einen Krimi im Fernsehen sehen

lange schlafen

Musik machen

„DAS GEHT LEIDER NICHT!"

8c *Clip 8* *Seite 57 KB*
Was geht am Sonntag, was nicht? Lesen Sie den Text noch einmal und kreuzen Sie an.

	Das geht.	Das geht leider nicht.
Ich will lange schlafen.		
Du willst Kaffee trinken.		
Er will einkaufen.		
Wir wollen mit Freunden spazieren gehen.		
Ihr wollt den Krimi im Fernsehen sehen.		
Sie wollen Flaschen wegwerfen.		

9a *Track 52*
Im Rhythmus: **Hören Sie.**

A: Ich will, du willst, er will … ins Kino gehen.
Wir wollen, ihr wollt, sie wollen … den Krimi sehen.
B: Ich will nicht ins Kino gehen.
C: Wir wollen nicht den Krimi sehen.
A: Willst du spazieren gehen? Wollt ihr den Krimi sehen?
Willst du ins Theater gehen? Wollt ihr gern shoppen gehen?
B: Ach nein, das geht leider nicht.
C: Heute ist Deutschunterricht!

9b
Hören Sie noch einmal. Sprechen Sie in Gruppen zu dritt.

10a
Partnerinterview: Was willst du am Sonntag machen?
Fragen Sie sich gegenseitig. Machen Sie Notizen.

spazieren gehen | Kaffee trinken und Kuchen essen | lange schlafen | ins Theater gehen | …

A: Willst du am Sonntag den Krimi sehen?
B: Nein, ich will den Krimi nicht sehen. Ich will …

10b
Präsentieren Sie Ihre Ergebnisse.

… will den Krimi nicht sehen. Er / Sie will …

Seite 125 ÜB

Fernsehkrimi „Tatort": Der Tatort ist eine Fernseh-Krimi-Reihe in D-A-CH. Der Tatort wird seit 1970 gesendet und ist die am längsten laufende und beliebteste Krimireihe im deutschen Sprachraum. Der Krimi spielt in unterschiedlichen Städten und jede dieser Städte hat ihr festes Ermittler-Team. Der Tatort läuft in der Regel sonntags zur Hauptsendezeit um 20:15 Uhr. Inzwischen zeigen auch einige Lokale öffentlich den Tatort und die Leute treffen sich in den sogenannten „Tatort-Kneipen" zum gemeinsamen Fernsehen.

Grammatik-Clip 8 (Modalverb wollen): Zeigen Sie den Clip mehrmals, nachdem LN *Ü8c* gemacht haben. Vertiefen Sie die neuen Strukturen mit den *Übungen auf Seite 48*.

Zeigen Sie die Satzklammer für die Modalverben mit diesem Tafelbild.

fahren wollen	losfahren wollen
Ich **will fahren**.	Ich **will losfahren**.
Ich **will** am Samstag **fahren**.	Ich **will** am Samstag **losfahren**.

Aktivitäten am Sonntag: In Deutschland gibt es eine gesetzlich verordnete „Sonntagsruhe". Diese geht auf religiöse Gründe zurück. Die meisten Geschäfte bleiben geschlossen und nur ein kleiner Teil der Bevölkerung arbeitet sonntags. Sonntage sind daher heute für die meisten Freizeit-Tage, an denen man mit der Familie oder Freunden etwas unternimmt, essen geht, in die Kirche geht, Kaffee trinkt, Ausflüge macht oder spazieren geht.

Unser Sonntag: LN erstellen in Gruppenarbeit Collagen zu ihrem typischen Sonntag. Anschließend gibt es eine Ausstellung und LN kommentieren die Gruppenergebnisse.

Termine: Sehen Sie auf die Uhr, nennen Sie die Uhrzeit und sagen Sie, was Sie noch machen müssen.

Müssen oder wollen: Schreiben Sie die Sätze an die Tafel und erklären Sie mit Hilfe von Gesten den Unterschied. Finden Sie gemeinsam weitere Beispiele.

Ich habe viel Arbeit.
Ich will nichts machen.
Aber ich muss viel machen.

Schreibtraining: *Seite 128 ÜB, Ü30/31*

Rätsel lösen und schreiben: Geben Sie ein Rätsel vor, z. B.: „Wer ist das? Er muss jeden Tag Bücher lesen. Er muss jeden Tag zur Uni gehen." (Lösung: der Student / die Studentin)

Bushaltestelle: Vergrößern Sie das Foto von der Haltestelle und fragen Sie, was das ist. Wie funktionieren Haltestellen in D-A-CH? (Plan, pünktlich, Bus hält automatisch) Und wie ist es im Land der LN? (Muss man die Hand ausstrecken? Gibt es einen Plan?)

Uhrzeiten in D-A-CH: Je nach Region sind unterschiedliche Benennungen der Uhrzeiten üblich. In den meisten Regionen wird 17:15 Uhr gewöhnlich als „Viertel nach fünf" bezeichnet. Aber in manchen Regionen kann man auch „Viertel sechs" hören.

Busfahrplan: Zeigen Sie LN den Busfahrplan und überlegen Sie, wie man ihn lesen muss. Bitten Sie die LN, die aktuelle Uhrzeit zu nennen und dann die Abfahrtszeit des nächst möglichen Busses zum Rathaus herauszusuchen. Stellen Sie weitere Fragen: „Wie lange braucht der Bus vom Daimlerplatz bis zum Berliner Platz?" „Wie oft fährt der Bus am Samstagmittag?" usw. *Kopiervorlage, Seite 46*

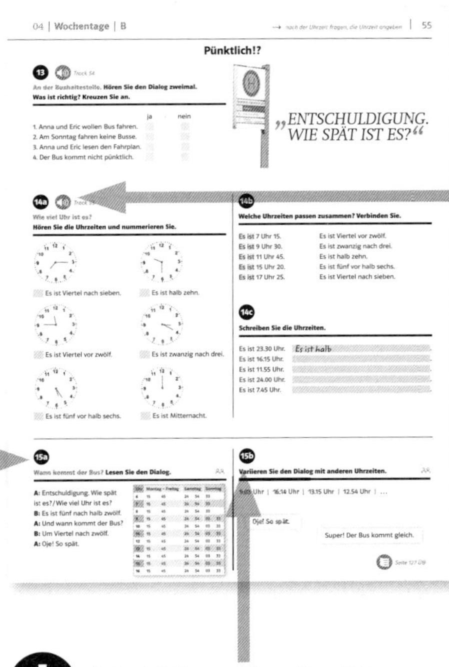

Interjektionen: Bereiten Sie Zettel mit Interjektionen für die LN vor: Hallo, Super, Oje, Cool, Wunderbar. Markieren Sie jeweils, wie die Interjektion gesprochen werden soll: Als Ausruf (!), Frage (?), neutral (.), freudig (:-)), traurig (:- (. LN mit dem gleichem Wort erproben mögliche Intonationen der jeweils vorgegebenen Interpretation und stellen diese dann im Plenum vor. Die anderen LN raten, um welche Interpretation es geht.

Uhrzeiten-Spiel: LN spielen in Kleingruppen zusammen. Die Uhrzeiger von der Kopiervorlage werden ausgeschnitten und mit einer Heftklammer an der Uhr befestigt. LN1 dreht die Zeiger und fragt LN2: „Entschuldigung. Wie spät ist es? / Wie viel Uhr ist es?" LN2 versucht die angezeigte Uhrzeit korrekt zu benennen. Ist die Antwort richtig, darf LN2 eine Uhrzeit stellen und LN3 fragen. Macht LN2 jedoch einen Fehler, scheidet er / sie aus dem Spiel aus. Ab der dritten Runde nennt LN1 eine fiktive Uhrzeit, die LN2 dann auf der Uhr stellen muss usw. *Kopiervorlage, Seite 47*

Landeskunde – Film 4: Ergänzen Sie das Thema Uhrzeiten mit dem Film zu den Arbeits- und Öffnungszeiten sowie den dazugehörigen Übungen auf *Seite 73 KB*.

 = ich
 = du
 = er / sie
 = wir
 = ihr
 = sie (Pl.)

* = aussetzen
** = noch einmal würfeln
*** = zurück zum letzten Feld

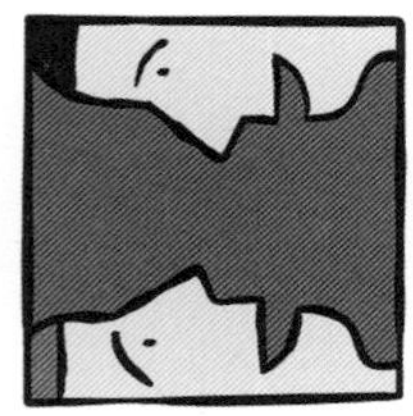

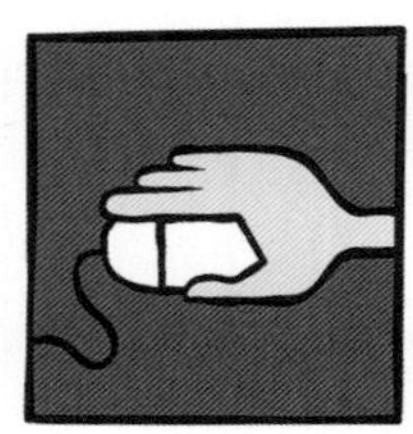

START
Montag: arbeiten
Dienstag: lesen
Mittwoch: essen
Donnerstag: fernsehen
Freitag: Auto fahren
Samstag: Deutsch sprechen
Sonntag: schlafen
Ich bleibe zu Hause!*
Montag: essen
Dienstag: Sport machen
Mittwoch: lesen
Donnerstag: schlafen
Viel Spaß!**
Freitag: tanzen gehen
Samstag: Fußball spielen
Sonntag: lachen
Montag: im Internet surfen
Entschuldigung!***
Dienstag: telefonieren
Mittwoch: Englisch sprechen
Ich bleibe zu Hause!*
Donnerstag: lesen
Freitag: Musik hören
Samstag: schlafen
Sonntag: fernsehen
Montag: fotografieren
Viel Spaß!**
Dienstag: arbeiten
Mittwoch: ins Kino gehen
Donnerstag: lesen
Freitag: schlafen
Entschuldigung!***
Samstag: essen
Sonntag: Auto fahren
ZIEL

DaF leicht A1, Lehrerhandbuch
ISBN: 978-3-12-676252

Blatt A

Redemittel:
Wie lange arbeitet er / sie?
Wann hat er / sie frei?
Wann macht er / sie Pause?

	Arbeitszeiten von ... bis	**frei am ...**	**Pause um ...**
Anette (Praktikantin)	7 bis 14 Uhr	Montag	
Vladimir (Manager)		am Wochenende	
Hendrik (Hotelfachmann)			keine
Johanna (Bäckerin)	5 bis 15 Uhr		um 8 Uhr

Blatt B

Redemittel:
Wie lange arbeitet er / sie?
Wann hat er / sie frei?
Wann macht er / sie Pause?

	Arbeitszeiten von ... bis	**frei am ...**	**Pause um ...**
Anette (Praktikantin)			morgens um 9 Uhr
Vladimir (Manager)	9 bis 18 Uhr		um 13 Uhr
Hendrik (Hotelfachmann)	22 bis 6 Uhr	Dienstag und Mittwoch	
Johanna (Bäckerin)		am Sonntag	

DaF leicht A1, Lehrerhandbuch
ISBN: 978-3-12-676252

2 nach Botnang

über

Bad Cannstatt Wilhelmsplatz
Charlottenplatz
Vogelsang

ca. Fahrzeit in Minuten

Min.	Haltestelle
	Neugereut
	Daimlerplatz
02	Bad Cannstatt Wilhelmsplatz
04	Mercedesstraße
05	Mineralbäder
07	Metzstraße
08	Stöckach
09	Neckartor
11	Staatsgalerie
12	Charlottenplatz
13	Rathaus
15	Rotebühlplatz
16	Berliner Platz (Hohe Starße)
18	Schloss-/Johannesstraße
19	Schwab-/Bebelstraße
20	Arndt-/Spitalstraße
21	Vogelsang
22	Herderplatz
24	Lindtpaintnetstraße
25	Beethovenstraße
26	Millöckerstraße
27	Eltinger Straße
29	Botnang

ab Daimlerplatz

Uhr	Montag – Freitag							
4	52							
5	12	27	42	52				
6	12	22	32	42	52			
7	02	12	22	27	32	37	42	52
8	02	12	22	32	42	52		
9	02	12	22	32	42	52		
10	02	12	22	32	42	52		
11	02	12	22	32	42	52		
12	02	12	22	32	42	52		
13	02	12	22	32	42	52		
14	02	12	22	32	42	52		
15	02	12	22	32	42	52		
16	02	12	22	32	42	52		
17	02	12	22	32	42	52		
18	02	12	22	32	42	52	57	
19	12	23	27	42	50	57		
20	12	27	42	57				
21	12	27	42	57				
22	12	27	42	57				
23	12	27	42	57				
0	12	27	44	57				
1	12							

Uhr	Samstag						
4	59						
5	34						
6	04	34	57				
7	12	27	42	57			
8	12	27	42	57			
9	12	27	42	52			
10	02	12	22	32	42	52	
11	02	12	22	32	42	52	
12	02	12	22	32	42	52	
13	02	12	22	32	42	52	
14	02	12	22	32	42	52	
15	02	12	22	32	42	52	
16	02	12	22	32	42	52	
17	02	12	22	32	42	52	
18	02	12	22	32	42	52	57
19	12	23	27	42	50	57	
20	12	27	42	57			
21	12	27	42	57			
22	12	27	42	57			
23	12	27	42	57			
0	12	27	44	57			
1	12						

Uhr	Sonn-/Feiertage			
4				
5				
6	04			
7	04	57		
8	12	42		
9	12	42		
10	12	42		
11	12	32	52	
12	02	22	42	52
13	02	22	42	52
14	02	22	42	52
15	02	22	42	52
16	02	22	42	52
17	02	22	42	52
18	02	22	42	52
19	12	27	57	
20	12	42		
21	12	42		
22	12	42		
23	12	42		
0	12	44		
1				

DaF leicht A1, Lehrerhandbuch
ISBN: 978-3-12-676252

Redemittel:
Entschuldigung. Wie spät ist es? / Wie viel Uhr ist es?
Es ist … Uhr. / Es ist halb … / Es ist Viertel vor… / Viertel nach… / Es ist fünf vor … / zehn nach …

Runde 1 und 2: LN1 stellt die Uhr und fragt nach der Uhrzeit, LN2 antwortet.
ab Runde 3: LN1 nennt eine Uhrzeit, LN2 stellt danach die Uhr.

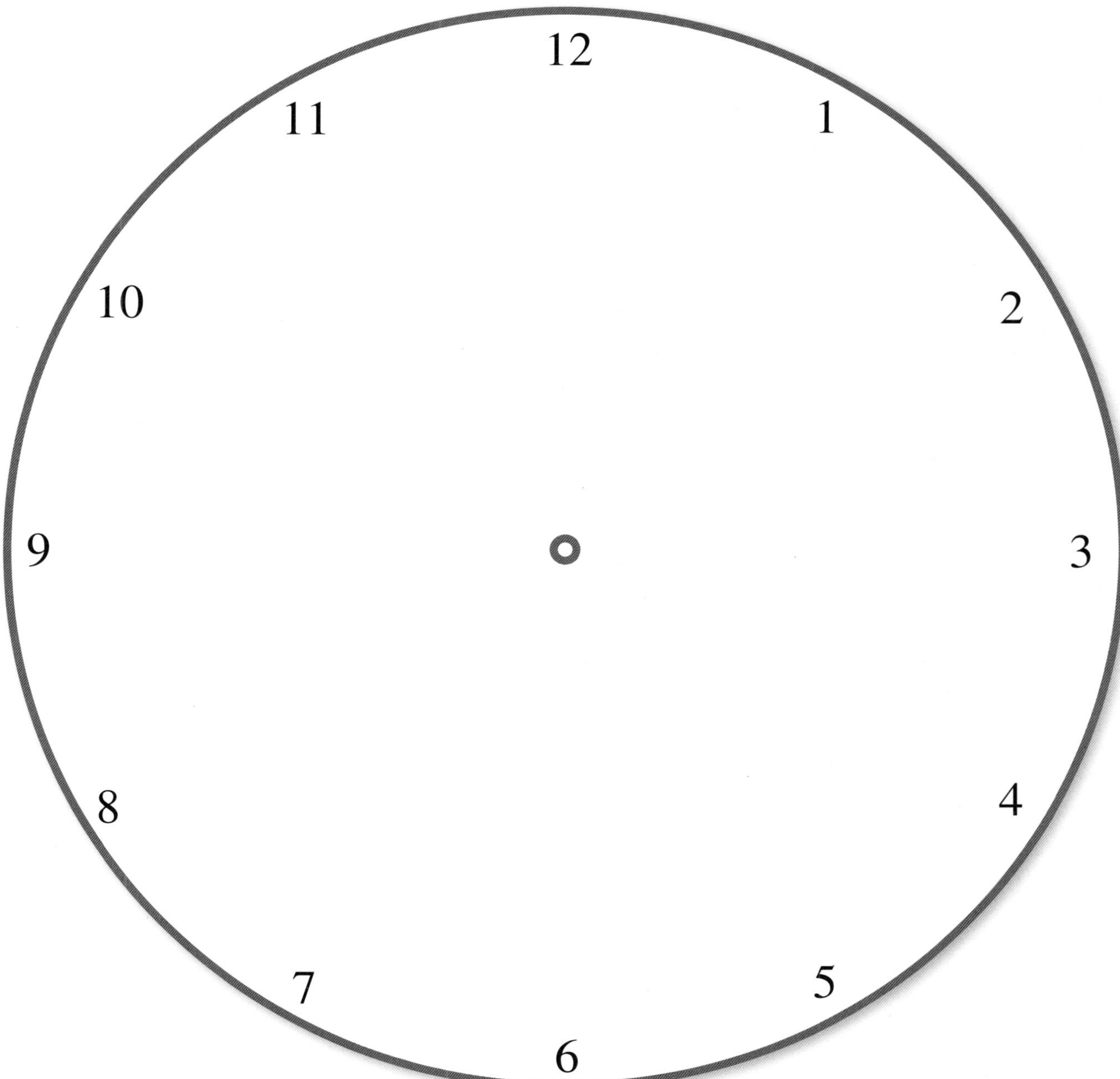

DaF leicht A1, Lehrerhandbuch
ISBN: 978-3-12-676252

Clip7: Trennbare Verben

1. Den Clip nachlegen
LN legen die Sätze aus dem Clip gemeinsam nach. Zeigen Sie anschließend den Clip zur Kontrolle. Halten Sie den Ablauf zwischendurch an, um die einzelnen Schritte zu verdeutlichen.

Ich	stehe	auf
jeden Tag	um 6 Uhr	Wann
stehst	du	auf
Stehst	du	jeden Tag
auf?	.	?

2. Interaktiv üben
LN ergänzen den Satz „Ich stehe jeden Tag um … auf." Sie gehen im Kurs herum und fragen: „Wann stehst du auf?" Es sollen sich Gruppen von Personen finden, die jeden Tag zur selben Zeit aufstehen.

3. Strukturtabelle ausfüllen
LN ordnen die Satzteile in die Strukturtabelle ein.

1	2	3, 4, 5, …	Satzende

Clip 8: Das Modalverb wollen

1. Den Clip nachlegen
LN legen den Clip in zwei Etappen nach. Zuerst ordnen sie Personalpronomen und Verb zu. Zeigen Sie den ersten Teil des Clips danach zur Kontrolle.

ich	du	er/sie
wir	ihr	sie
will	willst	will
wollen	wollt	wollen

Dann legen LN die Sätze nach. Zeigen Sie den zweiten Teil des Clips zur Kontrolle.

Willst	ins Kino	gehen
spazieren	schwimmen	?
Was willst du denn machen?		
Ich	schlafen	am Sonntag
lange	.	

2. Interaktiv üben
LN schreiben auf eine leere Karte eine Tätigkeit, die sie gern machen. Die Karten werden neu verteilt. Danach fragen und antworten LN der Reihe nach: „Was willst du machen?" „Ich will ins Kino gehen. Und was willst du machen?" usw.

3. Strukturtabelle ausfüllen
LN schreiben die Sätze mit den Modalverben in die Strukturtabelle.

1	2	3, 4, 5, …	Satzende

DaF leicht A1, Lehrerhandbuch
ISBN: 978-3-12-676252

05 | Wünsche und Träume

Luftballonwünsche: Fragen Sie die LN: „Was sehen Sie auf dem Foto?" Erzählen Sie, dass solche Luftballons mit Postkarten oft bei Hochzeiten oder Stadtfesten in die Luft geschickt werden. Entweder stehen auf den Karten gute Wünsche oder es ist ein Wettbewerb: Welcher Ballon fliegt am weitesten? Für so einen Wettbewerb notiert man seine Absenderadresse und hofft, dass der Finder den Ballon mit Nachricht über den Fundort zurückschickt. Oder der Finder soll dem Hochzeitspaar gute Wünsche zurücksenden. LN berichten, ob sie diesen oder ähnliche Bräuche kennen. Fragen Sie die LN, was sie auf eine solche Postkarte mit Ballon schreiben würden.

5A Gute Wünsche

Lernziele: LN können über die Familie und Verwandtschaftsbeziehungen sprechen und kurze Wünsche formulieren
Kommunikation: über die Familie sprechen; gute Wünsche / Ratschläge geben; persönliche Angaben machen; Meinung äußern
Wortschatz: Familie (Vater, Mutter, Bruder, Schwester, ...); Wünsche
Grammatik: Imperativ (2. Person Singular und Plural); Possessivartikel
Phonetik: Ö- und Ü-Laute
Landeskunde: Familie in D-A-CH
Sie brauchen: Fotos von bekannten Familien aus Zeitungen oder dem Internet *(Seite 61 KB, Ü2a)*; Plakatpapier *(Seite 61 KB, Ü2c)*

5B Wunschträume

Lernziele: LN können über (Wunsch-)Träume sprechen und Fähigkeiten angeben
Kommunikation: über Wunschträume sprechen und sie kommentieren; einen Text zusammenfassen; ein Lied verstehen und bewerten
Wortschatz: Gefühle; Persönliches
Grammatik: möchten; Modalverb können; Präteritum von sein und haben (1. und 3. Person Singular)
Sie brauchen: Plakatpapier, Klebestifte *(Seite 65 KB, Ü11a)*; einen kleinen Ball *(Seite 67 KB, Ü16a)*

Zusatzmaterial:
Online-Selbstevaluation: http://www.klett-sprachen.de/dafleicht
Lektionstest: *Seite 132–133*
Kopiervorlagen und Übungen zu den Grammatik-Clips 9 und 10: *Seite 54–58*

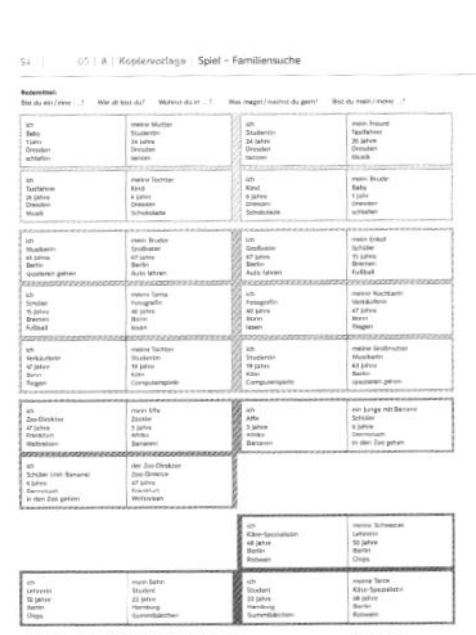
Seite 54

Seite 55

Seite 56

Seite 57

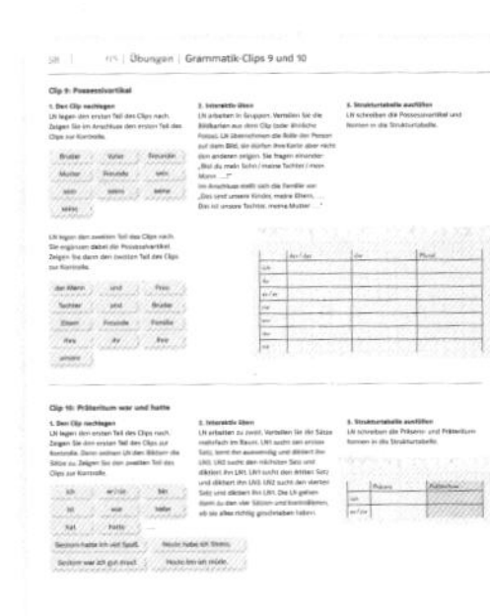
Seite 58

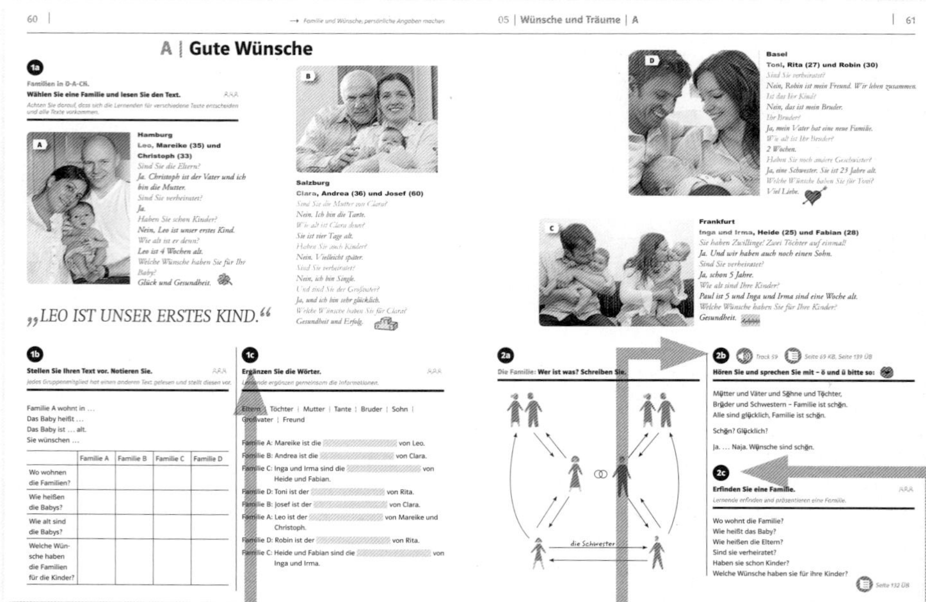

A | Gute Wünsche

1a

Familien in D-A-CH.

Wählen Sie eine Familie und lesen Sie den Text.

Achten Sie darauf, dass sich die Lernenden für verschiedene Texte entscheiden und alle Texte vorkommen.

A

Hamburg
Leo, Mareike (35) und Christoph (33)
Sind Sie die Eltern?
Ja. Christoph ist der Vater und ich bin die Mutter.
Sind Sie verheiratet?
Ja.
Haben Sie schon Kinder?
Nein, Leo ist unser erstes Kind.
Wie alt ist er denn?
Leo ist 4 Wochen alt.
Welche Wünsche haben Sie für Ihr Baby?
Glück und Gesundheit.

„LEO IST UNSER ERSTES KIND."

B

Salzburg
Clara, Andrea (36) und Josef (60)
Sind Sie die Mutter von Clara?
Nein. Ich bin die Tante.
Wie alt ist Clara denn?
Sie ist vier Tage alt.
Haben Sie auch Kinder?
Nein. Vielleicht später.
Sind Sie verheiratet?
Nein, ich bin Single.
Und sind Sie der Großvater?
Ja, und ich bin sehr glücklich.
Welche Wünsche haben Sie für Clara?
Gesundheit und Erfolg.

1b

Stellen Sie Ihren Text vor. Notieren Sie.

Jedes Gruppenmitglied hat einen anderen Text gelesen und stellt diesen vor.

Familie A wohnt in …
Das Baby heißt …
Das Baby ist … alt.
Sie wünschen …

	Familie A	Familie B	Familie C	Familie D
Wo wohnen die Familien?				
Wie heißen die Babys?				
Wie alt sind die Babys?				
Welche Wünsche haben die Familien für die Kinder?				

1c

Ergänzen Sie die Wörter.

Lernende ergänzen gemeinsam die Informationen.

Eltern | Töchter | Mutter | Tante | Bruder | Sohn | Großvater | Freund

Familie A: Mareike ist die ______ von Leo.
Familie B: Andrea ist die ______ von Clara.
Familie C: Inga und Irma sind die ______ von Heide und Fabian.
Familie D: Toni ist der ______ von Rita.
Familie B: Josef ist der ______ von Clara.
Familie A: Leo ist der ______ von Mareike und Christoph.
Familie D: Robin ist der ______ von Rita.
Familie C: Heide und Fabian sind die ______ von Inga und Irma.

D

Basel
Toni, Rita (27) und Robin (30)
Sind Sie verheiratet?
Nein, Robin ist mein Freund. Wir leben zusammen.
Ist das Ihr Kind?
Nein, das ist mein Bruder.
Ihr Bruder?
Ja, mein Vater hat eine neue Familie.
Wie alt ist Ihr Bruder?
2 Wochen.
Haben Sie noch andere Geschwister?
Ja, eine Schwester. Sie ist 23 Jahre alt.
Welche Wünsche haben Sie für Toni?
Viel Liebe.

C

Frankfurt
Inga und Irma, Heide (25) und Fabian (28)
Sie haben Zwillinge! Zwei Töchter auf einmal!
Ja. Und wir haben auch noch einen Sohn.
Sind Sie verheiratet?
Ja, schon 5 Jahre.
Wie alt sind Ihre Kinder?
Paul ist 5 und Inga und Irma sind eine Woche alt.
Welche Wünsche haben Sie für Ihre Kinder?
Gesundheit.

2a

Die Familie: **Wer ist was? Schreiben Sie.**

die Schwester

2b Track 59 Seite 69 KB, Seite 139 ÜB

Hören Sie und sprechen Sie mit – ö und ü bitte so:

Mütter und Väter und Söhne und Töchter,
Brüder und Schwestern – Familie ist schön.
Alle sind glücklich, Familie ist schön.

Schön? Glücklich?

Ja. … Naja. Wünsche sind schön.

2c

Erfinden Sie eine Familie.

Lernende erfinden und präsentieren eine Familie.

Wo wohnt die Familie?
Wie heißt das Baby?
Wie heißen die Eltern?
Sind sie verheiratet?
Haben sie schon Kinder?
Welche Wünsche haben sie für ihre Kinder?

Seite 132 ÜB

Begriff Familie: Schreiben Sie groß das Wort „Familie" an die Tafel. Fragen Sie die LN, was das Wort bedeutet, verweisen Sie auf ähnlich klingende Wörter in der Muttersprache oder in anderen Sprachen, notieren Sie auch diese an der Tafel, z. B.: family (engl.), famille (franz.), familie (niederländisch), famiglia (ital.), familia (span., portg.). Lassen Sie das Wort an der Tafel stehen und ergänzen Sie später als Wortigel die Familienwörter aus den Texten.

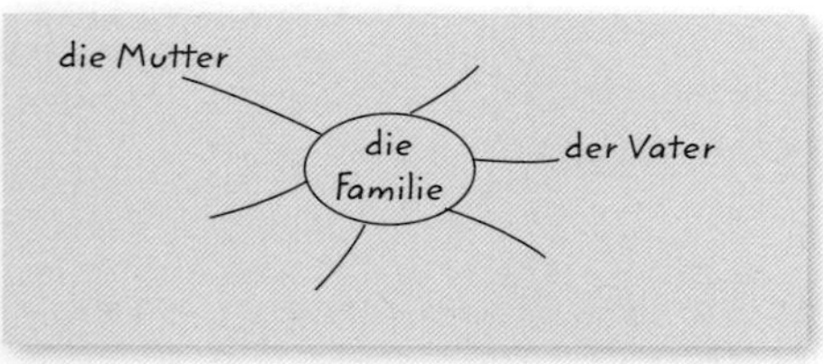

Familienbilder: Bei Verständnisschwierigkeiten können auch die Familienbilder aus dem Lernwortschatz *Seite 130/131 ÜB* zur Erklärung dienen.

Bekannte Familien: LN bringen Bilder aus Zeitschriften von weltweit oder im Herkunftsland bekannten Familien mit und präsentieren sie. LN sollen Verwandtschaftsbeziehungen erläutern: „Das ist der Vater von … und sie ist die Schwester von …"

Ö und Ü-Laute: Schreiben Sie je ein Beispiel für kurze und lange Ö- und Ü-Laute *(Seite 69 KB)* an die Tafel. Sprechen Sie die Beispiele deutlich vor. Achten Sie dabei auf die Lippenrundung. Üben Sie dann mit den LN den Ö-Laut (Eeeööö) und Ü-Laut (Iiiüüü) *Seite 139 ÜB, Ü29-31.*

Schreibtraining: *Seite 138 ÜB, Ü25a*

Familienstammbaum zeichnen: LN gestalten zusätzlich zu den Fragen einen Familienstammbaum (wie in 2a) auf Plakatpapier. Diese Familienstammbäume werden im Kursraum aufgehängt und präsentiert.

Familienmodelle: Knapp die Hälfte der gut 80 Millionen Personen in Deutschland lebt aktuell in einer Familie. Familie bedeutet dabei ein oder zwei Elternteile und Kind(er). Die Eltern können Ehepartner, Lebenspartner oder alleinerziehende Elternteile sein. 23 Millionen Personen (29 %) leben in einer Partnerschaft ohne Kinder und 17 Millionen (21 %) sind alleinstehend. Alleinstehende wohnen zu knapp 90 % in Einpersonenhaushalten, knapp 10 % leben mit Verwandten oder in einer Wohngemeinschaft.

Familie beschreiben: Bringen Sie Familienfotos auf dem Handy oder aus Zeitschriften mit und zeigen Sie sie den LN. Unterstützt durch Mimik und Stimme kommentieren Sie die Fotos: „Guckt mal, das Baby ist süß!“ oder „Der Mann sieht interessant aus!“ LN ergänzen ihre Meinungen.

Zeichnen Sie ein leeres Raster an die Tafel, das gemeinsam mit den LN im Laufe der Übungen ergänzt wird.

	der	die
ich	mein Vater	meine Mutter
du	dein Vater	deine Mutter
er/es	sein Vater	seine Mutter
sie	ihr Vater	ihre Mutter
wir	unser Vater	unsere Mutter
ihr	euer Vater	eure Mutter
sie	ihr Vater	ihre Mutter
Sie	Ihr Vater	Ihre Mutter

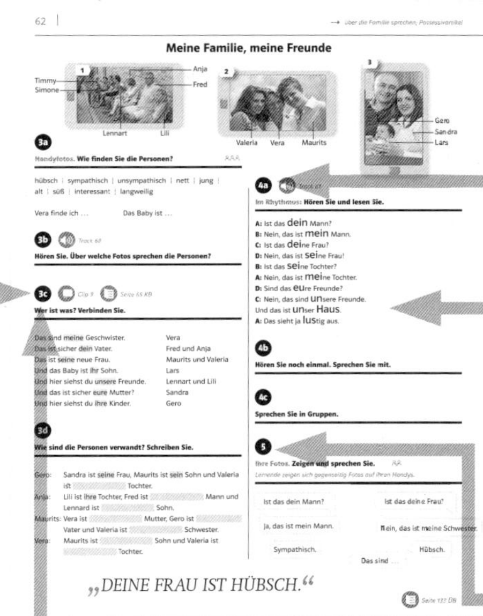

Grammatik-Clip 9 (Possessivartikel): Zeigen Sie den Clip mehrfach und üben Sie die Possessivartikel mit den *Übungen auf Seite 58*.

Possessivartikel: Ermuntern Sie die LN, jeweils auf die betonte Silbe des Possessivartikels eine deutliche Zeigebewegung zu machen. Variieren Sie den Text mit anderen Nomen (Sohn, Schwester, Baby, Foto, Traum, Wunsch, …).

Spiel – Familiensuche: Jeder / Jede LN erhält einen Zettel mit Informationen über die eigene fiktive Person und über eine gesuchte Person. Die Personen gehören zu verschieden großen Familien oder Gruppen. LN laufen im Raum und stellen Fragen, bis sie alle Personen aus ihrer Familie / Gruppe gefunden haben. *Kopiervorlage, Seite 54*

Schreibtraining: *Seite 138 ÜB, Ü27*

Landeskunde-Film 5: LN sehen den Film und lernen eine österreichische Familie kennen. Danach machen Sie die Übungen auf *Seite 73 KB*.

Gute Wünsche: Fragen Sie, welche Wünsche LN in bestimmten Situationen aussprechen, z. B. der Vater ist alt und hat Geburtstag oder die Schwester hat eine neue Arbeit. Schreiben Sie die Wünsche „Bleib gesund!“ und „Viel Erfolg!“ an die Tafel.

Dialog – Wünsche: Wählen Sie Wünsche aus und kopieren Sie die Wünsche zweimal, so dass sich Paare finden können. Verteilen Sie die Zettel. LN gehen durch den Kursraum und sagen sich gegenseitig den guten Wunsch. Sobald sich die Paare gefunden haben, denken sie sich eine passende Situation und einen Minidialog aus, den sie im Plenum vorspielen. Zum Beispiel: A: „Es ist so langweilig!“ B: „Mach eine Reise.“ (LN können ein Wörterbuch zur Unterstützung benutzen.) *Kopiervorlage, Seite 55*

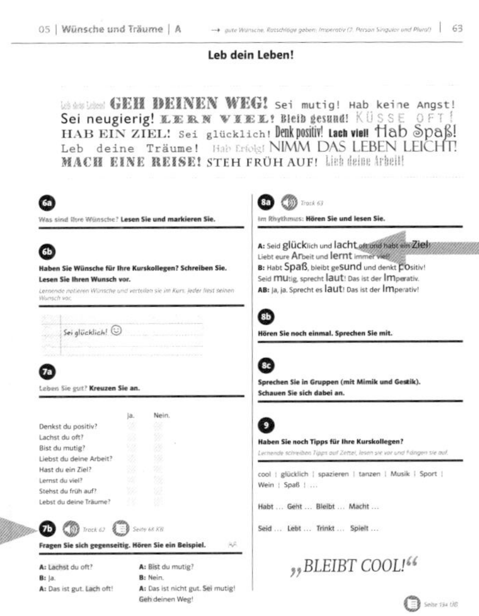

Machen Sie die Imperativ-Bildung mit Hilfe des Tafelbilds deutlich.

haben		sein	
du hast …	Hab … !	du bist …	Sei … !
ihr habt	Habt …!	ihr seid	Seid … !
machen			
du machst	Mach… !		
ihr macht	Macht … !		

Wunschkarten gestalten: LN gestalten für ihre Kurskollegen persönliche Wunschkarten und legen sie als Überraschung an den Platz. Anregungen findet man unter www.gruesse.de.

Träume: Zeigen Sie die Fotos (als Kopie / digital) ohne den Text. Fragen Sie die LN: „Was machen die Personen auf den Fotos?" LN stellen erste Vermutungen an.

64 | → *über Wunschträume sprechen und sie kommentieren; möcht-; Modalverb können* 05 | Wünsche und Träume | B | 65

B | Wunschträume

Nora
(24 Jahre)

Ich bin im Zoo. Ich schaue die Affen an. Sie sind lustig. Sie essen Bananen, spielen und schreien. Was sagen sie? Ich möchte die Affen verstehen. Plötzlich kann ich alles verstehen. Ich kann ihre Sprache sprechen. Das ist toll!

Sebastian
(19 Jahre)

Ich wohne in Kalifornien. Die Sonne scheint und ich bin gut drauf. Ich habe einen Sportshop und verkaufe Surfboards. Meine Schwester und mein Bruder sind auch da. Wir arbeiten zusammen und können alle super surfen. Wir haben total viel Spaß!

Johannes
(36 Jahre)

Ich bin alt, sehr alt. Ich habe ein Haus mit Garten. Meine 22 Enkel spielen. Sie sind sehr laut. Ich kann nichts verstehen. Da höre ich Musik. Ich möchte tanzen. Wir tanzen alle zusammen. Ich bin glücklich.

Elisa
(20 Jahre)

Ich bin Musikerin. Ich kann toll singen und Gitarre spielen – ich bin ein Star! Ich habe viele Fans, nicht nur in Europa. Alle kennen und lieben meine Songs. Sie hören meine Musik, tanzen und haben Spaß. Das ist so cool!

Klaus
(31 Jahre)

Ich bin Fotograf und ich habe ein Geheimnis: Ich kann fliegen! Das ist wundervoll. Ich fliege und fotografiere. Alle Zeitungen möchten meine Fotos, aber ich möchte nur Spaß! Fotografieren ist mein Leben!

10a Ich habe einen Traum. **Wählen Sie eine Person und lesen Sie.**
Lernende wählen einen Text und lesen ihn.

10b **Welche Wörter sind wichtig? Markieren Sie wie im Beispiel.**
Lernende markieren Schlüsselwörter in ihren Texten.

Ich bin Musikerin. Ich kann toll singen und Gitarre spielen – ich bin ein Star! Ich habe viele Fans, nicht nur in Europa. Alle kennen und lieben meine Songs. Sie hören meine Musik, tanzen und haben Spaß. Das ist so cool!

10c **Zu wem passen die Sätze?**
Lernende bilden gemischte Gruppen zu den unterschiedlichen Träumen.

______ ist alt und möchte gern tanzen.
______ möchte die Affen verstehen.
______ kann fliegen.
______ können alle super surfen.
______ kann die Affen verstehen.
Alle Zeitungen möchten seine Fotos, aber ______ möchte nur Spaß.

„ICH KANN ALLES VERSTEHEN."

10d *Seite 69 KB*
Sprechen Sie über die Träume.

Elisa ist … / Sie kann toll … und sie kann … — Das finde ich toll!
Sebastian wohnt in Kalifornien. Er hat … / Seine Schwester, sein Bruder und er können … — Das finde ich interessant!
Nora ist im … / Sie schaut … / Plötzlich kann sie … — Das finde ich lustig!
Johannes ist … / Er hat … / Er möchte … — Das finde ich wunderschön!
Klaus ist … / Er kann … / Alle Zeitungen möchten … / Aber er möchte … — Das finde ich spannend!

11a Welche Wunschträume haben Sie? **Notieren Sie.**

Ich bin …
Ich kann …
Ich möchte …

11b **Sprechen Sie über Ihre Träume. Sie können auch die Augen schließen.**

Ich bin Journalist. Ich kann 20 Sprachen verstehen. Ich wohne in Paris. Ich kann toll … Ich möchte … Ich bin … und ich kann …

Seite 135 ÜB

Schlüsselwörter erkennen: Lesen Sie mit den LN gemeinsam Elisas Text. Welche Wörter sind für das Textverständnis wichtig? Diskutieren Sie mit den LN und sehen Sie dann gemeinsam die Lösung mit den markierten Schlüsselwörtern in *Ü10b* an. Machen Sie die LN darauf aufmerksam, dass man mit diesen Wörtern den Textinhalt rekonstruieren kann.

Schlüsselwörter markieren: LN sollen in Partnerarbeit die Schlüsselwörter zu den Wunschträumen herausfinden und markieren. Verteilen Sie die Fotos mit den Texten. Unterstützen Sie die LN und besprechen Sie die Ergebnisse im Plenum.
Kopiervorlage, Seite 56

Träume erraten: LN notieren ihren Wunschtraum in einem Satz (Ich bin / kann / möchte …) auf einen Zettel. Die Zettel werden gemischt und neu verteilt. LN laufen durch den Raum und versuchen, durch Fragen den Autor des Zettels zu finden. Im Anschluss stellt jede / jeder LN diese Person im Plenum vor.

Traum-Ausstellung: LN sollen von sich ein Portraitfoto mit geschlossenen Augen machen (wie auf *Seite 64/65 KB*) und es zur nächsten Stunde ausgedruckt mitbringen. Anschließend verfassen LN kleine erläuternde Texte, die zusammen mit den Fotos als Ausstellung im Raum aufgehängt werden. Fordern Sie im Anschluss an einen Rundgang alle LN auf, Bilder und Texte wie in *Ü10d* zu kommentieren.

Quiz: Simulieren Sie das Fernsehquiz „Wer wird Millionär?" und fragen Sie: „In welchem Land liegt Addis Abeba? a. in Indonesien, b. in Äthiopien, c. in Bolivien oder d. in Algerien?" Warten Sie Antworten ab und fragen Sie, ob LN das Quizspiel erkannt haben.

Wer wird Millionär? Die international bekannte Quizshow („Who Wants to Be a Millionaire?") läuft seit über 15 Jahren auch erfolgreich im deutschen Fernsehen. Das Spielprinzip: Die Kandidaten haben die Chance, eine Million Euro zu gewinnen, wenn sie bei 15 Multiple-Choice-Fragen die richtige Antwort wählen. Von 1999 bis 2014 haben es neun Kandidaten geschafft, eine Million Euro zu gewinnen.

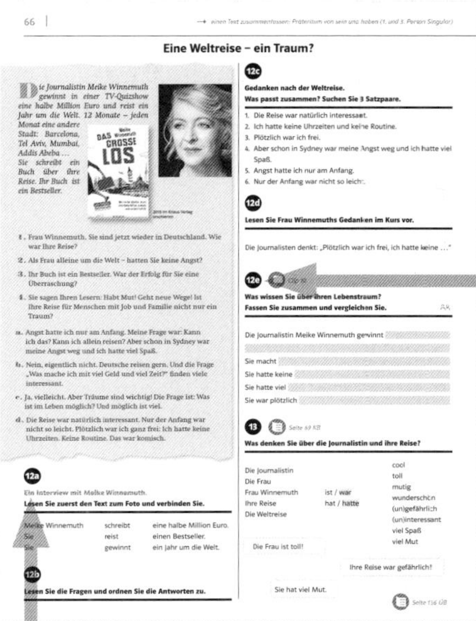

Grammatik-Clip 10 (Präteritum *war* und *hatte*): Zeigen Sie nach *Ü12e* den Clip und üben Sie das Präteritum (war / hatte) mit den *Übungen auf Seite 58.*

Schlüsselwörter finden: LN lesen den Text in Partnerarbeit und unterstreichen die wichtigen Wörter. Sammeln Sie alle Schlüsselwörter an der Tafel, markieren Sie Mehrfachnennungen mit Kreuzen. Wischen Sie dann die Wörter mit den wenigsten Nennungen wieder weg. Bitten Sie LN, aus den übrig gebliebenen Wörtern kurze Sätze zu bilden und vergleichen Sie dann mit den Sätzen in *Ü12a.*

Weltreise planen: Fragen Sie die LN, welche Länder sie auf einer Weltreise besuchen möchten. LN schreiben auf Karten, in welche drei Länder sie reisen wollen. Legen Sie die Karten aus. Was sind die beliebtesten Reiseländer? Fragen Sie: „Was möchten Sie dort machen? Was kann man dort machen?" LN sollen dann in Partnerarbeit ihre Wahl wie im Beispiel begründen: „Ich möchte nach Deutschland reisen. Da möchte ich … / Da kann man…"

Vermutungen zum Lied: Schreiben Sie den Titel des Liedes „Drei Wünsche frei!" an die Tafel und lassen Sie LN Vermutungen über den Inhalt anstellen. Die Nennungen werden später mit dem Text verglichen.

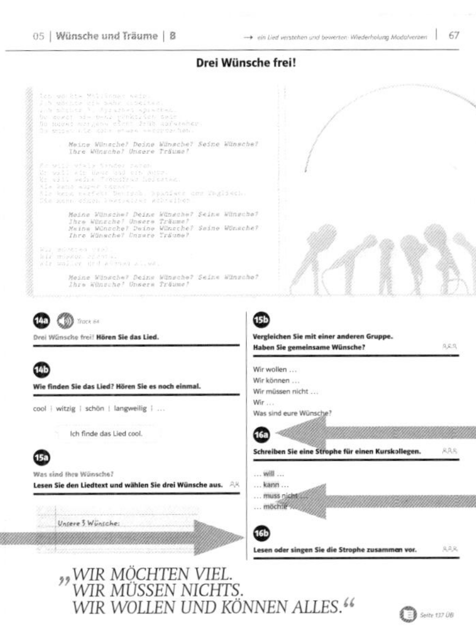

Was möchtest / musst / willst / kannst du oder kannst du nicht? LN arbeiten in Gruppen. LN1 stellt LN2 eine Frage mit einem der Modalverben wie im Beispiel. LN2 wählt ein Stichwort-Feld auf der Kopiervorlage aus, das zur Antwort passt, und antwortet mit einem ganzen Satz. Alle LN streichen dieses Feld durch, das Stichwort darf nicht mehr verwendet werden. Dann stellt LN2 LN3 eine neue Frage. Das Spiel ist vorbei, wenn alle Kärtchen durchgestrichen sind. *Kopiervorlage, Seite 57*

Schreibtraining: *Seite 138 ÜB, Ü28*

Kurssong: Versuchen Sie gemeinsam mit den LN aus den einzelnen Strophen einen Kurssong zu schreiben. Eventuell müssen Dopplungen gestrichen und neue Zeilen ergänzt werden.

Redemittel:
Bist du ein / eine …? Wie alt bist du? Wohnst du in …? Was magst / machst du gern? Bist du mein / meine …?

ich Baby 1 Jahr Dresden schlafen	meine Mutter Studentin 24 Jahre Dresden tanzen	ich Studentin 24 Jahre Dresden tanzen	mein Freund Taxifahrer 26 Jahre Dresden Musik
ich Taxifahrer 26 Jahre Dresden Musik	meine Tochter Kind 6 Jahre Dresden Schokolade	ich Kind 6 Jahre Dresden Schokolade	mein Bruder Baby 1 Jahr Dresden schlafen

ich Musikerin 63 Jahre Berlin spazieren gehen	mein Bruder Großvater 67 Jahre Berlin Auto fahren	ich Großvater 67 Jahre Berlin Auto fahren	mein Enkel Schüler 15 Jahre Bremen Fußball
ich Schüler 15 Jahre Bremen Fußball	meine Tante Fotografin 40 Jahre Bonn lesen	ich Fotografin 40 Jahre Bonn lesen	meine Nachbarin Verkäuferin 47 Jahre Bonn fliegen
ich Verkäuferin 47 Jahre Bonn fliegen	meine Tochter Studentin 19 Jahre Köln Computerspiele	ich Studentin 19 Jahre Köln Computerspiele	meine Großmutter Musikerin 63 Jahre Berlin spazieren gehen

ich Zoo-Direktor 47 Jahre Frankfurt Weltreisen	mein Affe Zootier 3 Jahre Afrika Bananen	ich Affe 3 Jahre Afrika Bananen	ein Junge mit Banane Schüler 6 Jahre Darmstadt in den Zoo gehen
ich Schüler (mit Banane) 6 Jahre Darmstadt in den Zoo gehen	der Zoo-Direktor Zoo-Direktor 47 Jahre Frankfurt Weltreisen		

		ich Käse-Spezialistin 48 Jahre Berlin Rotwein	meine Schwester Lehrerin 50 Jahre Berlin Chips
ich Lehrerin 50 Jahre Berlin Chips	mein Sohn Student 22 Jahre Hamburg Gummibärchen	ich Student 22 Jahre Hamburg Gummibärchen	meine Tante Käse-Spezialistin 48 Jahre Berlin Rotwein

DaF leicht A1, Lehrerhandbuch
ISBN: 978-3-12-676252

Leb dein Leben!

GEH DEINEN WEG!

Sei glücklich!

Sei mutig!

Hab keine Angst!

Bleib gesund!

Sei neugierig!

Lach viel!

KÜSSE OFT!

LERN VIEL!

NIMM DAS LEBEN LEICHT!

Denk positiv!

Hab Erfolg!

HAB EIN ZIEL!

Leb deine Träume!

Hab Spaß!

Lieb deine Arbeit!

STEH FRÜH AUF!

MACH EINE REISE!

DaF leicht A1, Lehrerhandbuch
ISBN: 978-3-12-676252

Nora
(24 Jahre)

Ich bin im Zoo. Ich schaue die Affen an. Sie sind lustig. Sie essen Bananen, spielen und schreien. Was sagen sie? Ich möchte die Affen verstehen. Plötzlich kann ich alles verstehen. Ich kann ihre Sprache sprechen. Das ist toll!

Sebastian
(19 Jahre)

Ich wohne in Kalifornien. Die Sonne scheint und ich bin gut drauf. Ich habe einen Sportshop und verkaufe Surfboards. Meine Schwester und mein Bruder sind auch da. Wir arbeiten zusammen und können alle super surfen. Wir haben total viel Spaß!

Klaus
(31 Jahre)

Ich bin Fotograf und ich habe ein Geheimnis: Ich kann fliegen! Das ist wundervoll. Ich fliege und fotografiere. Alle Zeitungen möchten meine Fotos, aber ich möchte nur Spaß! Fotografieren ist mein Leben!

Johannes
(36 Jahre)

Ich bin alt, sehr alt. Ich habe ein Haus mit Garten. Meine 22 Enkel spielen. Sie sind sehr laut. Ich kann nichts verstehen. Da höre ich Musik. Ich möchte tanzen. Wir tanzen alle zusammen. Ich bin glücklich.

DaF leicht A1, Lehrerhandbuch
ISBN: 978-3-12-676252

Fragen:
1. Was möchtest du machen oder sein? / Was möchtest du nicht?
2. Was musst du machen oder sein? / Was musst du nicht?
3. Was willst du machen oder sein? / Was willst du nicht?
4. Was kannst du? / Was kannst du nicht?

telefonieren	eine Reise machen	früh aufstehen	perfekt Deutsch sprechen
das Buch lesen	Musik machen	gesund essen	arbeiten
Sport machen	Flaschen wegwerfen	ein Haus haben	glücklich sein
Millionär sein	einkaufen	fotografieren	den Bus nehmen
ein Eis essen	tanzen	Gitarre spielen	fliegen

DaF leicht A1, Lehrerhandbuch
ISBN: 978-3-12-676252

Clip 9: Possessivartikel

1. Den Clip nachlegen

LN legen den ersten Teil des Clips nach. Zeigen Sie im Anschluss den ersten Teil des Clips zur Kontrolle.

Bruder	Vater	Freundin
Mutter	Freunde	sein
sein	seine	seine
seine		

LN legen den zweiten Teil des Clips nach. Sie ergänzen dabei die Possessivartikel. Zeigen Sie dann den zweiten Teil des Clips zur Kontrolle.

der Mann	und	Frau
Tochter	und	Bruder
Eltern	Freunde	Familie
ihre	ihr	ihre
unsere		

2. Interaktiv üben

LN arbeiten in Gruppen. Verteilen Sie die Bildkarten aus dem Clip (oder ähnliche Fotos). LN übernehmen die Rolle der Person auf dem Bild, sie dürfen ihre Karte aber nicht den anderen zeigen. Sie fragen einander: „Bist du mein Sohn / meine Tochter / mein Mann …?“
Im Anschluss stellt sich die Familie vor: „Das sind unsere Kinder, meine Eltern, … Das ist unsere Tochter, meine Mutter …“

3. Strukturtabelle ausfüllen

LN schreiben die Possessivartikel und Nomen in die Strukturtabelle.

	der/das	die	Plural
ich			
du			
er/es			
sie			
wir			
ihr			
sie			

Clip 10: Präteritum war und hatte

1. Den Clip nachlegen

LN legen den ersten Teil des Clips nach. Zeigen Sie den ersten Teil des Clips zur Kontrolle. Dann ordnen LN den Bildern die Sätze zu. Zeigen Sie den zweiten Teil des Clips zur Kontrolle.

ich	er/sie	bin
ist	war	habe
hat	hatte	…

Gestern hatte ich viel Spaß.	Heute habe ich Stress.
Gestern war ich gut drauf.	Heute bin ich müde.

2. Interaktiv üben

LN arbeiten zu zweit. Verteilen Sie die Sätze mehrfach im Raum. LN1 sucht den ersten Satz, lernt ihn auswendig und diktiert ihn LN2. LN2 sucht den nächsten Satz und diktiert ihn LN1. LN1 sucht den dritten Satz und diktiert ihn LN2. LN2 sucht den vierten Satz und diktiert ihn LN1. Die LN gehen dann zu den vier Sätzen und kontrollieren, ob sie alles richtig geschrieben haben.

3. Strukturtabelle ausfüllen

LN schreiben die Präsens- und Präteritumformen in die Strukturtabelle.

	Präsens	Präteritum
ich		
er/sie		

DaF leicht A1, Lehrerhandbuch
ISBN: 978-3-12-676252

06 | In Berlin ist was los!

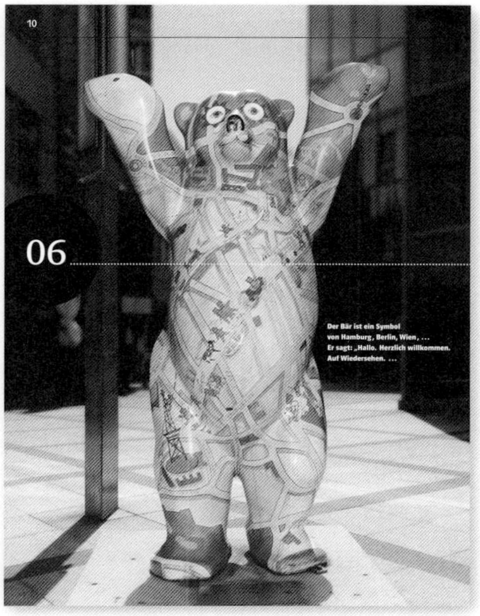

Der Berliner Bär: Stellen Sie Fragen zum Foto: „Was macht der Bär? Wie wirkt er auf Sie? Wo steht er? Was hat der Bär mit Berlin zu tun?" Erläutern Sie, dass der Bär ein Symbol von Berlin ist. Der hier abgebildete Bär ist Teil einer Kunstaktion. Die Berliner „Buddy Bären" stehen vor vielen Botschaften, Firmen und Hotels auf der ganzen Welt, um Gäste willkommen zu heißen.
Fragen Sie die LN, welche Wörter und Dinge auf dem Bären abgebildet sind. Halten Sie Wörter wie Stadtplan, Straße, Platz, Bus, Turm an der Tafel fest.

6A Orte in Berlin

Lernziele: LN können Sehenswürdigkeiten und andere Orte in der Stadt benennen und sie können nach dem Weg fragen und Wegbeschreibungen verstehen
Kommunikation: Städtetipps verstehen; Ortsangaben machen; Wegbeschreibungen
Wortschatz: Sehenswürdigkeiten; Orte und Einrichtungen in der Stadt
Grammatik: in, an, auf + Dativ; von ... zu + Dativ; Imperativ (Sie)
Landeskunde: Sehenswürdigkeiten in Berlin
Sie brauchen: Stadtplan *(Seite 12 KB, Ü1d)*

6B Menschen in Berlin

Lernziele: LN können kurze Gespräche über vergangene Erlebnisse führen
Kommunikation: über Vergangenes berichten; Zeitangaben machen
Wortschatz: Aktivitäten in der Stadt; Jahreszahlen über 2000
Grammatik: Perfekt mit haben und sein; Präteritum von haben und sein
Phonetik: Wortakzent und schwaches e in Endungen und in ge-
Landeskunde: der Berliner Buddy Bär
Sie brauchen: Kopie der drei Texte und Porträt-Fotos *(Seite 16/17 KB, Ü9)*

Zusatzmaterial:
Online-Selbstevaluation: http://www.klett-sprachen.de/dafleicht
Lektionstest: *Seite 134–135*
Kopiervorlagen und Übungen zu den Grammatik-Clips 11 und 12: *Seite 64–68*

Seite 64

Seite 65

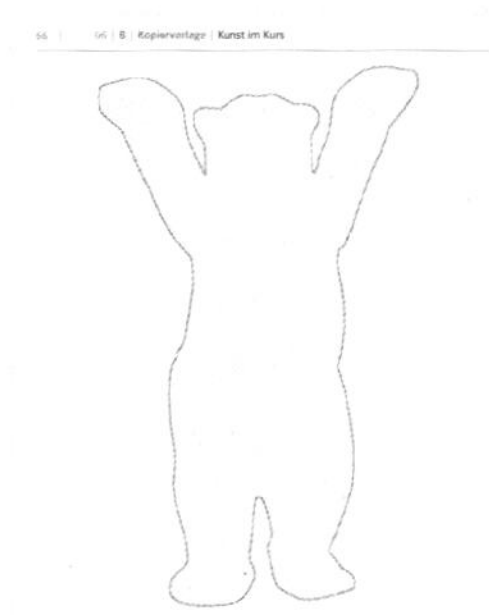
Seite 66

Seite 67

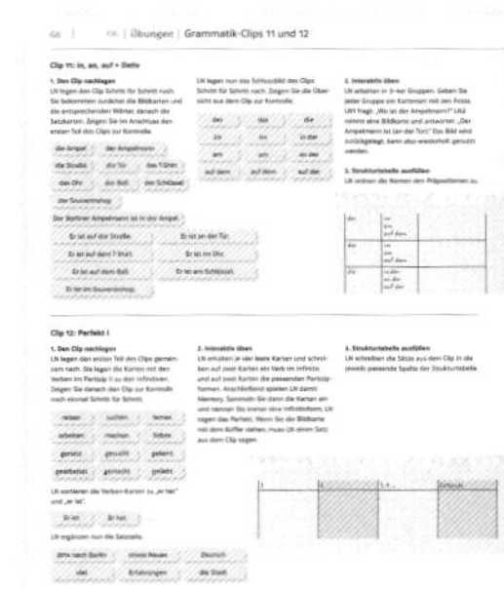
Seite 68

Informationen im Stadtplan: Bringen Sie einen großen Stadtplan mit und fragen Sie die LN, ob sie einen Stadtplan benutzen. LN sehen sich den Stadtplan auf *Seite 12/13* an und vergleichen diesen mit dem großen Stadtplan. Sie beschreiben, was auf dem Stadtplan im Buch anders ist, welche Informationen man auf diesem Stadtplan findet. Sammeln Sie die Antworten an der Tafel.

in, an, auf: Nutzen Sie die Abbildungen aus *Ü1d* nach dem Überprüfen des Hörverstehens dafür, die Bedeutung der Präpositionen und der Verben stehen, sitzen, liegen zu klären. Projizieren Sie die Bilder (Fernsehturm, Café, Spree) an die Tafel oder kopieren Sie die Abbildungen stark vergrößert aus dem Buch. Lesen Sie gemeinsam die Sätze und lassen Sie die LN die dazu dargestellten Figuren auf der Abbildung zeigen und die Präpositionen und Präpositionalobjekte ergänzen.

Wort-Bild-Karten Berlin: Verteilen Sie je ein Set Wort-Bild-Karten an Kleingruppen. LN sollen Paare aus Sätzen und Bildern finden. Die Gruppe mit den meisten Paaren gewinnt. Wenn die Karten gemischt und umgedreht werden, funktioniert das Spiel als Gedächtnisspiel: LN1 deckt zwei Karten auf. Ist es ein Paar, kann LN1 es behalten und weitersuchen. Ist es kein Paar, kommt LN2 dran. Wer die meisten Paare hat, hat gewonnen. *Kopiervorlage, Seite 64*

Betonung in Wortgruppen: Ermuntern Sie die LN, jede betonte Silbe mit einer Geste zu begleiten (z. B. mit dem Finger zeigen, auf den Tisch klopfen, klatschen, …). Erklären Sie, dass in Wortgruppen mit Präpositionen oft das Nomen betont wird (z. B. in der **Strand**bar). Die LN variieren den Text mit anderen Wortgruppen im Rhythmus (z. B. im Restau**rant**, im **Club**, auf dem **Schiff**, …).

Systematisieren Sie gemeinsam mit den LN die Präpositionen an der Tafel.

	der	das	die
an	am	am	an der
in	im	im	in der
auf	auf dem	auf dem	auf der

Grammatik-Clip 11 (in, an, auf + Dativ): Zeigen Sie den Clip mehrfach und machen Sie die *Übungen, Seite 68*.

Ampelmännchen: Nur in der ehemaligen DDR wurden die Fußgängerampeln 1961 mit den roten und grünen Ampelmännchen ausgestattet. In West-Deutschland gab es andere Figuren in den Ampeln. Heute sind die sympathischen Männchen in Berlin und anderen Städten Deutschlands zu sehen.

Erinnerung an die geteilte Stadt: Die Berliner Mauer ist aus der wiedervereinigten Stadt längst verschwunden. Jedoch erinnern zahlreiche Museen, Gedenkstätten und das Kunstprojekt East Side Gallery an die Zeit der Teilung Berlins. Eines der meist besuchten Museen ist das Museum am Checkpoint Charlie. Am 9. 11. 2014 feierte Berlin den 25. Jahrestag des Mauerfalls. In diesem Online-Projekt berichten 250 Zeitzeugen in kurzen Videos vom Leben in der geteilten Stadt: http://www.berlin-mauer.de.

Einkaufsorte: Fragen Sie die LN: „Gehen Sie gern shoppen?" Fragen Sie weiter und sammeln Sie Äußerungen der LN an der Tafel.

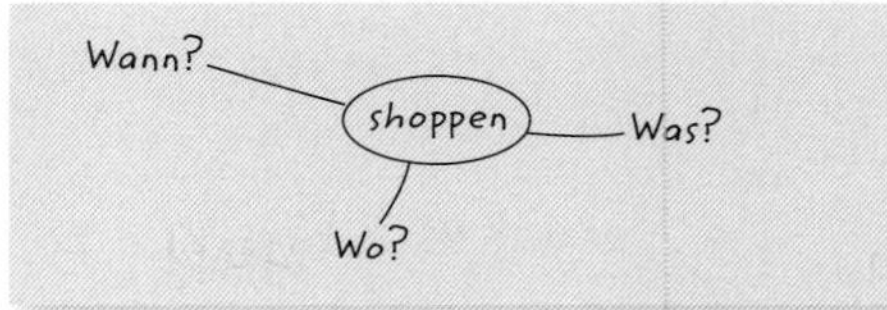

Hörübung – Wo ist was? Führen Sie eine weitere Übung zum selektiven Hörverstehen durch. Schreiben Sie einige Schlüsselwörter an die Tafel, wie exklusiv shoppen, wenig Geld, Musik und Souvenirs, Cafés, In-Shops, ausgehen am Abend. LN hören Track 3 noch einmal und ordnen die Wörter den fünf Einkaufsorten zu.

Ergänzen Sie das Tafelbild von *Seite 60* mit den Präpositionen von und zu.

	der	das	die
an	am	am	an der
in	im	im	in der
auf	auf dem	auf dem	auf der
von	vom	vom	von der
zu	zum	zum	zu der

Hauptstadt-Tourismus: Elf Millionen Touristen (Stand: 2013) kommen jährlich nach Berlin. Das sind täglich 500 000 Besucher und die Zahl der Touristen steigt. Bis 2016 sollen 30 Millionen Gäste pro Jahr in Berlin übernachten. Berlins Popularität liegt bei Touristen europaweit an der Spitze. Shopping ist dabei für viele ein weit verbreitetes Motiv für den Berlinbesuch.

Mehr Wege: LN nennen Gegenstände im Raum (die Tür, die Tafel, das Fenster, der Tisch, …) und geben sich gegenseitig Anweisungen (Wiederholung des Imperativs): „Geh vom Stuhl zur Tür, von der Tür zum Tisch, …!"

Richtungen: Malen Sie Pfeile für links, geradeaus, rechts an die Tafel. Schreiben Sie die Wörter dazu und lesen Sie sie vor. Geben Sie dann bei einem Klassenspaziergang die Richtungen vor: „Geradeaus, links, rechts, geradeaus, …" Später übernehmen LN in Partnerarbeit Ihre Rolle.

Wege nachvollziehen: Fragen Sie nach dem ersten Hören, was LN verstanden haben. Zeigen Sie den LN den Ausgangspunkt Potsdamer Platz (unten links im Kartenausschnitt). LN sollen diesen auf der Karte markieren. Hilfreich ist es, den Kartenausschnitt an der Tafel zu projizieren. Hinweis vor dem detaillierten Hören: Die Person steht am Potsdamer Platz und schaut in Richtung Leipziger Straße. Beim zweiten oder dritten Hören können LN den Weg verfolgen und einzeichnen.

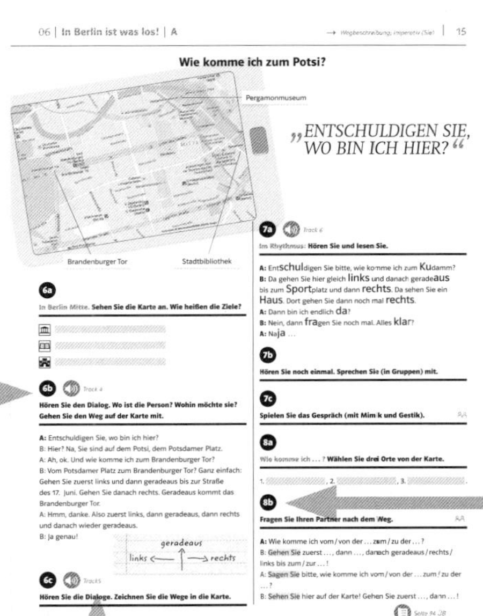

Lassen Sie die LN zur Wiederholung des Imperativs die Situationen auch in der du-Form spielen: „Geh zuerst …, dann …"

Dialog – Entschuldigen Sie, wo bin ich hier? Diese Übung ist eine Alternative zu *Ü6c* und trainiert das detaillierte Hörverstehen. Jeweils zwei LN erhalten Dialogschnipsel eines Dialogs mit der Aufgabe, den Dialog beim Hören wieder in die richtige Reihenfolge zu bringen. Fordern Sie einige LN auf, ihren Dialog als kleine Theaterszene darzustellen. *Kopiervorlage, Seite 65*

Menschen aus Berlin: Kopieren Sie die Fotos der drei Personen, zerschneiden Sie sie in Puzzle-Stücke und verteilen Sie sie im Kurs. LN finden auf diese Weise die passenden Partner.

Die Gruppen stellen im Plenum ihre Vermutungen zur Person vor. Nach *Ü9b* können LN vergleichen, ob sie mit ihren Vermutungen richtig lagen.

Wer sagt was? LN bearbeiten bei den *Ü9c-e* in Gruppen je nur Text 1 oder Text 2. Werten Sie dann im Plenum gemeinsam die Ergebnisse aus.

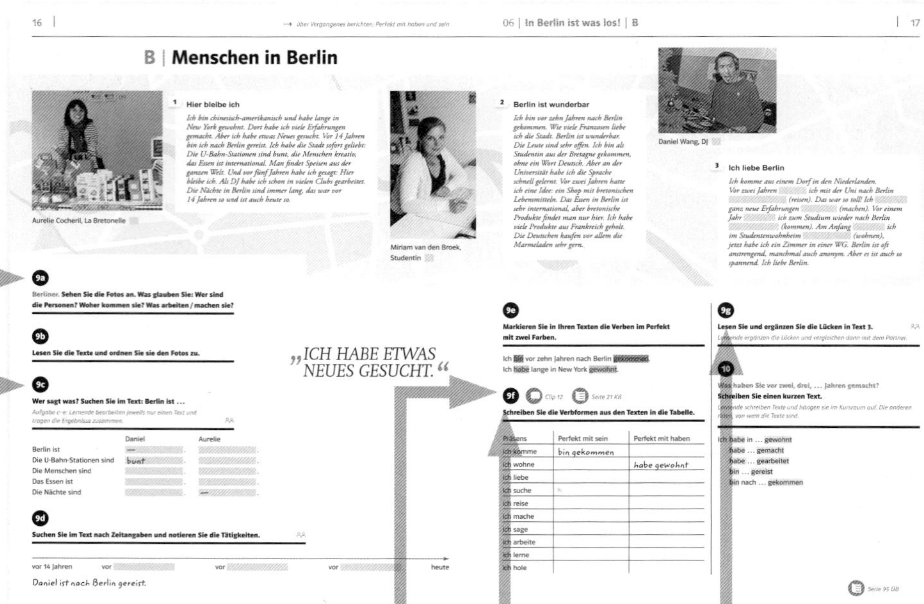

Nach der Auswertung der Aufgabe sammeln Sie die Verben an der Tafel.

Er / Sie **hat** gewohnt / geliebt / gesucht / gemacht / gesagt / gearbeitet / gelernt / geholt.

Er / Sie **ist** gekommen / gereist.
A ——→ B

Grammatik-Clip 12 (Perfekt): Zeigen Sie den Clip mehrmals und machen Sie die *Übungen auf Seite 68.*

Perfekt üben: Schreiben Sie nach der Bearbeitung der Texte die Verben im Infinitiv auf Zettel. Je nach Kursgröße mehrfach. Alle erhalten ein Verb. Befestigen Sie zwei große Zettel mit haben und sein an zwei gegenüberliegenden Wänden. LN gehen zur passenden Seite (haben oder sein) und bilden einen Beispielsatz im Perfekt.

Landeskunde-Film 6: Zeigen Sie den Film über eine weitere Berlinerin und lassen Sie die LN die dazu passenden Übungen auf *Seite 72, KB* bearbeiten.

Berliner in Zahlen: Berlin ist die größte Stadt Deutschlands. Hier leben etwa 3,4 Millionen Einwohner. Berlin ist eine junge Stadt: 40 % der Einwohner sind jünger als 35 Jahre. Berlin ist auch eine internationale Stadt: Menschen aus 190 Nationen leben und arbeiten hier. Der Anteil der ausländischen Bevölkerung beträgt 14,5 %.

Hochschul-Standort Berlin: 16 % der Studierenden an den Berliner Hochschulen kommen aus dem Ausland. Die meisten kommen aus der Türkei, China, Polen, Russland, Frankreich, Italien und den USA.

Nachts in Berlin: Fragen Sie: „Was möchten Sie am Abend in Berlin machen?" Sammeln Sie die Antworten an der Tafel.

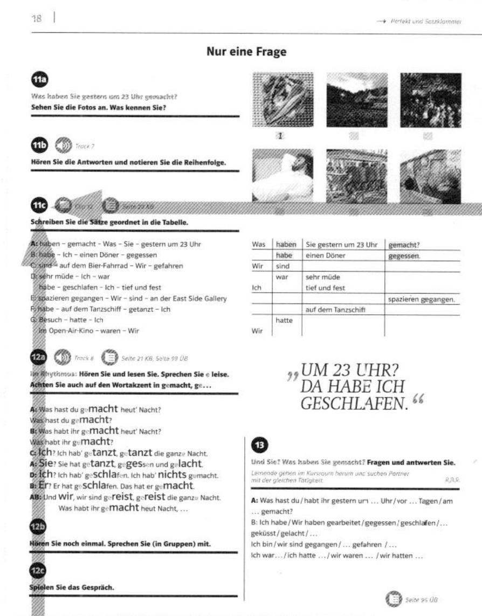
18 | → Perfekt und Satzklammer

Nur eine Frage

11a Was haben Sie gestern um 23 Uhr gemacht? Sehen Sie die Fotos an. Was kennen Sie?

11b Hören Sie die Antworten und notieren Sie die Reihenfolge.

11c Schreiben Sie die Sätze geordnet in die Tabelle.

12a Im Rhythmus: Hören Sie und lesen Sie. Sprechen Sie nach. Achten Sie auch auf den Wortakzent in gemacht, ge...

„UM 23 UHR? DA HABE ICH GESCHLAFEN."

12b Hören Sie noch einmal. Sprechen Sie (in Gruppen) mit.

12c Spielen Sie das Gespräch.

13 Und Sie? Was haben Sie gemacht? Fragen und antworten Sie.

Nach der Auswertung der Hörübung in *Ü11c* festigen Sie das Verständnis der Satzklammer an der Tafel:

1	2	3,4,5 ...	Satzende
Ich	**habe**	am Wochenende lange	**geschlafen.**
Du	**bist**	gestern ins Kino	**gegangen.**
Er	**hat**	auf dem Tanzschiff	**getanzt.**
...			

Satzklammer legen: Für diese Übung brauchen Sie Platz im Kursraum. Schieben Sie Tische und Stühle an den Rand.
Schreiben Sie folgende Satzteile auf vier Blätter: Was – haben – Sie gestern um 23 Uhr – gemacht?
Teilen Sie die Blätter an vier LN aus. Die LN sollen die Frage zusammenlegen. Verteilen Sie anschließend leere A4-Blätter. LN schreiben pro Gruppe einen Antwortsatz in Satzteilen. Kontrollieren Sie bei jeder Gruppe, ob der Satz korrekt ist. Legen Sie alle Blätter auf den Boden. LN sortieren die Sätze gemeinsam.

East Side Gallery: Die East Side Gallery ist ein weltweit bekanntes Denkmal. Sie befindet sich auf einem Teilstück der Berliner Mauer entlang der Spree und stellt mit 1316 Metern die weltweit längste Open-Air-Galerie dar. 1990, nach dem Mauerfall bemalten 118 Künstler aus 21 Ländern dieses Teilstück der Mauer.

Berliner Symbole: Fragen Sie die LN: „Kennen Sie Symbole für Städte? Welches Symbol hat Ihre Stadt? Welche Symbole stehen für Berlin?" (Brandenburger Tor, Ampelmann, Fernsehturm, Bär) Wenn der Bär genannt wird, zeigen Sie die Fotos auf *Seite 19 KB.*

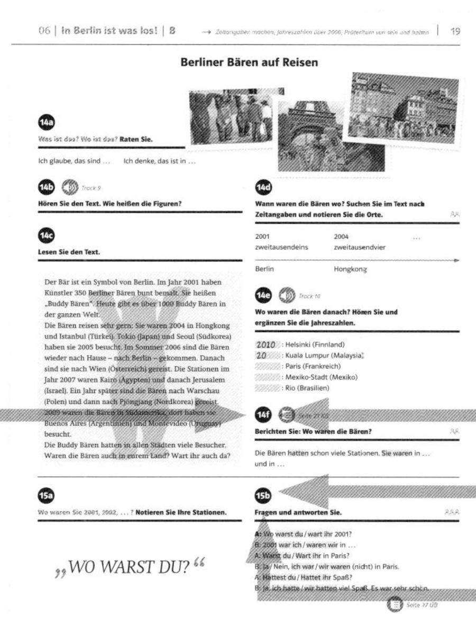
06 | In Berlin ist was los! | 8 → Zeitangaben machen; Jahreszahlen über 2000; Präteritum von sein und haben | 19

Berliner Bären auf Reisen

14a Was ist das? Wo ist das? Raten Sie.

14b Hören Sie den Text. Wie heißen die Figuren?

14c Lesen Sie den Text.

14d Wann waren die Bären wo? Suchen Sie im Text nach Zeitangaben und notieren Sie die Orte.

14e Wo waren die Bären danach? Hören Sie und ergänzen Sie die Jahreszahlen.

14f Berichten Sie: Wo waren die Bären?

15a Wo waren Sie 2001, 2002, ...? Notieren Sie Ihre Stationen.

„WO WARST DU?"

15b Fragen und antworten Sie.

Ich war in Berlin.	wir waren
du warst	ihr wart
er / sie / es war	sie / Sie waren
ich hatte	wir hatten
du hattest	ihr hattet
er / sie / es hatte	sie / Sie hatten

Kunst im Kurs: Verteilen Sie pro Gruppe einen Bärenumriss. LN sollen einen Buddy Bären gestalten. Anschließend präsentieren und erzählen LN, wo ihr Buddy Bär stehen soll. *Kopiervorlage, Seite 66*

Schreibtraining: *Seite 98 ÜB, Ü32*

Wechselspiel – Wo warst du am Wochenende? LN arbeiten in Paaren. Teilen Sie pro Paar je eine Kopie von A und B aus. LN befragen sich gegenseitig und antworten mit den gegebenen Informationen. *Kopiervorlage, Seite 67.*

Buddy Bären: Ideengeber für den Buddy Bär waren verschiedene Kunstausstellungen, die es in anderen Großstädten (z. B. in Zürich mit Kühen) bereits gab. Die Straßenausstellung der Buddy Bären begann 2001 und wurde wegen ihres großen Erfolgs bis 2002 verlängert.

	Heidi steht auf dem Fernsehturm.		Ulli schläft im Hotel.
	Ronja ist im Café.		Lili steht am Café.
	Heiko ist am Fernsehturm.		Micha ist im Bus.
	Marcus steht am Museum.		Till ist am Bus.
	Harry steht auf der Straße.		Tina sitzt auf der Mauer.
	Heike steht an der Straße.	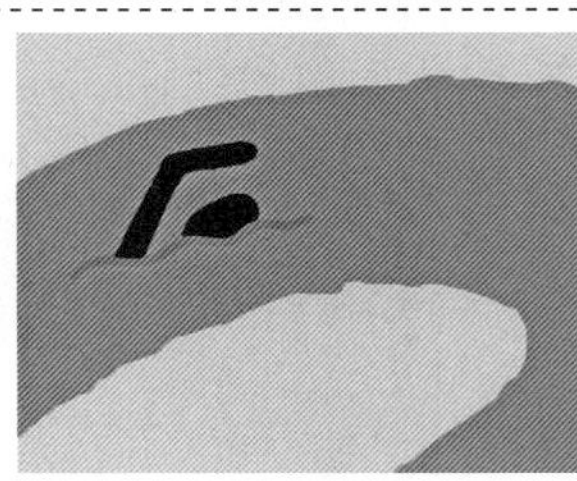	Fred schwimmt in der Spree.
	Lutz liegt in der Strandbar.	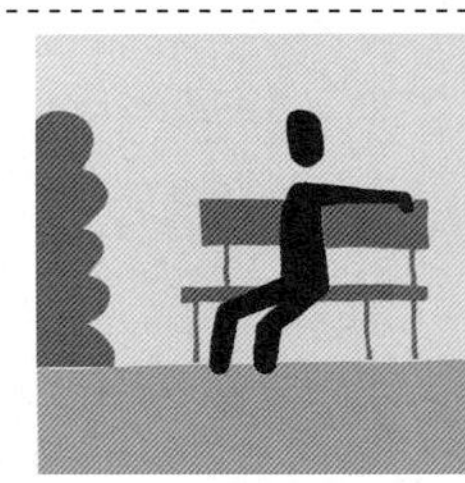	Edda sitzt im Park.

DaFleicht A1, Lehrerhandbuch
ISBN: 978-3-12-676252

1

A: Entschuldigen Sie, ist das der Pariser Platz?

B: Ja, genau.

A: Wie komme ich zum Pergamon-Museum?

B: Hmm, das Pergamonmuseum ist auf der Museumsinsel. Da gehen Sie von hier, vom Pariser Platz, geradeaus bis zur Neuen Wache, dann gehen Sie links bis zum Historischen Museum und danach rechts.

A: Aha, also zuerst geradeaus, dann rechts und dann links.

B: Nein, nein. Geradeaus, dann links und danach rechts.

A: Okay. Geradeaus, dann zuerst links und dann rechts bis zum Pergamonmuseum.

B: Ja, genau!

A: Vielen Dank.

2

A: Entschuldigung, wie komme ich denn von hier zur Stadtbibliothek?

B: Zur Stadtbibliothek? Hmm, das weiß ich auch nicht so genau. Moment. Ich schau mal kurz auf meinem Smartphone nach.

A: Oh ja. Danke!

B: Also sehen Sie: Gehen Sie zuerst geradeaus, dann rechts bis zum Schlossplatz, und hmm … ja, danach links, dann wieder rechts, und dann … hmm … nochmal rechts und danach gehen Sie links bis zur Stadtbibliothek.

A: Moment. Noch einmal bitte.

B: Also, hier geradeaus, dann rechts, danach links. Dann zweimal rechts und gleich wieder links.

A: Okay. Zuerst geradeaus, dann rechts, danach links. Dann rechts, nochmal rechts und danach links.

B: Alles klar. Danke. Vielen Dank für Ihre Hilfe!

DaF leicht A1, Lehrerhandbuch
ISBN: 978-3-12-676252

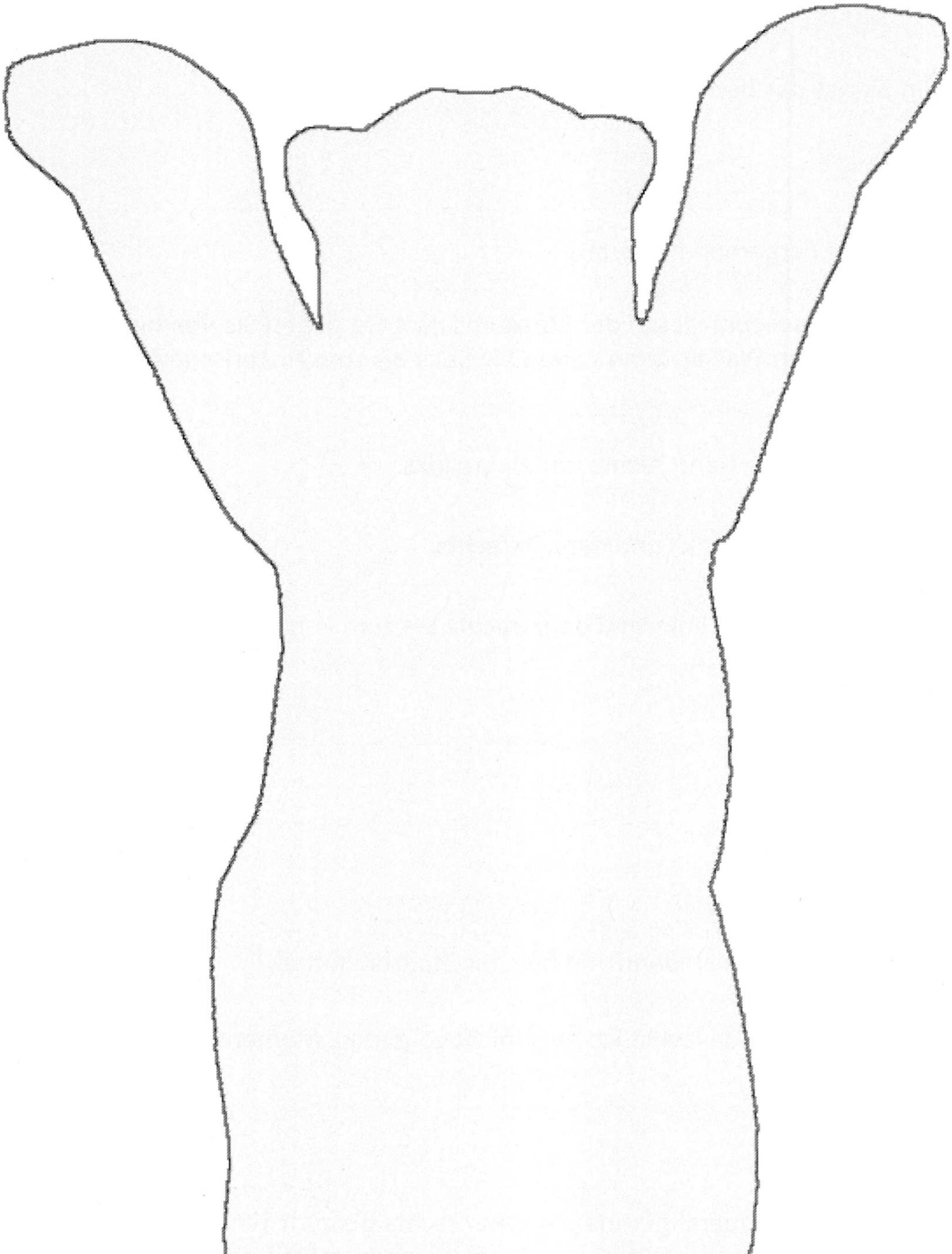

DaF leicht A1, Lehrerhandbuch
ISBN: 978-3-12-676252

Blatt A

Heute ist Montag. Sie treffen einen Freund / eine Freundin wieder. Er / Sie ist am Wochenende gereist.
Fragen Sie, was er / sie gemacht hat:

Wo warst du am Wochenende?
Wie lange warst du in …?
Wie bist du gereist?
Wo hast du geschlafen?
Wo hast du gegessen?
Was hast du in … gemacht?
Hattest du Spaß?

Auch Sie sind am Wochenende gereist. Sie waren in Hamburg.
Antworten Sie auf seine / ihre Fragen.

HAMBURG

- am Freitag mit dem Zug nach Hamburg gefahren
- abends am Imbissstand Bratwurst gegessen
- in den Club gegangen
- Bier getrunken
- die ganze Nacht in der Bar getanzt
- einen Museumsbesuch gemacht
- Samstagabend nach Hause gereist
- hatte viel Spaß

Blatt B

Sie sind am Wochenende gereist. Sie waren in Heringsdorf auf der Insel Usedom.
Heute ist Montag und sie treffen einen Freund / eine Freundin wieder. Er / Sie fragt, was Sie gemacht haben.
Antworten Sie auf seine / ihre Fragen.

HERINGSDORF

- am Freitag mit dem Auto gefahren
- im Hotel gewohnt
- immer im Restaurant gegessen
- lange spazieren gegangen
- tief und fest geschlafen
- abends nichts gemacht
- Sonntag nach Hause gereist
- hatte viel Ruhe

Auch Ihr Freund / Ihre Freundin ist am Wochenende gereist.
Fragen Sie, was er / sie gemacht hat:

Wo warst du am Wochenende?
Wie lange warst du in …?
Wie bist du gereist?
Wo hast du geschlafen?
Wo hast du gegessen?
Was hast du in … gemacht?
Hattest du Spaß?

DaF leicht A1, Lehrerhandbuch
ISBN: 978-3-12-676252

Clip 11: in, an, auf + Dativ

1. Den Clip nachlegen
LN legen den Clip Schritt für Schritt nach. Sie bekommen zunächst die Bildkarten und die entsprechenden Wörter, danach die Satzkarten. Zeigen Sie im Anschluss den ersten Teil des Clips zur Kontrolle.

die Ampel | der Ampelmann
die Straße | die Tür | das T-Shirt
das Ohr | der Ball | der Schlüssel
der Souvenirshop

Der Berliner Ampelmann ist in der Ampel.

Er ist auf der Straße.	Er ist an der Tür.
Er ist auf dem T-Shirt.	Er ist im Ohr.
Er ist auf dem Ball.	Er ist am Schlüssel.
Er ist im Souvenirshop.	

LN legen nun das Schlussbild des Clips Schritt für Schritt nach. Zeigen Sie die Übersicht aus dem Clip zur Kontrolle.

der	das	die
im	im	in der
am	am	an der
auf dem	auf dem	auf der

2. Interaktiv üben
LN arbeiten in 3–4er Gruppen. Geben Sie jeder Gruppe ein Kartenset mit den Fotos. LN1 fragt: „Wo ist der Ampelmann?" LN2 nimmt eine Bildkarte und antwortet: „Der Ampelmann ist (an der Tür)." Das Bild wird zurückgelegt, kann also wiederholt genutzt werden.

3. Strukturtabelle ausfüllen
LN ordnen die Nomen den Präpositionen zu.

der	im am auf dem	
das	im am auf dem	
die	in der an der auf der	

Clip 12: Perfekt I

1. Den Clip nachlegen
LN legen den ersten Teil des Clips gemeinsam nach. Sie legen die Karten mit den Verben im Partizip II zu den Infinitiven. Zeigen Sie danach den Clip zur Kontrolle noch einmal Schritt für Schritt.

reisen	suchen	lernen
arbeiten	machen	lieben
gereist	gesucht	gelernt
gearbeitet	gemacht	geliebt

LN sortieren die Verben-Karten zu „er hat" und „er ist".

Er ist | Er hat | …

LN ergänzen nun die Satzteile.

2014 nach Berlin	etwas Neues	Deutsch
viel	Erfahrungen	die Stadt

2. Interaktiv üben
LN erhalten je vier leere Karten und schreiben auf zwei Karten ein Verb im Infinitiv und auf zwei Karten die passenden Partizipformen. Anschließend spielen LN damit Memory. Sammeln Sie dann die Karten ein und nennen Sie immer eine Infinitivform, LN sagen das Perfekt. Wenn Sie die Bildkarte mit dem Koffer ziehen, muss LN einen Satz aus dem Clip sagen.

3. Strukturtabelle ausfüllen
LN schreiben die Sätze aus dem Clip in die jeweils passende Spalte der Strukturtabelle.

1	2	3, 4 …	Satzende

ISBN: 978-3-12-676252

07 | Natur und Sport

Räder im Schnee: Sammeln Sie Assoziationen der LN zu diesem Foto. Folgende Fragen können Sie an die LN richten: „Welcher Titel passt zum Foto? Was machen Radfahrer bei Schnee? Haben Sie so viel Schnee schon einmal gesehen? Wann und wo?
Fahren Sie Rad? Wann fahren Sie Rad? Im Alltag oder als Sport?
Fahren Sie bei jedem Wetter – auch im Winter?“

7A Landliebe

Lernziele: LN können Orte in der Natur beschreiben, über Erlebnisse in der Natur berichten und Pläne für die Freizeit besprechen
Kommunikation: über Orte und Erlebnisse in der Natur sprechen; Pläne für die Freizeit machen
Wortschatz: Natur, Leben auf dem Land
Grammatik: es gibt + Akkusativ; Perfekt (regelmäßige und unregelmäßige Verben); in, an, auf + Akkusativ
Landeskunde: Zeitschriften zum Thema „Land“ in D-A-CH
Sie brauchen: Spielfiguren, pro Gruppe einen Würfel *(Kopiervorlage, Seite 76)*

7B Sportlich durchs Jahr

Lernziele: LN können Wetterangaben machen, Verbote verstehen und äußern, über Sport und persönliches Befinden sprechen
Kommunikation: über das Wetter sprechen; Möglichkeiten angeben; Verbote äußern; über Sport und das Befinden sprechen
Wortschatz: Jahreszeiten, Wetter; Sportarten
Grammatik: Modalverben können (Möglichkeit) und dürfen; Perfekt mit Verben auf -ieren
Phonetik: R-Laute; Ich- und Ach-Laute
Landeskunde: Radfahren in Deutschland
Sie brauchen: Fotos zu den vier Jahreszeiten in Deutschland *(Einstieg, Seite 28/29 KB); ein Glas Wasser (Seite 29, Ü11a)*

Zusatzmaterial:
Online-Selbstevaluation: http://www.klett-sprachen.de/dafleicht
Lektionstest: *Seite 136–137*
Kopiervorlagen und Übungen zu den Grammatik-Clips 13 und 14: *Seite 74–78*

Seite 74

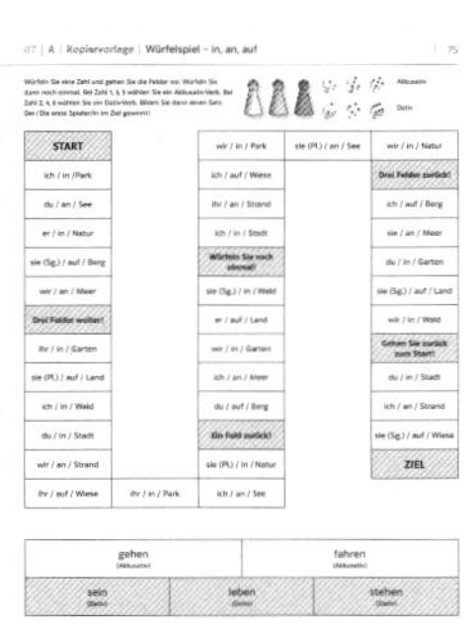
Seite 75

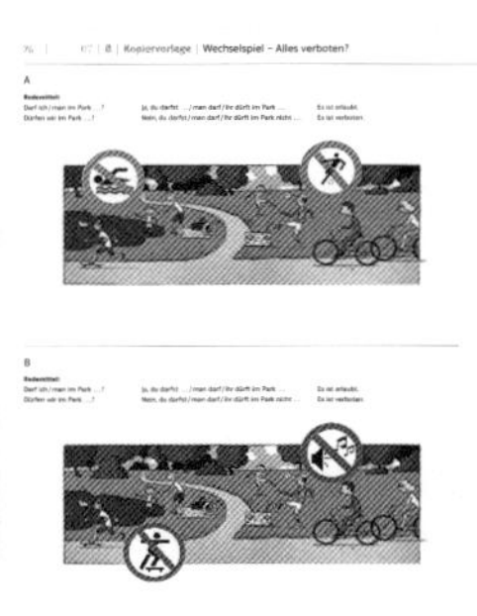
Seite 76

Seite 77

Seite 78

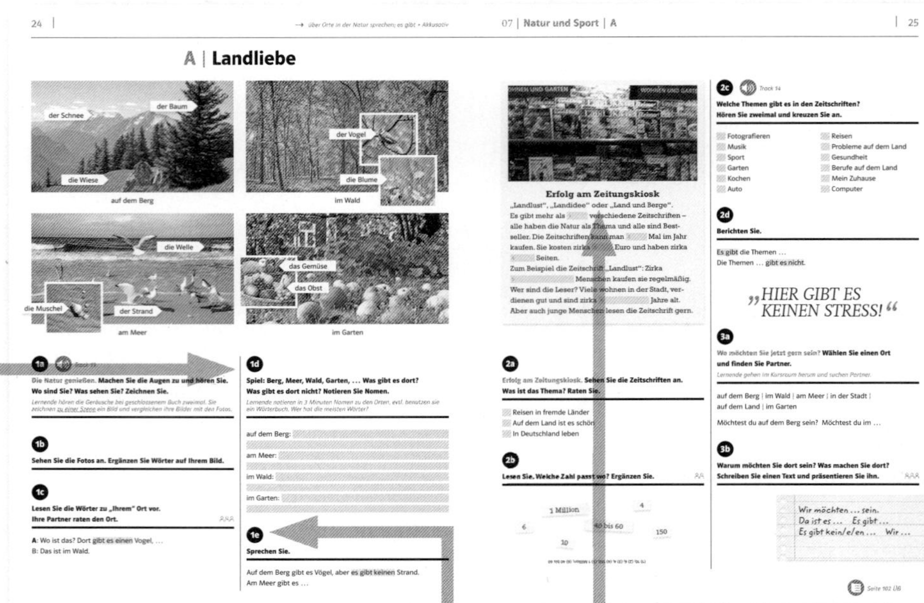

Natur-Begriff: Schreiben Sie das Wort „Natur“ an die Tafel. Sammeln Sie die Assoziationen bzw. das Vorwissen der LN. Fragen Sie: „Mögen Sie Natur? Was ist Natur für Sie?“

Werten Sie mit den LN *Ü1d* aus. Schreiben Sie anschließend die Sätze an die Tafel.

Es	gibt		einen/keinen Baum.	-/keine Bäume.
Es	gibt	auf dem Berg	ein/kein Meer.	-/keine Meere.
Auf dem Berg	gibt	es	eine/keine Muschel.	-/keine Muscheln.

Auf dem Land: Erläutern Sie, dass das Wort „Land“ hier nicht für Nation / Staat steht. Die Bedeutung ist hier Natur und Dorf. „Auf dem Land leben“ heißt „Nicht in der Stadt leben“.

Natur-ABC: Nach der Sammlung von Wörtern können Sie im Plenum oder LN in Gruppen ein Natur-ABC erstellen. Schreiben Sie zuerst das Alphabet an die Tafel (XYZ weglassen) und sammeln Sie passende Wörter.

Apfel, der
Baum, der
C...
D...
...
Vogel, der
Wald, der

Wort-Bild-Karten Natur: Verteilen Sie die Wort-Bild-Karten an Kleingruppen (ein Set pro Gruppe). LN decken je zwei Karten gleichzeitig auf, bis sie ein Paar aus Wort und Bild gefunden haben. Wer die meisten Paare gefunden hat, gewinnt. Erweiterung: LN bilden zu jedem Wortkartenpaar einen Satz mit „es gibt“, z. B. „Die Muschel gibt es am Meer.“ Ergänzt werden kann das Spiel durch leere Karten, die LN mit dem eigenen Wortschatz und Bildern aus *Ü1d* ergänzen. *Kopiervorlage, Seite 74*

Faszination Landleben: *Landlust* ist ein sog. Wohlfühlmagazin. Seit 2009 ist die hochwertig produzierte Zeitschrift Marktführer im Segment der Wohn-/Garten- und Kochmagazine. Thematisch beschäftigen sich die Hefte mit Themen wie „Entspannung vom Alltag“ und „Zurück zur Natur“.

In der Natur arbeiten: Schreiben Sie den Titel an die Tafel und fragen Sie: „Wer arbeitet in der Natur? Was arbeiten die Menschen? Und wie ist die Arbeit?" Sammeln Sie die Assoziationen der LN.

Halten Sie bei der Korrektur von *Ü4b* die Formen an der Tafel fest.

Präsens	Perfekt mit *haben* + -en	+ -t
ich esse	gegessen	
ich trinke	getrunken	
…		
ich sage		gesagt
ich arbeite		gearbeitet
…		

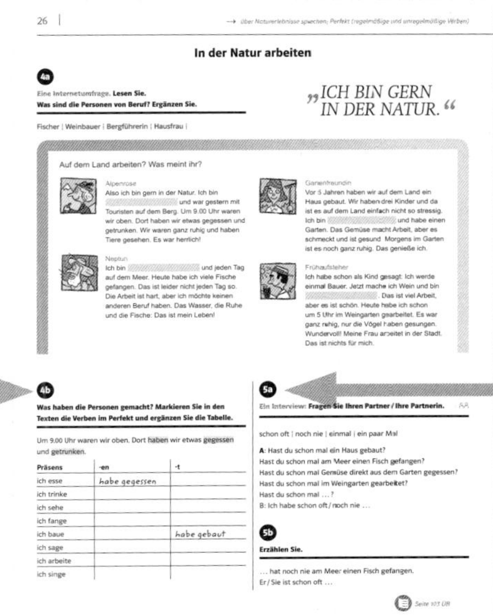

Weitere Verben: Sammeln Sie im Plenum weitere Fragen für Kurz-Interviews. Sie können dafür zusätzlich folgende Verben zur Verfügung stellen: wohnen, suchen, tanzen, hören (Perfekt mit *haben*); kommen, reisen, gehen, fahren (Perfekt mit *sein*). Schreiben Sie die Verben in das Tafelbild.

Freie Zeit: „Sie haben ein paar Tage frei. Was machen Sie?" Fragen Sie die LN und sammeln Sie die Antworten an der Tafel. LN überlegen, welche der genannten Aktivitäten eher sportlich und welche eher ruhig sind.

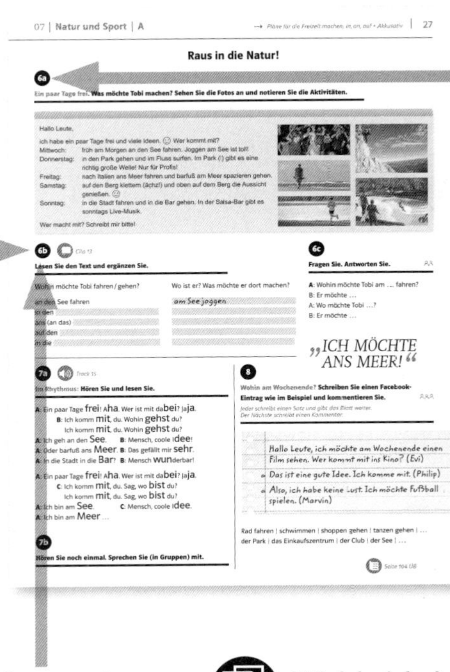

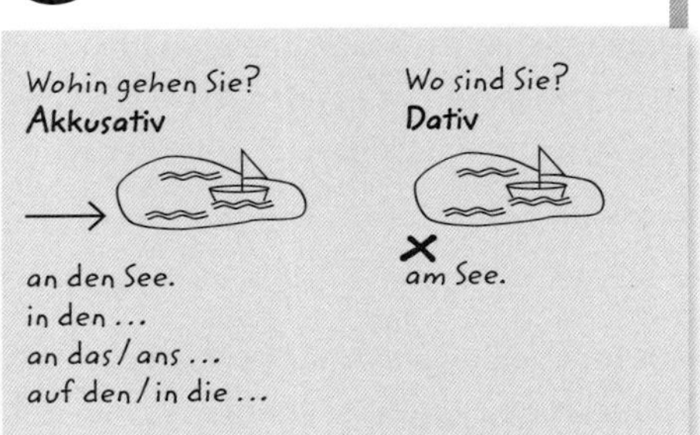

Schreibtraining: *Seite 108 ÜB, Ü29*

Spiel: Wohin gehen Sie? Verteilen Sie nach *Ü6b* und nach den Übungen zu Grammatik-Clip 13 Fotos an den Wänden (der Berg, der See, der Wald, der Park, die Stadt, das Meer). Gehen Sie zu einem Foto und fragen Sie: „Wohin gehe ich?" LN antworten z. B. „Sie gehen an den See." Fragen Sie nun: „Wo bin ich?" LN antworten: „Sie sind am See." Fragen Sie jetzt einen LN: „Wohin gehen Sie?" LN antwortet, geht zu dem Foto und sagt dann, wo er / sie ist. In Kleingruppen kann das Spiel fortgesetzt werden.

Grammatik-Clip 13 (in, an, auf + Dativ oder Akkusativ): Zeigen Sie den Clip mehrmals. LN bearbeiten dann die *Übungen auf Seite 78*.

Würfelspiel – in, an, auf: LN bilden Gruppen und erhalten je eine Spielvorlage, Spielfiguren und einen Würfel. LN würfeln mit dem ersten Wurf die Zahl der Felder, die sie weitergehen dürfen, und mit dem zweiten Wurf eine Zahl, die bestimmt, ob sie ein Verb mit Dativ oder Akkusativ wählen sollen. LN bilden einen Satz. Wer als Erste/r das Ziel erreicht, gewinnt. *Kopiervorlage, Seite 75*

Jahreszeiten-Wortschatz-Collage: Hängen Sie Kopien der vier Fotos zu den Jahreszeiten (*Seite 28/29 KB*) an die Tafel. Sammeln Sie gemeinsam Wörter, um die Bilder zu beschreiben (z. B. Schnee, Eis, Vögel, Radfahren, Mountainbike, Ampel, Himmel, Bäume). Machen Sie eine Wortschatz-Collage. Beschriften Sie die Bilder mit Klebezetteln oder Pfeilen.

Lassen Sie den Text zunächst nur hören. Fragen Sie vor dem globalen Hören: „Wer spricht und was ist das Thema?" Vor dem zweiten Hören fragen Sie die LN: „Welche Wörter aus der Wortschatz-Collage hören Sie?" (selektives Hören).

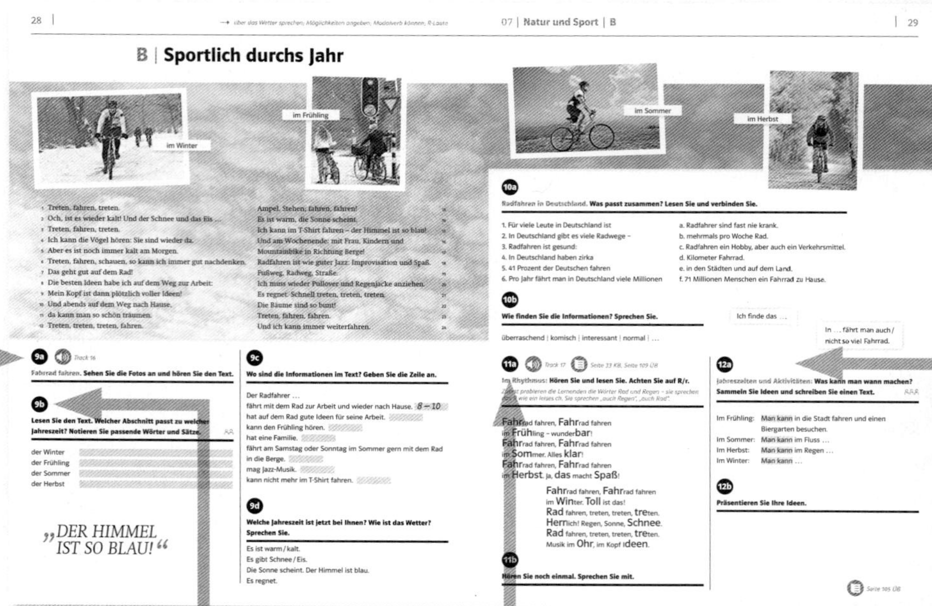
28 | 07 | Natur und Sport | B | 29

B | Sportlich durchs Jahr

Treten, fahren, treten.
Och, ist es wieder kalt! Und der Schnee und das Eis …
Treten, fahren, treten.
Ich kann die Vögel hören: Sie sind wieder da.
Aber es ist noch immer kalt am Morgen.
Treten, fahren, schauen, so kann ich immer gut nachdenken.
Das geht gut auf dem Rad!
Die besten Ideen habe ich auf dem Weg zur Arbeit:
Mein Kopf ist dann plötzlich voller Ideen!
Und abends auf dem Weg nach Hause,
da kann man so schön träumen.
Treten, treten, treten, fahren.
Ampel. Stehen, fahren, fahren!
Es ist warm, die Sonne scheint.
Ich kann im T-Shirt fahren – der Himmel ist so blau!
Und am Wochenende: mit Frau, Kindern und
Mountainbike in Richtung Berge!
Radfahren ist wie guter Jazz: Improvisation und Spaß.
Fußweg, Radweg, Straße.
Ich muss wieder Pullover und Regenjacke anziehen.
Es regnet. Schnell treten, treten, treten.
Die Bäume sind so bunt!
Treten, fahren, fahren.
Und ich kann immer weiterfahren.

9a Track 16
Fahrrad fahren. **Sehen Sie die Fotos an und hören Sie den Text.**

9b
Lesen Sie den Text. Welcher Abschnitt passt zu welcher Jahreszeit? Notieren Sie passende Wörter und Sätze.

der Winter
der Frühling
der Sommer
der Herbst

„DER HIMMEL IST SO BLAU!"

9c
Wo sind die Informationen im Text? Geben Sie die Zeile an.

Der Radfahrer …
fährt mit dem Rad zur Arbeit und wieder nach Hause. 8 – 10
hat auf dem Rad gute Ideen für seine Arbeit.
kann den Frühling hören.
hat eine Familie.
fährt am Samstag oder Sonntag im Sommer gern mit dem Rad in die Berge.
mag Jazz-Musik.
kann nicht mehr im T-Shirt fahren.

9d
Welche Jahreszeit ist jetzt bei Ihnen? Wie ist das Wetter? Sprechen Sie.

Es ist warm / kalt.
Es gibt Schnee / Eis.
Die Sonne scheint. Der Himmel ist blau.
Es regnet.

10a
Radfahren in Deutschland. **Was passt zusammen? Lesen Sie und verbinden Sie.**

1. Für viele Leute in Deutschland ist
2. In Deutschland gibt es viele Radwege –
3. Radfahren ist gesund:
4. In Deutschland haben zirka
5. 41 Prozent der Deutschen fahren
6. Pro Jahr fährt man in Deutschland viele Millionen

a. Radfahrer sind fast nie krank.
b. mehrmals pro Woche Rad.
c. Radfahren ein Hobby, aber auch ein Verkehrsmittel.
d. Kilometer Fahrrad.
e. in den Städten und auf dem Land.
f. 71 Millionen Menschen ein Fahrrad zu Hause.

10b
Wie finden Sie die Informationen? Sprechen Sie.

überraschend | komisch | interessant | normal | …

Ich finde das …
In … fährt man auch / nicht so viel Fahrrad.

11a Track 17 Seite 33 KB, Seite 109 ÜB
Im Rhythmus: **Hören Sie und lesen Sie. Achten Sie auf R/r.**
Zuerst probieren die Lernenden die Wörter Rad und Regen – sie sprechen das R wie ein leises ch. Sie sprechen „auch Regen", „auch Rad".

Fahrrad fahren, Fahrrad fahren
im Frühling – wunderbar!
Fahrrad fahren, Fahrrad fahren
im Sommer. Alles klar!
Fahrrad fahren, Fahrrad fahren
im Herbst. Ja, das macht Spaß!
Fahrrad fahren, Fahrrad fahren
im Winter. Toll ist das!
Rad fahren, treten, treten, treten.
Herrlich! Regen, Sonne, Schnee.
Rad fahren, treten, treten, treten.
Musik im Ohr, im Kopf Ideen.

11b
Hören Sie noch einmal. Sprechen Sie mit.

12a
Jahreszeiten und Aktivitäten: **Was kann man wann machen? Sammeln Sie Ideen und schreiben Sie einen Text.**

Im Frühling: Man kann in die Stadt fahren und einen Biergarten besuchen.
Im Sommer: Man kann im Fluss …
Im Herbst: Man kann im Regen …
Im Winter: Man kann …

12b
Präsentieren Sie Ihre Ideen.

Seite 105 ÜB

Nachdem LN die passenden Wörter und Sätze aus dem Text herausgesucht haben, erarbeiten Sie gemeinsam mit den LN die Es-Sätze. Kleine Zeichnungen helfen, die Es-Sätze für die Jahreszeit herauszusuchen.

R-Laute: Üben Sie zuerst mit den LN das **R** wie in **R**ad und **R**egen. Für **R** gibt es zwei Möglichkeiten: 1. Es klingt wie ein leises **ch** (wie in au**ch**). 2. Man kann das **R** aber auch rollen. Das übt man so: Zuerst nehmen die LN einen kleinen Schluck Wasser in den Mund und dann gurgeln sie damit wie beim Zähneputzen (**Rrrr-R**ad). Üben Sie dann mit den LN auch **r** in Oh**r** (nach langen Vokalen) und Wint**er** (in -er am Ende). Man spricht es wie ein ganz kurzes **a**.

Jahreszeiten illustrieren: LN-Gruppen zeichnen die Ideen zu einer Jahreszeit auf ein Poster. Diese werden dann jeweils von den anderen Gruppen mit der Struktur „man kann …" beschrieben.

Treten, fahren, fahren: LN schreiben in Partnerarbeit eigene Texte im Stil des Radfahr-Textes zu den unterschiedlichen Jahreszeiten. Die Texte können auch mit Zeichnungen oder Fotos gestaltet werden. Die Ergebnisse werden im Plenum vorgestellt und besprochen.

Radfahren in Deutschland: Viele Deutsche nutzen das Fahrrad im Alltag als Verkehrsmittel sowie als Freizeit- und Sportgerät. Es gibt darüber hinaus auch einen starken Trend zum Fahrradtourismus: Ob mit Freunden, dem Partner oder der ganzen Familie – Tagesausflüge mit dem eigenen oder einem gemieteten Fahrrad, mehrtägige Radwanderungen und Rennradreisen sind sehr beliebt.

Im Park: Schreiben Sie die Überschrift „Im Park" an die Tafel. Fragen Sie die LN: „Was kann man im Park machen?" Sammeln Sie die Antworten und notieren Sie sie als Liste untereinander. Arbeiten Sie dann weiter mit *Ü13a*.

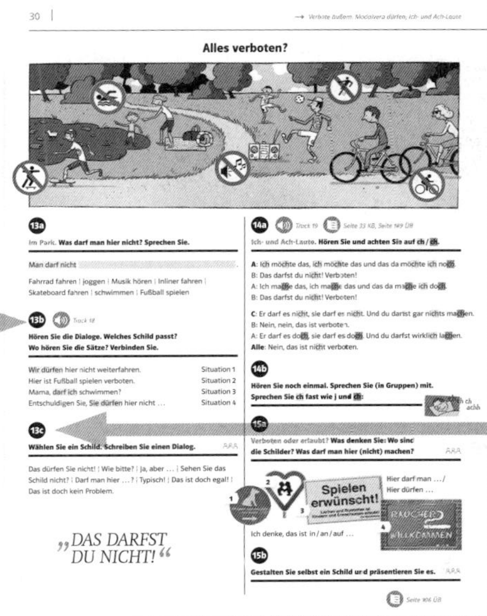
Alles verboten?

„DAS DARFST DU NICHT!"

An der Tafel stehen die Antworten bzw. genannten Aktivitäten der LN vom Stundeneinstieg „Im Park". Sammeln Sie gemeinsam die Verbots-Aussagen mit dem Bild auf *Seite 30 KB*. Erweitern Sie dann die Verbote mit den von den LN genannten Aktivitäten.

Hier darf man …		Hier darf man nicht …
Hier darf man	Fußball spielen	
	Fahrrad fahren	
	…	

Wechselspiel – Alles verboten? LN bilden Paare. Eine Person erhält das A-Blatt, die andere das B-Blatt. Abgebildet ist der Park von *Seite 30 KB* mit jeweils nur zwei Verbotsschildern. Gegenseitig stellen sich die Spieler abwechselnd je eine Frage, um herauszufinden, was in dem Park verboten ist. *Kopiervorlage, Seite 76*

Bewegung – keine Bewegung: Schreiben Sie die Verben gehen, stehen, tanzen, schlafen, Fahrrad fahren, Auto fahren, liegen, sitzen, Sport machen, spazieren gehen an die Tafel und demonstrieren Sie: „Sitzen ist keine Bewegung." „Gehen ist Bewegung." LN ordnen die Verben den beiden Kategorien zu und ergänzen weitere Verben, z. B. joggen, Fußball spielen, …

Vor dem Hören: Weisen Sie darauf hin, dass der Hörtext nur die ersten drei Tage umfasst. LN sollten sich vor dem Hören diese drei Tage genau durchlesen und dann den Hörtext zweimal hören, bevor sie den Fehler entdecken.

Grammatik-Clip 14 (Perfekt II): Zeigen Sie den Clip mehrmals. LN bearbeiten die *Übungen auf Seite 78*.

Landeskunde-Film 7: Zeigen Sie den Film zum Thema Sport. LN bearbeiten die dazu passenden Übungen auf *Seite 72 KB*.

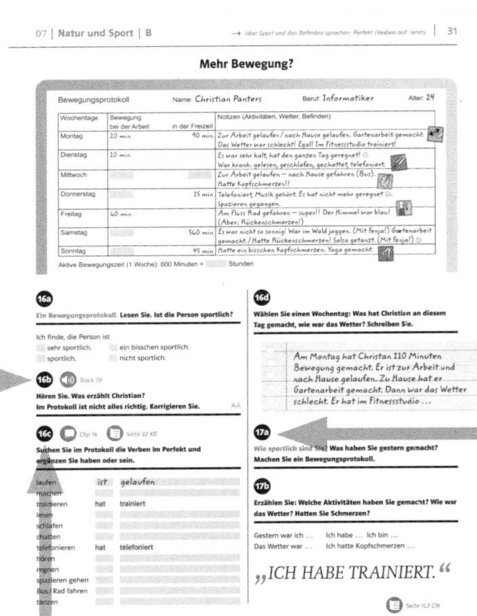
Mehr Bewegung?

„ICH HABE TRAINIERT."

Kartenspiel – Perfekt: LN bilden Kleingruppen. Jede Gruppe erhält ein Set Spielkarten, mischt sie und verteilt sie gleichmäßig an alle Spieler. Alle haben ihre Karten in einer Hand. Reihum zieht ein Spieler eine Karte und bildet einen korrekten Satz im Perfekt mit dem Verb auf der Karte. Ist der Satz richtig, darf der Spieler die Karte behalten und ablegen. Wenn nicht, muss die Karte auf die Hand genommen werden. Die nächste Person ist dran. Sobald jemand keine Karten mehr auf der Hand hat, endet das Spiel. Gewinner ist die Person mit den meisten gewonnenen Karten. *Kopiervorlage, Seite 77*

Fragen stellen: LN arbeiten zu zweit. Sie stellen zu den Verben in *Ü16c* Fragen im Perfekt: „Bist du gelaufen? Hast du telefoniert?"

Fitness in Deutschland: Einer Studie aus dem Jahr 2013 nach nimmt jeder zweite Deutsche das Auto, den Bus oder die Bahn, um schnell ans Ziel zu kommen. Doch 40 Prozent der Menschen in Deutschland gehen gerne zu Fuß oder nehmen das Fahrrad. Nur ein paar Wenige sehen sich als „Pflichtbeweger": Sie nehmen das Fahrrad oder gehen zu Fuß, nur wenn es gar nicht anders geht. Die beliebtesten Sportarten der Deutschen sind: 1. Radfahren, 2. Fitness-Training, 3. Wandern, 4. Schwimmen und 5. Joggen.

der Schnee		die Wiese	
der Wald		der Baum	
der Vogel		das Meer	
der Strand		die Muschel	
die Welle		das Gemüse	
das Obst		die Blume	

DaF leicht A1, Lehrerhandbuch
ISBN: 978-3-12-676252

Würfeln Sie eine Zahl und gehen Sie die Felder vor. Würfeln Sie dann noch einmal. Bei Zahl 1, 3, 5 wählen Sie ein Akkusativ-Verb. Bei Zahl 2, 4, 6 wählen Sie ein Dativ-Verb. Bilden Sie dann einen Satz. Der / Die erste Spieler/in im Ziel gewinnt!

Akkusativ

Dativ

START		wir / in / Park	sie (Pl.) / an / See	wir / in / Natur
ich / in /Park		ich / auf / Wiese		**Drei Felder zurück!**
du / an / See		ihr / an / Strand		ich / auf / Berg
er / in / Natur		ich / in / Stadt		sie / an / Meer
sie (Sg.) / auf / Berg		**Würfeln Sie noch einmal!**		du / in / Garten
wir / an / Meer		sie (Sg.) / in / Wald		sie (Sg.) / auf / Land
Drei Felder weiter!		er / auf / Land		wir / in / Wald
ihr / in / Garten		wir / in / Garten		**Gehen Sie zurück zum Start!**
sie (Pl.) / auf / Land		ich / an / Meer		du / in / Stadt
ich / in / Wald		du / auf / Berg		ich / an / Strand
du / in / Stadt		**Ein Feld zurück!**		sie (Sg.) / auf / Wiese
wir / an / Strand		sie (Pl.) / in / Natur		**ZIEL**
ihr / auf / Wiese	ihr / in / Park	ich / an / See		

gehen (Akkusativ)	fahren (Akkusativ)

sein (Dativ)	leben (Dativ)	stehen (Dativ)

DaF leicht A1, Lehrerhandbuch
ISBN: 978-3-12-676252

A

Redemittel:

Darf ich / man im Park ...?	Ja, du darfst ... / man darf / ihr dürft im Park ...	Es ist erlaubt.
Dürfen wir im Park ...?	Nein, du darfst / man darf / ihr dürft im Park nicht ...	Es ist verboten.

B

Redemittel:

Darf ich / man im Park ...?	Ja, du darfst ... / man darf / ihr dürft im Park ...	Es ist erlaubt.
Dürfen wir im Park ...?	Nein, du darfst / man darf / ihr dürft im Park nicht ...	Es ist verboten.

DaF leicht A1, Lehrerhandbuch
ISBN: 978-3-12-676252

Nehmen Sie eine Karte. Sagen Sie mit dem Verb und den angegebenen Personen einen Satz im Perfekt.

Beispiel: Sport machen (wir) = Wir haben Sport gemacht.

Sport machen (wir)	Fußball spielen (ihr)	auf den Berg klettern (er)	jeden Tag ins Fitnessstudio gehen? (du)
lange telefonieren (ich)	die Nacht nicht schlafen (die Frau)	zu Fuß ins Büro laufen (ihr)	am Wochen-ende spazieren gehen (Familie Müller)
gestern im Club tanzen (ich)	gestern Yoga machen (der Mann)	am Fluss Rad fahren (die Kinder)	im Meer schwimmen (wir)
im Garten arbeiten? (ihr)	im Wald joggen (ich)	jeden Tag viel trainieren (mein Freund)	in Berlin studieren (sie Pl.)

DaF leicht A1, Lehrerhandbuch
ISBN: 978-3-12-676252

Clip 13: in, an, auf + Dativ oder Akkusativ

1. Den Clip nachlegen
LN ordnen den Bildern die Sätze zu und ergänzen die Präpositionen. Zeigen Sie anschließend den Clip zur Kontrolle.

in die	in den	im
auf den	auf dem	ans
ins	in die	in der

Er geht … Natur. | Er geht … Wald.

Aber … Wald gibt es keine Autos.

Er klettert … Berg.

Aber … Berg gibt es keine Autos.

Er fährt … Meer und geht … Wasser.

Aber … Wasser gibt es keine Autos.

Er geht … Stadt zurück.

… Stadt gibt es viele Autos.

2. Interaktiv üben
Sammeln Sie an der Tafel Aktivitäten für die Orte aus dem Clip.
Die Bildkarten (aus dem Clip oder eigene) werden verdeckt auf den Tisch gelegt. LN ziehen nacheinander eine Bildkarte und formulieren Sätze, z. B. „Ich fahre ans Meer. Im Meer kann man schwimmen." Die Bildkarten werden wieder auf den Tisch gelegt, können also mehrmals verwendet werden.

3. Strukturtabelle ausfüllen
LN ergänzen passende Nomen und Artikel zu den Präpositionen in der Strukturabelle.

		Dativ	Akkusativ	Nomen
der	in an auf			
das	in an auf			
die	in an auf			

Clip 14: Perfekt II

1. Den Clip nachlegen
LN legen den ersten Teil des Clips gemeinsam nach. Danach legen sie die Karten mit den Verben im Partizip II zu den Infinitiven. Zeigen Sie den Clip zur Kontrolle noch einmal Schritt für Schritt.

essen	laufen	lesen
fahren	telefonieren	trainieren
gegessen	gelaufen	gelesen
gefahren	telefoniert	trainiert

LN entfernen die Infinitivformen und ergänzen die Satzteile.

Ich habe ein Brot	Ich habe Zeitung
Ich bin im Wald	Ich bin Rad
Ich habe	und trainiert.
und habe trainiert.	…

2. Interaktiv üben
Jede/r LN schreibt eine Tätigkeit aus dem Clip auf einen Zettel. LN sollte das am Tag vorher wirklich gemacht haben. Schreiben Sie die Frage „Was hast du gestern gemacht?" an die Tafel. LN gehen im Kursraum herum, stellen die Frage und suchen eine Person, die dieselbe Tätigkeit auf den Zettel geschrieben hat. Wenn LN einen Partner / eine Partnerin gefunden hat, sollen beide noch einige Sätze zu dieser Aktivität formulieren und dann im Plenum vortragen. (z. B. „Wir sind im Wald Rad gefahren. Das Wetter war schön. Wir machen das oft. Wir sind ca. eine Stunde gefahren.")

3. Strukturtabelle ausfüllen
Jeder LN zieht eine Wortkarte und schreibt es in die richtige Spalte in der Strukturtabelle. Danach ergänzen LN Beispiele für die erste Spalte.

Das Partizip II		
ge……………t / et	……………t	ge……………en

DaF leicht A1, Lehrerhandbuch
ISBN: 978-3-12-676252

08 | Wohnen und Leben

Fenster: Lassen Sie die LN das Foto beschreiben und über die Fragen auf dem Bild spekulieren. Sprechen Sie auch die unterschiedlich farbige Beleuchtung an. Sammeln Sie mit den LN Assoziationen zu dem „Haus mit bunten Fenstern".

8A Wo wohnst du?

Lernziele: LN können über verschiedene Wohnsituationen und Formen des Zusammenlebens sprechen
Kommunikation: über Wohnorte und Mietpreise sprechen; Wohnformen beschreiben
Wortschatz: Zahlen ab 100; Himmelsrichtungen; Wohnorte und -formen
Grammatik: für + Akkusativ; auf, in, bei, mit + Dativ (Indefinit- und Possessivpronomen)
Phonetik: Akzentuierung und Pausen in Wortgruppenketten
Landeskunde: Wohnen in D-A-CH
Sie brauchen: ein Wörterbuch, einen Teelöffel mit Reis, ein kariertes DIN A4-Blatt *(Einstieg, Seite 36 KB)*

8B Wie wohnst du?

Lernziele: LN können über Einrichtung sprechen und kurze Nachrichten verstehen und verfassen
Kommunikation: über Zimmer und Einrichtungsgegenstände sprechen; über Lieblingsdinge sprechen; kurze Nachrichten verstehen
Wortschatz: Zimmer, Einrichtung, Haushalt
Grammatik: Wortbildung Komposita (Verb + Nomen); Personalpronomen im Akkusativ; ohne + Akkusativ
Phonetik: Wortakzent bei Komposita; Plosive
Sie brauchen: Dekorationsdinge für ein Fenster *(Einstieg, Seite 40 KB)* Fotos von Haustüren, Klingelschildern, Balkonen o. Ä. in D-A-CH *(Seite 41 KB, Ü10)*; einen Lieblingsgegenstand *(Seite 42 KB, Ü11a)*; Scheren und Kebestifte *(Kopiervorlage, Seite 86)*

Zusatzmaterial:
Online-Selbstevaluation: http://www.klett-sprachen.de/dafleicht
Lektionstest: *Seite 138–139*
Kopiervorlagen und Übungen zu den Grammatik-Clips 15 und 16: *Seite 84–88*

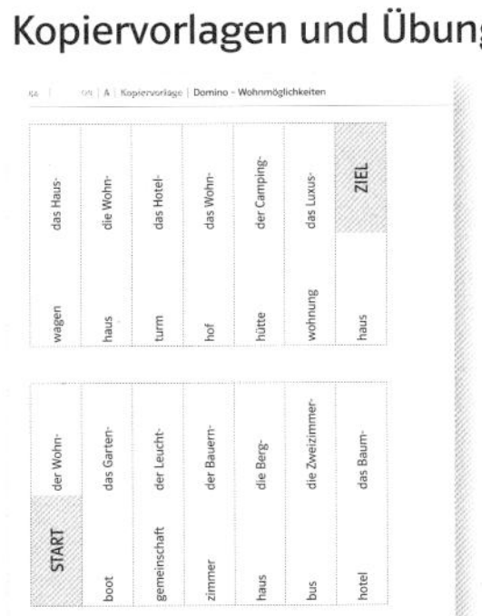
Seite 84

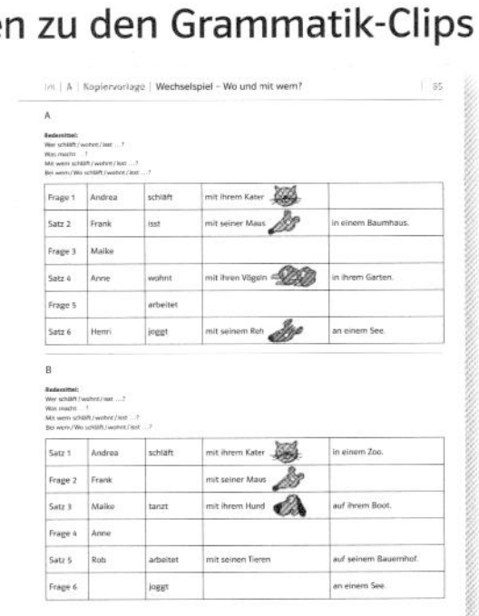
Seite 85

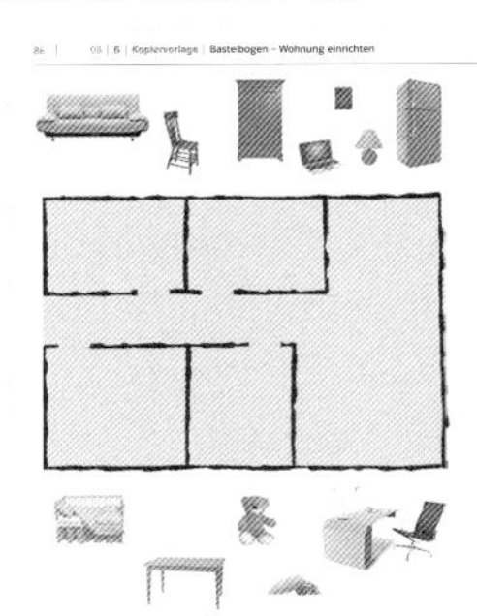
Seite 86

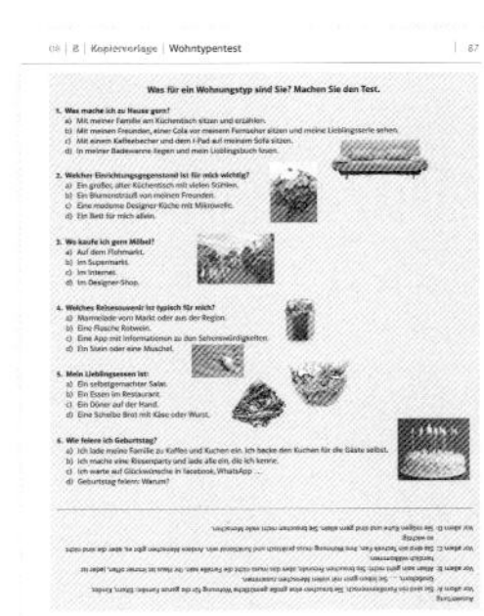
Seite 87

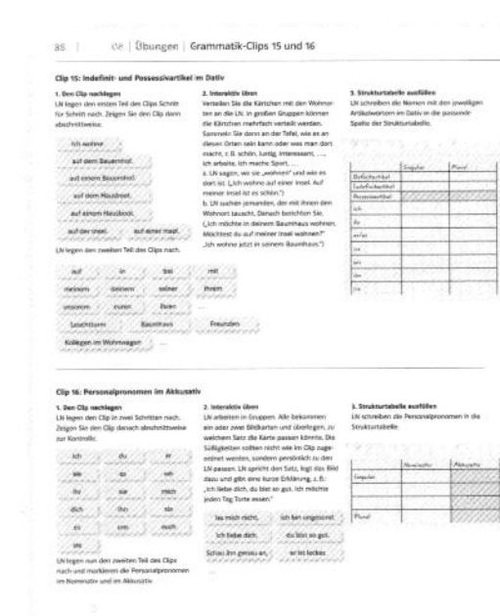
Seite 88

Schätzungen: Zum Einführen der Zahlen über hundert, machen LN lustige Schätzungen z. B.: „Wie viele Seiten hat Ihr Wörterbuch?" „Wie viele Reiskörner passen auf einen Teelöffel?" (ca. 255 Körner). „Wie viele Kästchen sind auf einem karierten DIN A4-Blatt?" (ca. 2478 Kästchen). LN schreiben die geschätzte Anzahl in Ziffern an die Tafel. Schreiben Sie einige Zahlen im Wortlaut daneben. Weisen Sie darauf hin, dass es bei (ein)hundert und (ein)tausend die Varianten mit und ohne Nennung von *ein* gibt.

Vermutungen anstellen: Zu der Hörübung gibt es keine Lösung. Machen Sie die LN darauf aufmerksam, dass es um Mietpreise geht und dass es in D-A-CH verbreitet ist, zu mieten.

Vor dem Hören: LN beschreiben das Foto. Stellen Sie hierzu W-Fragen: „Wer ist das? Was machen die Personen? Sie sprechen – Was ist das Thema?" Die Gesprächssituation (passend zur Aufgabenstellung in *Ü2b*) soll deutlich werden.

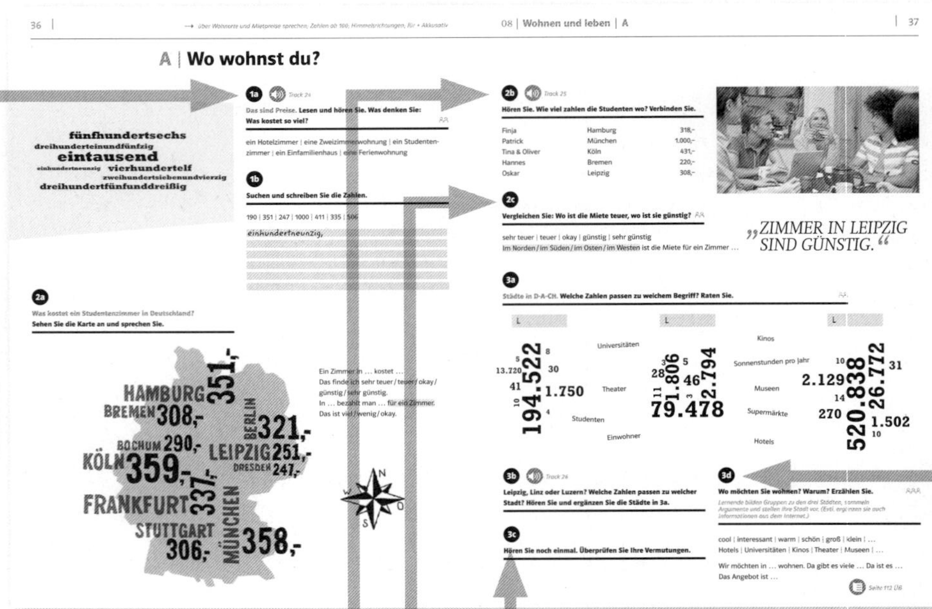

Landkarte stellen: Befestigen Sie im Kursraum vier Zettel mit Norden, Osten, Süden, Westen zur räumlichen Orientierung an die Wände. Erklären Sie: „Dieser Raum ist D-A-CH. Wo wollen Sie wohnen?" Stellen Sie sich geografisch richtig hin und nennen Sie einen Ort, z. B.: „Ich stehe im Osten, ich wohne in Leipzig." Gemeinsam wird darauf geachtet, dass alle LN geografisch korrekt stehen. Das erfordert Absprachen der LN untereinander. Als Ergänzung zu *Ü3d* erzählen die LN jeweils, warum sie dort wohnen wollen.

Zahlen üben: Die LN bilden schon bei dieser Übung drei Gruppen und hören den Hörtext noch einmal. Dabei soll sich jede Gruppe auf eine andere Stadt konzentrieren und die Zahlen mit den Nennungen verbinden, z. B. Leipzig – Studenten – 26.772.

Stadt in Zahlen: LN erstellen (in Kleingruppen) Zahlenbilder für ihre eigene Stadt; hierbei können auch weitere Dinge beziffert werden. Die Zahlenbilder werden im Plenum vorgestellt, die anderen raten, was hinter den Zahlen steckt.

Mieten: Obwohl sich nach aktuellen Studien Zweidrittel der Deutschen den Kauf von Wohnung oder Haus leisten könnte, ist „zur Miete wohnen" nach wie vor die verbreitetste Wohnform in Deutschland. Mietpreise sind in Deutschland abhängig von der Region und davon ob die Wohnung in der Stadt oder auf dem Land ist. München ist mit Abstand die teuerste Stadt Deutschlands. Grob beschrieben gibt es ein Süd-/Nordgefälle und ein West-/Ostgefälle für Mieten in Deutschland: Dabei sind die Mieten im Osten am niedrigsten, die im Südwesten am teuersten.

Wohnträume: Fragen Sie LN, bevor sie die Fotos angeschaut haben, wie sie gerne wohnen möchten. Erklären Sie, dass auch Fantasie-Wohnträume möglich sind. LN zeichnen ihre Vorstellung auf DIN A4-Papier und erläutern ihren Lernpartnern ihre Zeichnung und eventuell noch im Plenum.

Wohn(t)räume
„WIR WOHNEN IN EINER WG.“

Domino – Wohnmöglichkeiten: LN spielen zu zweit oder dritt Domino: Begonnen wird mit der Startkarte. Die Spieler versuchen der Reihe nach eine hierzu passende Karte zu legen. Durch die Vorgabe einer Start- und einer Ziel-Karte ist es möglich, alle Domino-Karten zu legen. Das erfordert allerdings Geduld und Zeit. Sie können die Zielkarte aber auch weglassen. *Kopiervorlage, Seite 84*

Wo sind die Personen? Legen Sie parallel zu *Ü4b* ein Tafelbild an.

der / ein Turm	das / ein Zimmer	die / eine Insel
in **einem** Turm	in **einem** Zimmer	**auf** einer Insel

Kursstatistik: Schreiben Sie den Titel „Allein oder mit anderen?“ an die Tafel und malen Sie entsprechende Strichmännchen dazu. Machen Sie dann eine Umfrage: „Wer möchte allein wohnen?“ Wer möchte mit anderen wohnen?“ Die Stimmen werden ausgezählt.

Aussprachetraining: Üben Sie Pausen und Betonungen in langen Sätzen: Schreiben Sie die Satzteile einzeln auf kleine Kärtchen, z. B. Ich wohne mit meiner **Frau**, meinem **Kind**, meinem **Hund** und meiner **Maus** in einem **Haus**. Fünf LN stellen sich nebeneinander auf und alle nehmen ein Kärtchen. Dann spricht jede/r LN seine / ihre Wortgruppe mit der richtigen Betonung, bis der Satz zu Ende ist. Der richtige Rhythmus stellt sich dann automatisch ein. *Seite 119 ÜB, Ü37*

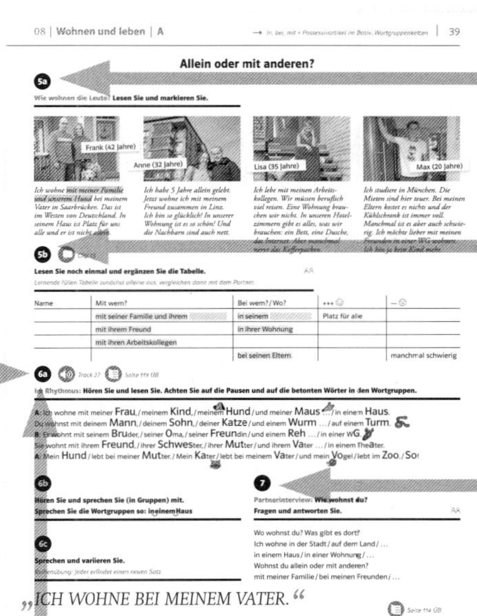
Allein oder mit anderen?
„ICH WOHNE BEI MEINEM VATER.“

Ergänzen Sie das Tafelbild von *Ü4b*.

der / ein Turm	das / ein Zimmer	die / eine Insel
in **einem** Turm	in **einem** Zimmer	**auf** einer Insel
in **seinem** Turm	in **seinem** Zimmer	**auf seiner** Insel

Wechselspiel – Wo und mit wem? LN arbeiten zu zweit und fragen sich gegenseitig nach den fehlenden Informationen auf ihrer Vorlage. *Kopiervorlage, Seite 85.*

Grammatik-Clip 15 (Indefinit- und Possessivartikel im Dativ): Zeigen Sie den Clip mehrfach. LN machen die *Übungen auf Seite 88.*

Individuelle Wohnformen: Ergänzen Sie die Interviewfrage in *Ü7* um die Frage „Was ist positiv und was ist negativ an deiner Wohnsituation?“ Einige LN können ihre Umfrage-Ergebnisse im Plenum präsentieren. Alle LN sollen eine Tabelle wie in *Ü5b* anlegen, so dass sie während der Präsentation entsprechende Notizen in den Spalten machen können.

Kleine Haushalte: Immer mehr Deutsche leben allein oder zu zweit. Nach Angaben des Statistischen Bundesamts leben in ca. 75 Prozent der privaten Haushalte maximal zwei Personen – vor allem in den Städten ist der Anteil solcher Haushalte besonders groß, z. B. in Berlin (83 Prozent).

Schreibtraining: *Seite 118 ÜB, Ü35*

Fenster: Bringen Sie ein paar Dinge mit, um das Fenster im Kursraum zu dekorieren (z. B. eine Blume, ein Bild, …). Kommentieren Sie das Fenster vor und nach der Dekoration: „Oh wie langweilig. Das Fenster ist so langweilig." Und dann: „Ja, das ist schön! Ist das Fenster jetzt schön?" Das Spiel kann noch eine Weile mit anderen Dingen fortgeführt werden.

LN sollen ihre Bewertung möglichst begründen, z. B.: „Fenster 5 ist sympathisch. Da wohnen Kinder."

Schreiben Sie die Zahlen 1 bis 4 an die Tafel und kündigen Sie an, dass es vier Situationen im Hörtext gibt und dass LN die Gegenstände nummerieren sollen. Im Anschluss ordnen LN nicht nur die Gegenstände den Situationen zu, sondern sagen auch, wer was sucht und welche Gegenstände im Hörtext nicht vorkommen.

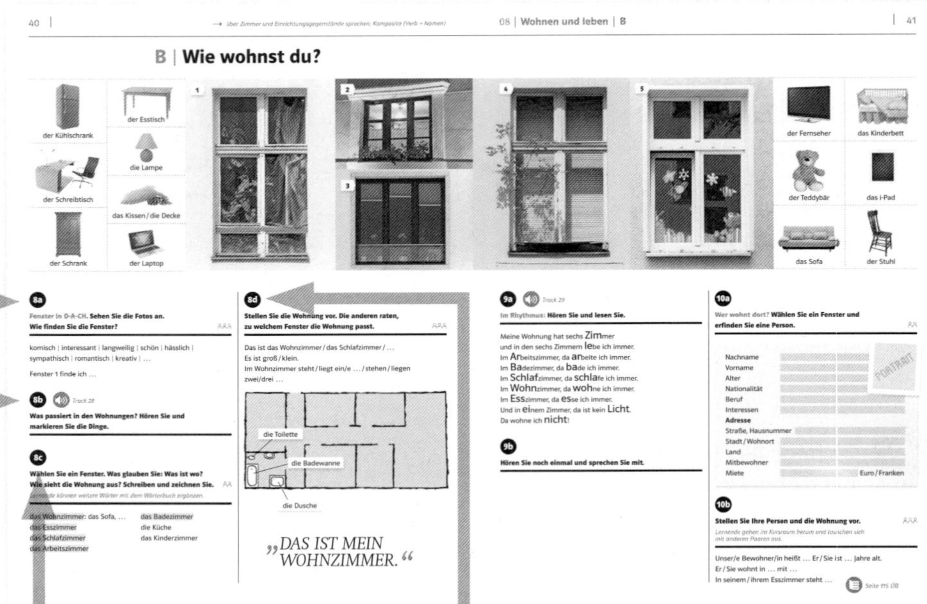

40 | → über Zimmer und Einrichtungsgegenstände sprechen; Komposita (Verb + Nomen)

08 | Wohnen und leben | B | 41

B | Wie wohnst du?

8a Fenster in D-A-CH. **Sehen Sie die Fotos an. Wie finden Sie die Fenster?**

komisch | interessant | langweilig | schön | hässlich | sympathisch | romantisch | kreativ | …

Fenster 1 finde ich …

8b Track 28 **Was passiert in den Wohnungen? Hören Sie und markieren Sie die Dinge.**

8c **Wählen Sie ein Fenster. Was glauben Sie: Was ist wo? Wie sieht die Wohnung aus? Schreiben und zeichnen Sie.**

Lernende können weitere Wörter mit dem Wörterbuch ergänzen.

das Wohnzimmer: das Sofa, … | das Badezimmer
das Esszimmer | die Küche
das Schlafzimmer | das Kinderzimmer
das Arbeitszimmer

8d **Stellen Sie die Wohnung vor. Die anderen raten, zu welchem Fenster die Wohnung passt.**

Das ist das Wohnzimmer / das Schlafzimmer / …
Es ist groß / klein.
Im Wohnzimmer steht / liegt ein/e … / stehen / liegen zwei/drei …

„DAS IST MEIN WOHNZIMMER."

9a Track 29 Im Rhythmus: **Hören Sie und lesen Sie.**

Meine Wohnung hat sechs Zimmer
und in den sechs Zimmern lebe ich immer.
Im Arbeitszimmer, da arbeite ich immer.
Im Badezimmer, da bade ich immer.
Im Schlafzimmer, da schlafe ich immer.
Im Wohnzimmer, da wohne ich immer.
Im Esszimmer, da esse ich immer.
Und in einem Zimmer, da ist kein Licht.
Da wohne ich nicht!

9b **Hören Sie noch einmal und sprechen Sie mit.**

10a Wer wohnt dort? **Wählen Sie ein Fenster und erfinden Sie eine Person.**

Nachname
Vorname
Alter
Nationalität
Beruf
Interessen
Adresse
Straße, Hausnummer
Stadt / Wohnort
Land
Mitbewohner
Miete … Euro / Franken

PORTRAIT

10b **Stellen Sie Ihre Person und die Wohnung vor.**

Lernende gehen im Kursraum herum und tauschen sich mit anderen Paaren aus.

Unser/e Bewohner/in heißt … Er / Sie ist … Jahre alt.
Er / Sie wohnt in … mit …
In seinem / ihrem Esszimmer steht …

Seite 115 ÜB

Einrichtungsgegenstände: Fragen Sie die LN: „Welche der Einrichtungsgegenstände haben Sie in Ihrer Wohnung?" und „Was ist (noch) wichtig für Sie? Der Kühlschrank? Der Fernseher? Das Bett?" Schlagen Sie den LN vor, dass sie, z. B. mit Klebezetteln, Einrichtungsgegenstände mit den passenden deutschsprachigen Bezeichnungen beschriften.

Bastelbogen – Wohnung einrichten: LN gestalten zu zweit oder dritt die Einrichtung der Wohnung: Sie können dazu den Umriss mit Einrichtungsgegenständen füllen oder weitere Details dazu malen. Die fertigen Produkte werden im Plenum präsentiert und erläutert. *Kopiervorlage, Seite 86*

Schreibtraining: *Seite 118 ÜB, Ü34 und 36*

Landeskunde-Film 8: LN sehen den Film zum Thema Wohnen und bearbeiten die Übungen auf *Seite 73 KB.*

Fotoprojekt: Bitten Sie die LN, im Internet nach Bildern von Haustüren, Klingelschildern, Hinterhöfen, Balkonen in D-A-CH zu recherchieren oder bringen Sie selbst solche Fotos mit; falls Sie in D-A-CH unterrichten, schicken Sie die LN vor Ort auf Spurensuche. LN erstellen in Kleingruppen zu einem selbst gewählten Foto auf der Basis von *Ü8a*, *Ü10a* und *Ü10b* kleine Geschichten.

Lieblingsdinge vorstellen: Bringen Sie einen kleinen Gegenstand mit, der Ihnen persönlich sehr gut gefällt oder der Ihnen wichtig ist. Zeigen Sie den LN den Gegenstand und sagen Sie: „Das ist mein Lieblingsding". Fragen Sie die LN: „Haben Sie Lieblingsdinge? Was ist es?" Bitten Sie die LN, für den nächsten Tag ebenfalls Lieblingsdinge mitzubringen oder zu fotografieren.

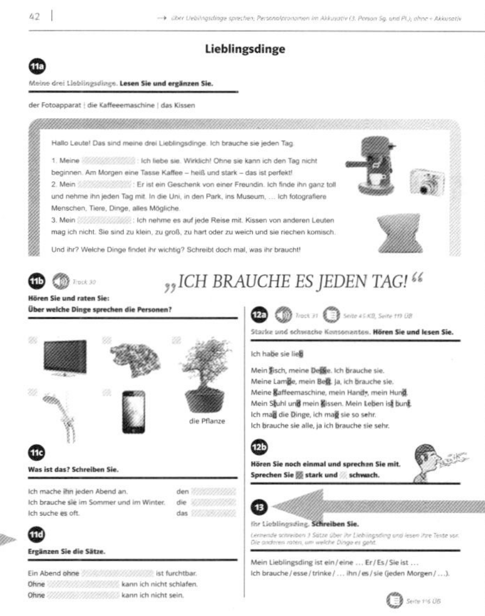
42 | → über Lieblingsdinge sprechen; Personalpronomen im Akkusativ (3. Person Sg. und Pl.); ohne + Akkusativ

Lieblingsdinge

11a Meine drei Lieblingsdinge. **Lesen Sie und ergänzen Sie.**

der Fotoapparat | die Kaffeeemaschine | das Kissen

Hallo Leute! Das sind meine drei Lieblingsdinge. Ich brauche sie jeden Tag.
1. Meine ______: Ich liebe sie. Wirklich! Ohne sie kann ich den Tag nicht beginnen. Am Morgen eine Tasse Kaffee – heiß und stark – das ist perfekt!
2. Mein ______: Er ist ein Geschenk von einer Freundin. Ich finde ihn ganz toll und nehme ihn jeden Tag mit. In die Uni, in den Park, ins Museum, … Ich fotografiere Menschen, Tiere, Dinge, alles Mögliche.
3. Mein ______: Ich nehme es auf jede Reise mit. Kissen von anderen Leuten mag ich nicht. Sie sind zu klein, zu groß, zu hart oder zu weich und sie riechen komisch.
Und ihr? Welche Dinge findet ihr wichtig? Schreibt doch mal, was ihr braucht!

11b Track 30 **Hören Sie und raten Sie: Über welche Dinge sprechen die Personen?**

„ICH BRAUCHE ES JEDEN TAG!"

die Pflanze

11c **Was ist das? Schreiben Sie.**

Ich mache ihn jeden Abend an. den ______
Ich brauche sie im Sommer und im Winter. die ______
Ich suche es oft. das ______

11d **Ergänzen Sie die Sätze.**

Ein Abend ohne ______ ist furchtbar.
Ohne ______ kann ich nicht schlafen.
Ohne ______ kann ich nicht sein.

12a Track 31 Seite 45 KB, Seite 119 ÜB
Starke und schwache Konsonanten. **Hören Sie und lesen Sie.**

Ich habe sie lieb
Mein Tisch, meine Decke. Ich brauche sie.
Meine Lampe, mein Bett. Ja, ich brauche sie.
Meine Kaffeemaschine, mein Handy, mein Hund.
Mein Stuhl und mein Kissen. Mein Leben ist bunt.
Ich mag die Dinge, ich mag sie so sehr.
Ich brauche sie alle, ja ich brauche sie sehr.

12b **Hören Sie noch einmal und sprechen Sie mit. Sprechen Sie ▒ stark und ▒ schwach.**

13 Ihr Lieblingsding. **Schreiben Sie.**
Lernende schreiben 3 Sätze über ihr Lieblingsding und lesen ihre Texte vor. Die anderen raten, um welche Dinge es geht.

Mein Lieblingsding ist ein / eine … Er / Es / Sie ist …
Ich brauche / esse / trinke / … ihn / es / sie (jeden Morgen / …).

Seite 116 ÜB

Nicht ohne: Schreiben Sie noch ein „ohne-Rätsel" an die Tafel, z. B. „Ohne sie kann ich keinen Kaffee machen." (Die Kaffeemaschine.) Einige LN ergänzen weitere Rätsel. Gemeinsam wird die Lösung erraten.

Schreibtraining: *Seite 118 ÜB, Ü33 und 34*

Ratespiel: Was bin ich? LN arbeiten in Kleingruppen zusammen, alle LN denken sich ein Ding aus, notieren es auf einen Zettel und heften diesen einer anderen Person aus der Gruppe auf die Stirn oder den Rücken. Die Gruppenteilnehmer müssen mittels Ja-/Nein-Fragen erraten, welches Ding sie sind.

Nachrichten hinterlassen: Bevor LN das Bild im Kursbuch sehen, fragen Sie: „Wo hinterlassen Sie Nachrichten in der Familie oder in der Wohngemeinschaft, wenn Sie sich nicht sehen?" Geben Sie ein Beispiel, zeigen Sie einen Zettel und sagen Sie, wo er sich befand: Das war heute auf dem Tisch: „Renate anrufen!"

Ergänzen Sie, während Sie *Ü14c* mit den LN besprechen, die Übersicht der Personalpronomen im Nominativ und Akkusativ an der Tafel, z. B. mit Hilfe des Beispielsatzes: „Ich kenne …"

ich	**mich**	wir	**uns**
du	**dich**	ihr	**euch**
er	**ihn**	sie	sie
sie	sie	Sie	Sie
es	es		

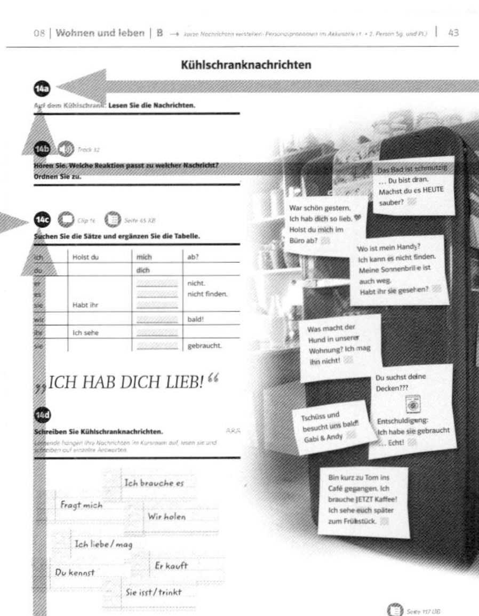
08 | Wohnen und leben | B → kurze Nachrichten verstehen; Personalpronomen im Akkusativ (1. + 2. Person Sg. und Pl.) | 43

Kühlschranknachrichten

14a Auf dem Kühlschrank: **Lesen Sie die Nachrichten.**

14b Track 32 **Hören Sie. Welche Reaktion passt zu welcher Nachricht? Ordnen Sie zu.**

14c Clip 16 Seite 45 KB
Suchen Sie die Sätze und ergänzen Sie die Tabelle.

ich	Holst du	mich	ab?
du		dich	
er		______	nicht.
es		______	nicht finden.
sie	Habt ihr	______	
wir		______	bald!
ihr	Ich sehe	______	
sie		______	gebraucht.

„ICH HAB DICH LIEB!"

14d **Schreiben Sie Kühlschranknachrichten.**
Lernende hängen ihre Nachrichten im Kursraum auf, lesen sie und schreiben auf einzelne Antworten.

Seite 117 ÜB

Merkhilfe: LN sollen sich individuell für die im Tafelbild links markierten Pronomen Merksätze notieren, z. B. Sie liebt mich. Ich habe dich lieb. Ich hasse ihn. Ihr kennt uns. Ich brauche euch.

Schlüsselwörter helfen: Lassen Sie die LN vor dem Hören die Schlüsselwörter aus den Nachrichten heraussuchen, z. B. Bad, schmutzig, sauber, lieb, abholen, …

Grammatik-Clip 16 (Personalpronomen im Akkusativ): LN sehen den Clip mehrfach und machen die *Übungen auf Seite 88.*

Wohntypentest: Zum Ausklang bearbeiten LN zunächst selbstständig den Wohntypentest und tauschen sich dann in Kleingruppen aus. Die Ergebnisse aus den Kleingruppen werden anonym im Plenum präsentiert. *Kopiervorlage, Seite 87*

START	der Wohn-
boot	das Garten-
gemeinschaft	der Leucht-
zimmer	der Bauern-
haus	die Berg-
bus	die Zweizimmer-
hotel	das Baum-

wagen	das Haus-
haus	die Wohn-
turm	das Hotel-
hof	das Wohn-
hütte	der Camping-
wohnung	das Luxus-
haus	ZIEL

DaF leicht A1, Lehrerhandbuch
ISBN: 978-3-12-676252

A

Redemittel:
Wer schläft / wohnt / isst …?
Was macht …?
Mit wem schläft / wohnt / isst …?
Bei wem / Wo schläft / wohnt / isst …?

Frage 1	Andrea	schläft	mit ihrem Kater 	
Satz 2	Frank	isst	mit seiner Maus 	in einem Baumhaus.
Frage 3	Maike			
Satz 4	Anne	wohnt	mit ihren Vögeln 	in ihrem Garten.
Frage 5		arbeitet		
Satz 6	Henri	joggt	mit seinem Reh 	an einem See.

B

Redemittel:
Wer schläft / wohnt / isst …?
Was macht …?
Mit wem schläft / wohnt / isst …?
Bei wem / Wo schläft / wohnt / isst …?

Satz 1	Andrea	schläft	mit ihrem Kater 	in einem Zoo.
Frage 2	Frank		mit seiner Maus 	
Satz 3	Maike	tanzt	mit ihrem Hund 	auf ihrem Boot.
Frage 4	Anne			
Satz 5	Rob	arbeitet	mit seinen Tieren	auf seinem Bauernhof.
Frage 6		joggt		an einem See.

DaFleicht A1, Lehrerhandbuch
ISBN: 978-3-12-676252

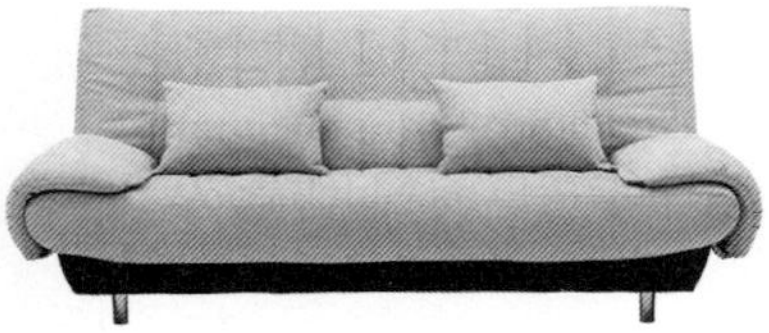

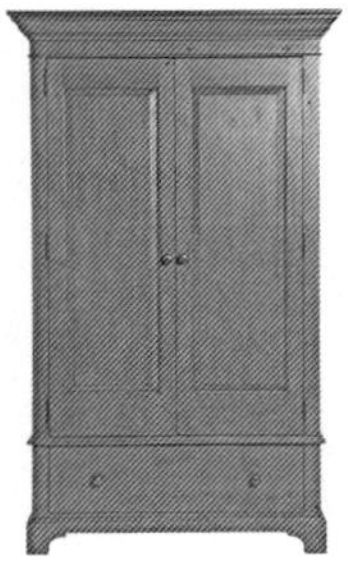

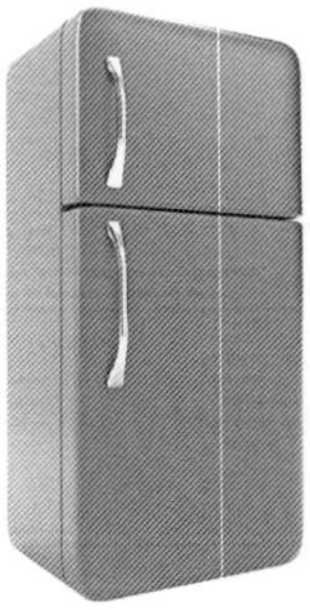

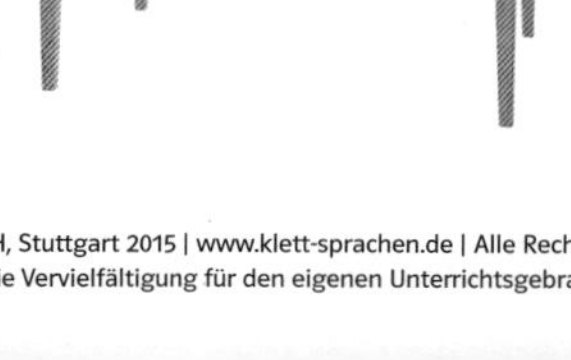

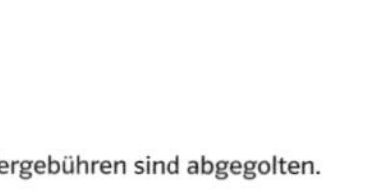

DaF leicht A1, Lehrerhandbuch
ISBN: 978-3-12-676252

Was für ein Wohnungstyp sind Sie? Machen Sie den Test.

1. Was mache ich zu Hause gern?
a) Mit meiner Familie am Küchentisch sitzen und erzählen.
b) Mit meinen Freunden, einer Cola vor meinem Fernseher sitzen und meine Lieblingsserie sehen.
c) Mit einem Kaffeebecher und dem I-Pad auf meinem Sofa sitzen.
d) In meiner Badewanne liegen und mein Lieblingsbuch lesen.

2. Welcher Einrichtungsgegenstand ist für mich wichtig?
a) Ein großer, alter Küchentisch mit vielen Stühlen.
b) Ein Blumenstrauß von meinen Freunden.
c) Eine moderne Designer-Küche mit Mikrowelle.
d) Ein Bett für mich allein.

3. Wo kaufe ich gern Möbel?
a) Auf dem Flohmarkt.
b) Im Supermarkt.
c) Im Internet.
d) Im Designer-Shop.

4. Welches Reisesouvenir ist typisch für mich?
a) Marmelade vom Markt oder aus der Region.
b) Eine Flasche Rotwein.
c) Eine App mit Informationen zu den Sehenswürdigkeiten.
d) Ein Stein oder eine Muschel.

5. Mein Lieblingsessen ist:
a) Ein selbstgemachter Salat.
b) Ein Essen im Restaurant.
c) Ein Döner auf der Hand.
d) Eine Scheibe Brot mit Käse oder Wurst.

6. Wie feiere ich Geburtstag?
a) Ich lade meine Familie zu Kaffee und Kuchen ein. Ich backe den Kuchen für die Gäste selbst.
b) Ich mache eine Riesenparty und lade alle ein, die ich kenne.
c) Ich warte auf Glückwünsche in facebook, WhatsApp …
d) Geburtstag feiern: Warum?

Auswertung

Vor allem A: Sie sind ein Familienmensch. Sie brauchen eine große gemütliche Wohnung für die ganze Familie: Eltern, Kinder, Großeltern, … Sie leben gern mit vielen Menschen zusammen.

Vor allem B: Allein sein geht nicht: Sie brauchen Freunde, aber das muss nicht die Familie sein. Ihr Haus ist immer offen, jeder ist herzlich willkommen.

Vor allem C: Sie sind ein Technik-Fan. Ihre Wohnung muss praktisch und funktional sein. Andere Menschen gibt es, aber die sind nicht so wichtig.

Vor allem D: Sie mögen Ruhe und sind gern allein. Sie brauchen nicht viele Menschen.

DaF leicht A1, Lehrerhandbuch
ISBN: 978-3-12-676252

Clip 15: Indefinit- und Possessivartikel im Dativ

1. Den Clip nachlegen

LN legen den ersten Teil des Clips Schritt für Schritt nach. Zeigen Sie den Clip dann abschnittweise.

Ich wohne

auf dem Bauernhof.

auf einem Bauernhof.

auf dem Hausboot.

auf einem Hausboot.

auf der Insel. | auf einer Insel.

LN legen den zweiten Teil des Clips nach.

auf | in | bei | mit

meinem | deinem | seiner | ihrem

unserem | euren | ihren | …

Leuchtturm | Baumhaus | Freunden

Kollegen im Wohnwagen | …

2. Interaktiv üben

Verteilen Sie die Kärtchen mit den Wohnorten an die LN. In großen Gruppen können die Kärtchen mehrfach verteilt werden. Sammeln Sie dann an der Tafel, wie es an diesen Orten sein kann oder was man dort macht, z. B. schön, lustig, interessant, …, ich arbeite, ich mache Sport, …

a. LN sagen, wo sie „wohnen" und wie es dort ist. („Ich wohne auf einer Insel. Auf meiner Insel ist es schön.")

b. LN suchen jemanden, der mit ihnen den Wohnort tauscht. Danach berichten Sie. („Ich möchte in deinem Baumhaus wohnen. Möchtest du auf meiner Insel wohnen?" „Ich wohne jetzt in seinem Baumhaus.")

3. Strukturtabelle ausfüllen

LN schreiben die Nomen mit den jeweiligen Artikelwörtern im Dativ in die passende Spalte der Strukturtabelle.

	Singular	Plural
Definitartikel		
Indefinitartikel		
Possesivartikel		
ich		
du		
er/es		
sie		
wir		
ihr		
sie		

Clip 16: Personalpronomen im Akkusativ

1. Den Clip nachlegen

LN legen den Clip in zwei Schritten nach. Zeigen Sie den Clip danach abschnittweise zur Kontrolle.

ich | du | er

sie | es | wir

ihr | sie | mich

dich | ihn | sie

es | uns | euch

sie

LN legen nun den zweiten Teil des Clips nach und markieren die Personalpronomen im Nominativ und im Akkusativ.

2. Interaktiv üben

LN arbeiten in Gruppen. Alle bekommen ein oder zwei Bildkarten und überlegen, zu welchem Satz die Karte passen könnte. Die Süßigkeiten sollten nicht wie im Clip zugeordnet werden, sondern persönlich zu den LN passen. LN spricht den Satz, legt das Bild dazu und gibt eine kurze Erklärung, z. B.: „Ich liebe dich, du bist so gut. Ich möchte jeden Tag Torte essen."

Iss mich nicht, | ich bin ungesund.

Ich liebe dich, | du bist so gut.

Schau ihn genau an, | er ist lecker.

…

3. Strukturtabelle ausfüllen

LN schreiben die Personalpronomen in die Strukturtabelle.

	Nominativ	Akkusativ
Singular		
Plural		

DaF leicht A1, Lehrerhandbuch
ISBN: 978-3-12-676252

09 | Teilen und tauschen

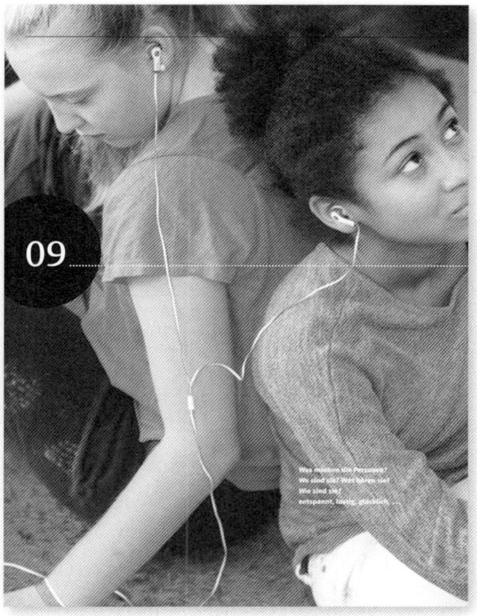

Stöpsel im Ohr: Lassen Sie die LN das Foto beschreiben und über die Fragen auf dem Bild spekulieren. Fragen Sie: „Hören Sie auch Musik mit Kopfhörern? Wie und wo hören Sie Musik? Im Zug oder im Bus? Beim Auto- oder Fahrradfahren?"

9A Teilen ist Trend

Lernziele: LN können über verschiedene Trends sprechen und ihre Meinung dazu äußern
Kommunikation: eine Statistik interpretieren; eine Umfrage machen; über Teilen sprechen; Meinung äußern
Wortschatz: Dinge und Ideen; Adjektive zur Beschreibung von Dingen und Ideen
Grammatik: Indefinitpronomen (alle, viele, wenige niemand); Possessivpronomen im Akkusativ
Phonetik: Akzentuierung und Pausen in Wortgruppenketten
Landeskunde: Teilen in D-A-CH
Sie brauchen: etwas Teilbares (z. B. Schokolade, Kekspackung) *(Seite 48 KB, Ü1)*, Spielfiguren und Würfel *(Kopiervorlage, Seite 94)*

9B Wie wohnst du?

Lernziele: LN können über Kleidung sprechen, Gefallen äußern und Dinge Personen zuordnen
Kommunikation: über Kleidung sprechen; Gefallen äußern; Suchanzeigen schreiben; ein Märchen verstehen
Wortschatz: Kleidung und Farben; Adjektive zur Beschreibung von Kleidung
Grammatik: Dativ in festen Verbindungen (mir gefällt, dir passt, dir steht); Verben mit Dativ und Akkusativ; Definitartikel im Dativ
Phonetik: lange und kurze Vokale (Wdhg.)
Landeskunde: Tauschbörsen in D-A-CH; Märchen („Hans im Glück")
Sie brauchen: Würfel und Spielfiguren *(Kopiervorlage, Seite 95)*, Scheren, Klebestifte *(Kopiervorlage, Seite 96)*

Zusatzmaterial:
Online-Selbstevaluation: http://www.klett-sprachen.de/dafleicht
Lektionstest: *Seite 140–141*
Kopiervorlagen und Übungen zu den Grammatik-Clips 17 und 18: *Seite 94–98*

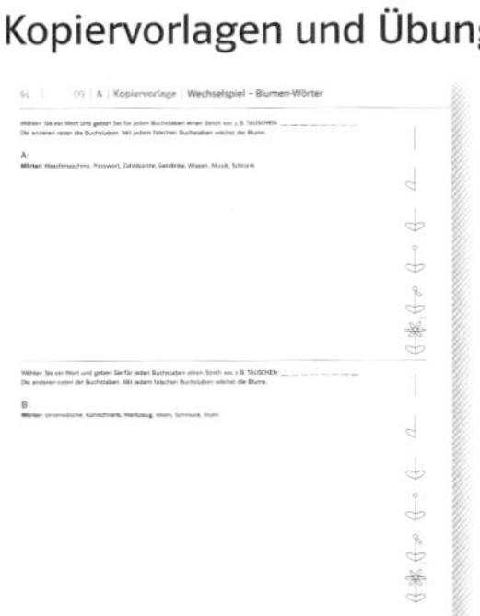
Seite 94

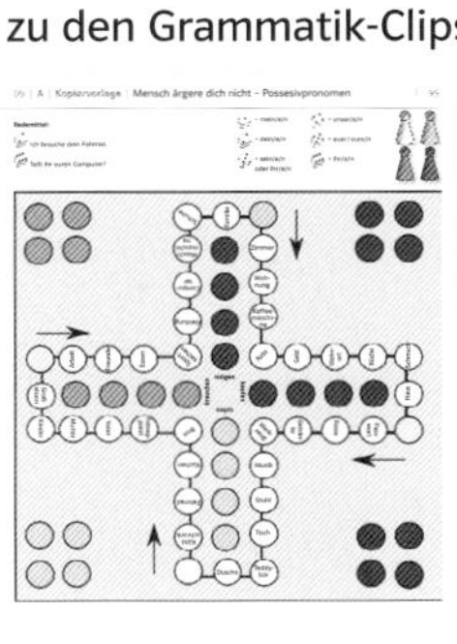
Seite 95

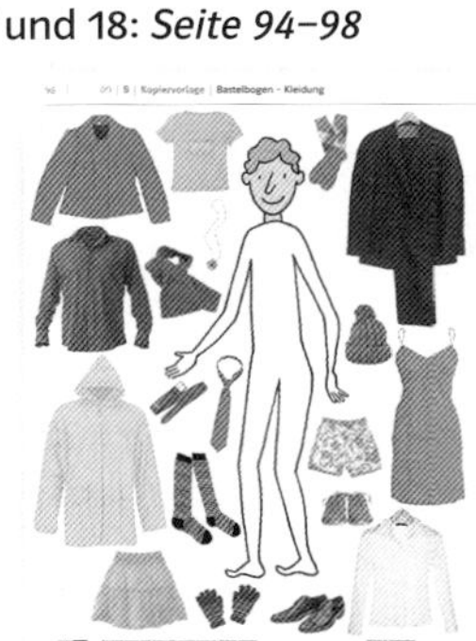
Seite 96

Seite 97

Seite 98

Begriff Teilen: Bringen Sie etwas Teilbares in den Unterricht mit, z. B. eine Tafel Schokolade oder eine Packung Kekse. Sagen Sie: „Das ist meine Schokolade." Bieten Sie den LN davon an. Sagen Sie: „Ich teile die Schokolade." Fragen Sie LN, was sie teilen.

Spielen Sie Track 35 nochmal vor. Bitten Sie die LN zu notieren, wie die Sprecher das Teilen der verschiedenen Dinge finden. Sammeln Sie dann die Meinungen im Plenum, notieren Sie sie an der Tafel und verdeutlichen Sie die Bedeutung durch Symbole.
Bitten Sie die LN anschließend, die Adjektive aus *Ü1b* (komisch, normal, okay, lustig) den Sätzen zuzuordnen und weitere Adjektive zu ergänzen.

Ja, klar, kein Problem.	++
Das ist ok.	+
Ich weiß nicht.	?
Das geht gar nicht.	--

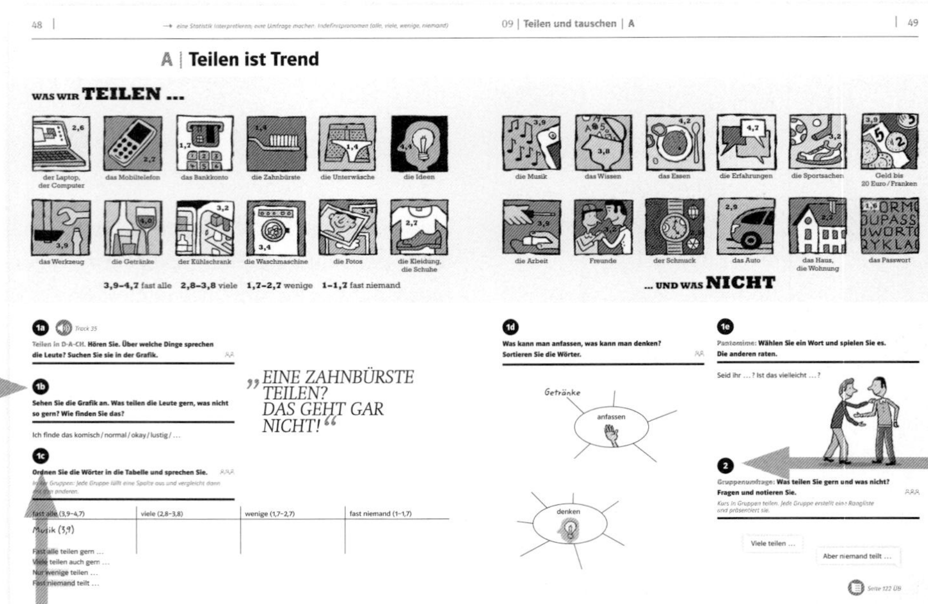
48 | → eine Statistik interpretieren; eine Umfrage machen; Indefinitpronomen (alle, viele, wenige, niemand)

09 | Teilen und tauschen | A | 49

A | Teilen ist Trend

WAS WIR TEILEN …

der Laptop, der Computer 2,6 · das Mobiltelefon 2,7 · das Bankkonto 1,7 · die Zahnbürste 1,4 · die Unterwäsche 1,4 · die Ideen 4,4 · die Musik 3,9 · das Wissen 3,8 · das Essen 4,2 · die Erfahrungen 4,7 · die Sportsachen 3,2 · Geld bis 20 Euro / Franken 3,9

das Werkzeug 3,9 · die Getränke 4,0 · der Kühlschrank 3,2 · die Waschmaschine 3,4 · die Fotos 3,4 · die Kleidung, die Schuhe 2,7 · die Arbeit 3,9 · Freunde 3,2 · der Schmuck · das Auto 2,9 · das Haus, die Wohnung 2,2 · das Passwort 1,6

3,9–4,7 fast alle **2,8–3,8** viele **1,7–2,7** wenige **1–1,7** fast niemand

… UND WAS NICHT

1a Track 35
Teilen in D-A-CH. **Hören Sie. Über welche Dinge sprechen die Leute? Suchen Sie sie in der Grafik.**

1b
Sehen Sie die Grafik an. Was teilen die Leute gern, was nicht so gern? Wie finden Sie das?

Ich finde das komisch / normal / okay / lustig / …

„EINE ZAHNBÜRSTE TEILEN? DAS GEHT GAR NICHT!"

1c
Ordnen Sie die Wörter in die Tabelle und sprechen Sie.
In … Gruppen: Jede Gruppe füllt eine Spalte aus und vergleicht dann mit den anderen.

fast alle (3,9–4,7)	viele (2,8–3,8)	wenige (1,7–2,7)	fast niemand (1–1,7)
Musik (3,9)			

Fast alle teilen gern …
Viele teilen auch gern …
Nur wenige teilen …
Fast niemand teilt …

1d
Was kann man anfassen, was kann man denken? Sortieren Sie die Wörter.

1e
Pantomime: **Wählen Sie ein Wort und spielen Sie es. Die anderen raten.**

Seid ihr … ? Ist das vielleicht … ?

2
Gruppenumfrage: **Was teilen Sie gern und was nicht? Fragen und notieren Sie.**
Kurs in Gruppen teilen. Jede Gruppe erstellt eine Rangliste und präsentiert sie.

Viele teilen …
Aber niemand teilt …

Seite 122 ÜB

Alle, viele, wenige, niemand: Erklären Sie die Pronomen, indem Sie die LN bitten, alle aufzustehen. Sagen Sie: „Alle stehen." Bitten Sie einzelne LN, sich zu setzen, dann sagen Sie: „Viele stehen." Bitten Sie nun fast alle LN, sich hinzusetzen, und sagen Sie: „Wenige stehen, viele sitzen." Bitten Sie schließlich auch die letzten Stehenden, sich zu setzen. Sagen Sie: „Niemand steht, alle sitzen."

Variante: Die Durchführung im Kurs kann z. B. so aussehen, dass alle LN die Erhebung einer Sache bei anderen LN übernimmt. So kommen die LN untereinander ins Gespräch. Sammeln Sie die Ergebnisse im Plenum und diskutieren Sie, welche Ergebnisse aus der Kursumfrage sich von den Angaben im Buch unterscheiden, welche Ergebnisse überraschend sind und was die Gründe hierfür sein könnten.

Blumen-Wörter: Im Wechsel üben LN die Rechtschreibung der vielen neuen Wörter mit dem bekannten Spiel. LN wählen ein Wort und schreiben so viele nummerierte Unterstriche auf ein Papier, wie es Buchstaben hat. Die Mitspieler raten, indem sie Buchstaben nennen, z. B. „A". Kommt der Buchstabe vor, wird er an allen Stellen des Wortes eingesetzt. Gibt es den Buchstaben nicht, wird ein Strich bzw. ein Blütenblatt gemalt. Falls eine ganze Blume entsteht, haben die Spieler verloren. *Kopiervorlage, Seite 94*

Carsharing: Carsharing wird in Deutschland immer beliebter. 1988 wurde die erste Carsharing-Organisation in Berlin gegründet. 2014 waren es über 3.900 Stationen in 380 deutschen Städten. Mit dem englischen Begriff Carsharing ist die gemeinsame Nutzung eines Autos durch verschiedene Personen gemeint. Beim Carsharing wird ein Auto bei Bedarf für einen kurzen Zeitraum angemietet und nach der Fahrt wieder abgegeben. Das Autoteilen unter Nachbarn und Bekannten wird als Fahrgemeinschaft bezeichnet und wird oft von Menschen genutzt, die beispielsweise die gleiche Fahrt zur Arbeit haben.

Noch mehr teilen: Fragen Sie die LN: „Gibt es noch andere Dinge, die Sie (gern) teilen?" Geben Sie ggf. Beispiele vor: das Büro, den Hund, …

Meinungen zum Teilen: Fragen Sie die LN, wie sie das Teilen der einzelnen Dinge finden. LN können hierzu auf die Sätze aus *Ü1b* zurückgreifen.

Grammatik-Clip 17 (Possessivartikel im Akkusativ): LN sehen den Clip mehrfach und machen dann die *Übungen auf Seite 98.*

Erläutern Sie mit Hilfe von Beispielsätzen, worauf sich die Possessivartikel beziehen:

Wir teilen die Wohnung von Frank. = Wir teilen seine Wohnung.

Kettenübung: LN sitzen im Kreis, LN1 beginnt: „Das ist meine Zeit, ich teile meine Zeit nicht." Der / Die Nächste wiederholt: „Das ist seine / ihre Zeit, er / sie teilt seine / ihre Zeit nicht." Im nächsten Schritt ergänzt LN2: „Das ist mein Kaffee, ich teile meinen Kaffee nicht." LN3 wiederholt beide Aussagen und ergänzt eine eigene usw.

Possessivpronomen – Mensch-ärgere-dich-nicht: LN spielen in 4er-Gruppen. Jedes Feld ist mit einem Nomen beschriftet. LN würfelt und geht die entsprechende Zahl auf dem Spielfeld vor. Dann bil-det LN Satz mit einem Possessivpronomen (siehe Redemittel auf der Kopiervorlage). Gelingt das nicht, muss LN zurück auf das Feld, auf dem er / sie vor diesem Wurf stand. Bei der Zahl 6 darf LN noch ein zweites Mal würfeln. Steht schon eine Spielfigur auf dem Feld, das LN erreicht, so muss die Figur zurück ins eigene Haus. *Kopiervorlage, Seite 95*

Fotos auf dem Handy: Zeigen Sie ein Foto auf Ihrem Handy, z. B. von Ihrer Familie, Ihrem Haustier, Ihrem Haus, und fragen Sie die LN, ob sie auch Fotos auf dem Handy haben.

Rollenspiel: LN arbeiten zu zweit und gestalten auf Basis des Dialogs von Track 37 *(Transkript, Seite 116)* selbst kleine Dialoge. Der Einbezug von fiktiven Zeichnungen oder eigenen Fotos (auf dem Smartphone) ist erwünscht. Stellen Sie den LN frei, ob sie eine Rolle oder sich selbst spielen.
Erweiterung: Kündigen Sie an, dass die LN im Rollenspiel unterbrochen werden und zu Statuen werden (also ohne Bewegung), wenn jemand „Stopp!" sagt. Im ersten Durchgang stellen Sie die Fragen, später übernehmen LN die Rolle des Interviewers. Gefragt wird nach Emotionen, Gedanken und was die Person tun wird. Also z. B. „Was denkst du über Ben? Willst du Ben noch einmal sehen?"

Kleidung: Zeigen Sie auf ein Kleidungsstück (z. B. Ihren Schal) und sagen Sie: „Das ist mein Schal. Er ist neu." Versuchen Sie die LN einzubeziehen: „Ah, Sie haben auch einen Schal. Ist der auch neu?" Die Situation ist nur ein Einstieg und keine Wortschatzeinführung.

Komplimente machen: Sammeln Sie Komplimente für Kleidung an der Tafel. LN gehen dann durch den Raum, begrüßen sich und machen sich gegenseitig Komplimente: „Wow, die Hose ist schön! Sie gefällt mir!" „Oh, der Pullover ist toll, er passt dir!" usw.

Bastelbogen-Kleidung: LN gestalten zu zweit oder dritt die Umrissfigur auf der Kopiervorlage. Sie können die Figur und Kleidungsstücke ausmalen, ausschneiden und gestalten. Dann schreiben sie einen kurzen Text, indem sie die Figur beschreiben, z. B.: Das ist Frau Meier. Sie hat einen Rock, der Rock ist schwarz und lang. Sie hat eine Bluse. Sie ist elegant, rot und sehr schick.
Die Bilder werden aufgehängt und die Texte unter den Gruppen verteilt. Jede Gruppe sucht dann die passende Figur zu dem Text. Am Schluss werden die Texte vorgelesen und die Rätsel aufgelöst.
Kopiervorlage, Seite 96

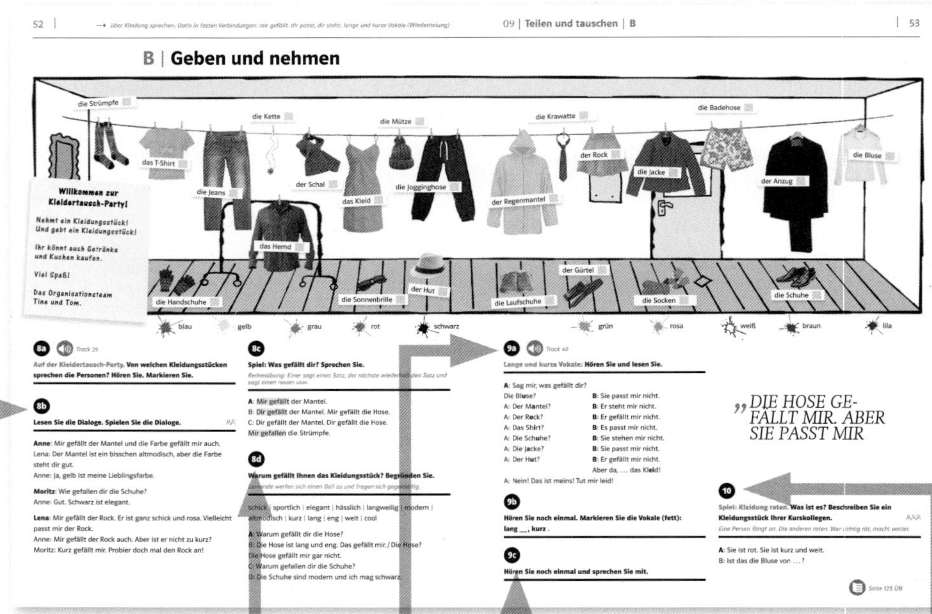
52 | 09 | Teilen und tauschen | B | 53

B | Geben und nehmen

8a Track 35
Auf der Kleidertausch-Party. **Von welchen Kleidungsstücken sprechen die Personen? Hören Sie. Markieren Sie.**

8b
Lesen Sie die Dialoge. Spielen Sie die Dialoge.

Anne: Mir gefällt der Mantel und die Farbe gefällt mir auch.
Lena: Der Mantel ist ein bisschen altmodisch, aber die Farbe steht dir gut.
Anne: Ja, gelb ist meine Lieblingsfarbe.

Moritz: Wie gefallen dir die Schuhe?
Anne: Gut. Schwarz ist elegant.

Lena: Mir gefällt der Rock. Er ist ganz schick und rosa. Vielleicht passt mir der Rock.
Anne: Mir gefällt der Rock auch. Aber ist er nicht zu kurz?
Moritz: Kurz gefällt mir. Probier doch mal den Rock an!

8c
Spiel: Was gefällt dir? Sprechen Sie.
Reihenübung: Einer sagt einen Satz, der nächste wiederholt den Satz und sagt einen neuen usw.

A: Mir gefällt der Mantel.
B: Dir gefällt der Mantel. Mir gefällt die Hose.
C: Dir gefällt der Mantel. Dir gefällt die Hose. Mir gefallen die Strümpfe.

8d
Warum gefällt Ihnen das Kleidungsstück? Begründen Sie.
Lernende werfen sich einen Ball zu und fragen sich gegenseitig.

schick | sportlich | elegant | hässlich | langweilig | modern | altmodisch | kurz | lang | eng | weit | cool

A: Warum gefällt dir die Hose?
B: Die Hose ist lang und eng. Das gefällt mir. / Die Hose? Die Hose gefällt mir gar nicht.
C: Warum gefallen dir die Schuhe?
D: Die Schuhe sind modern und ich mag schwarz.

9a Track 40
Lange und kurze Vokale: **Hören Sie und lesen Sie.**

A: Sag mir, was gefällt dir? Die Bluse? — B: Sie passt mir nicht.
A: Der Mantel? — B: Er steht mir nicht.
A: Der Rock? — B: Er gefällt mir nicht.
A: Das Shirt? — B: Es passt mir nicht.
A: Die Schuhe? — B: Sie stehen mir nicht.
A: Die Jacke? — B: Sie passt mir nicht.
A: Der Hut? — B: Er gefällt mir nicht. Aber da, … das Kleid!
A: Nein! Das ist meins! Tut mir leid!

9b
Hören Sie noch einmal. Markieren Sie die Vokale (fett): lang __, kurz .

9c
Hören Sie noch einmal und sprechen Sie mit.

„DIE HOSE GEFÄLLT MIR. ABER SIE PASST MIR

10
Spiel: Kleidung raten. **Was ist es? Beschreiben Sie ein Kleidungsstück Ihrer Kurskollegen.**
Eine Person fängt an. Die anderen raten. Wer richtig rät, macht weiter.

A: Sie ist rot. Sie ist kurz und weit.
B: Ist das die Bluse von …?

Seite 125 ÜB

Schreibtraining:
Seite 128 ÜB, Ü28

Aussprachetraining: Ermuntern Sie LN, die Länge und Kürze der Vokale bei den Kleidungsstücken zu übertreiben (z. B. lange Vokale besonders lang sprechen: H**uuuuu**t). LN variieren (mit Ihrer Hilfe) den Dialog und üben auch mit anderen Kleidungsstücken. Schreiben Sie die Wörter an die Tafel und bestimmen Sie (gemeinsam mit den LN) die Vokallänge (z. B. die Sọcken, die Hose, der Gụ̈rtel, …). LN sollten unbedingt mit Mimik und Gestik sprechen und deutlich zeigen, was ihnen gefällt und was nicht. *Seite 129 ÜB, Ü30*

Schreibtraining:
Seite 128 ÜB, Ü27a-b

Kleidung anprobieren: Wer möchte, gibt ein oder mehrere Kleidungsstücke in die Raummitte, gut eignen sich Mützen, Schals, Jacken, Sonnenbrillen. Sie oder die LN können auch selbst Kleidung mitbringen. Bitten Sie die LN: „Wählen Sie ein Kleidungsstück und ziehen Sie es an. Sagen Sie Ihre Meinung." LN probieren verschiedene Kleidungsstücke an und kommentieren sie gegenseitig. Notieren Sie einen Beispieldialog an der Tafel: „Ist das deine Jacke? Darf ich deine Jacke anprobieren?" – „Ja, klar, natürlich!" – „Die Jacke ist … Sie gefällt mir (nicht)." – „Aber sie passt dir (nicht)." …

Kleidertausch-Partys: Kleidertausch-Partys finden bei Privatleuten, in öffentlichen Einrichtungen oder Cafés statt. Es geht ganz einfach: Man sortiert den eigenen Kleiderschrank aus und tauscht, was man nicht mehr möchte, nicht mehr passt. Kleidertauschpartys sind nicht nur unterhaltsam, sondern man kann auch Geld sparen, denn die neuen „alten" Klamotten kosten nichts.

Landeskunde-Film 9: LN sehen den Film zum Thema Kleidung und bearbeiten dazu die Übungen auf *Seite 73 KB*.

Tauschen: Schreiben Sie das Wort „Tauschen" in die Mitte eines Wortigels an die Tafel und schreiben Sie „Kleidung" dazu. LN überlegen, was man sonst noch tauschen kann. Notieren Sie die Nennungen.

Quartett – Wer hilft? LN spielen Quartett: Sie versuchen alle vier gleichen Karten zu sammeln und müssen Karten abgeben, sobald sie eine passende Antwortkarte auf der Hand haben. LN1: „Ich möchte gern Gitarre spielen. Kannst du mir Gitarrenstunden geben?" Die Antwort von LN2 ist abhängig davon, ob er / sie die gesuchte Karte hat: „Ja, ich helfe dir gern. Ich kann gut Gitarre spielen." oder „Nein, ich kann dir nicht helfen." *Kopiervorlage, Seite 97*

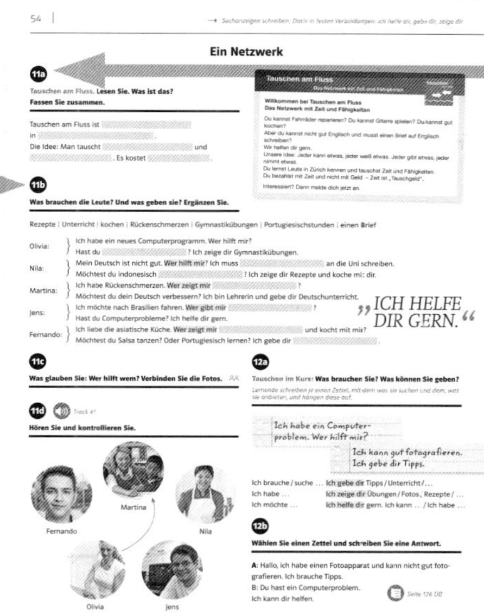

Lösungsstrategie – Antizipieren: Bitten Sie die LN vor dem Lesen den Lückentext genau anzusehen. LN sollen zu zweit überlegen, welche Art von Information in welcher Lücke benötigt wird. In einem ersten Versuch können LN fiktive Antworten geben, Hauptsache sie passen in den Sinnzusammenhang, z. B.: *Tauschen am Fluss* ist ein Geschäft, ein Cafe, ein … in München, Berlin … Die Idee: Man tauscht Kleidung, Essen, Musik, Bücher … Es kostet viel, wenig, nichts …

Märchen: Beginnen Sie mit einer Märchenerzählerstimme: „Es war einmal ein armes Mädchen, das hatte keine Eltern …" Lassen Sie die LN vermuten, was für eine Textsorte das ist, und fragen Sie dann, welche Märchen LN kennen. Ergänzen Sie evtl. einige Beispiele, die LN bekannt sein dürften (z. B. Aschenputtel = Cinderella).

Grammatik-Clip 18 (Verb + Dativ und Akkusativ): LN sehen den Clip mehrfach und bearbeiten dann die *Übungen auf Seite 98*.

Mögliches Ende: Lassen Sie die LN berichten, warum sie welches Ende gewählt haben. Fragen Sie dann, ob jemand das Grimm'sche Märchen von „Hans im Glück" kennt. Falls nicht, fassen Sie es kurz zusammen und berichten das Ende (siehe Landeskunde-Information). Diskutieren Sie im Plenum, was die LN von der Grimm'schen Variante halten.

Schreibtraining: *Seite 128 ÜB, Ü29*

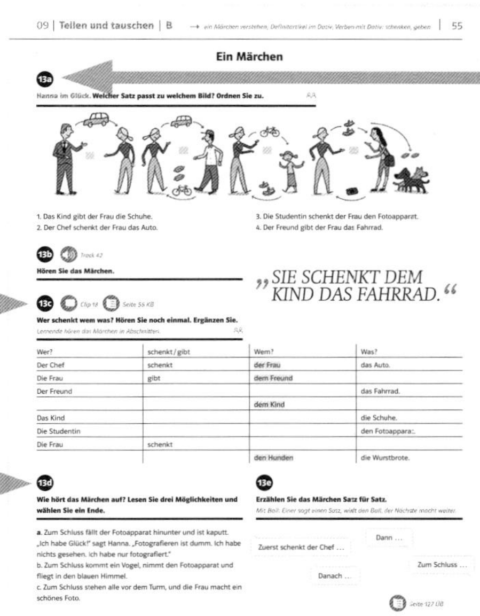

Wer schenkt wem was? Schreiben Sie die folgenden drei Sätze an die Tafel. Fragen Sie die LN nach der unterschiedlichen Bedeutung der drei Sätze. Malen Sie dann kleine Zeichnungen zur Erläuterung daneben.

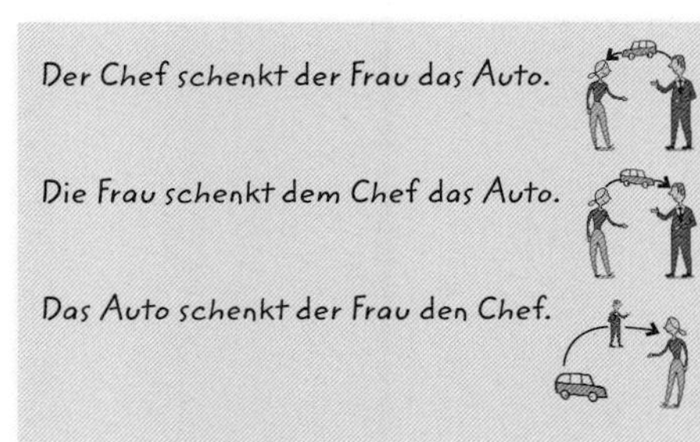

Märchen der Gebrüder Grimm: „Hans im Glück" ist ein bekanntes Märchen der Brüder Jakob und Wilhelm Grimm aus ihrer Kinder- und Hausmärchensammlung. Es ist in dieser Lektion die Vorlage für das Märchen „Hanna im Glück". Im Grimm'schen Märchen bekommt Hans als Lohn für sieben Jahre Arbeit einen großen Klumpen Gold. Diesen tauscht er gegen ein Pferd, das Pferd gegen eine Kuh, die Kuh gegen ein Schwein, das Schwein gegen eine Gans, und die Gans gibt er für einen Schleifstein und einen normalen Stein her. Er glaubt, das Richtige zu tun und mit jedem Tausch ein gutes Geschäft zu machen. Zuletzt fallen ihm noch, als er trinken will, die beiden schweren Steine in einen Brunnen. Da sagt Hans: „So glücklich wie ich […], gibt es keinen Menschen unter der Sonne."

Wählen Sie ein Wort und geben Sie für jeden Buchstaben einen Strich vor, z. B. TAUSCHEN: __ __ __ __ __ __ __ __
Die anderen raten die Buchstaben. Mit jedem falschen Buchstaben wächst die Blume.

A:

Wörter: Waschmaschine, Passwort, Zahnbürste, Getränke, Wissen, Musik, Schrank

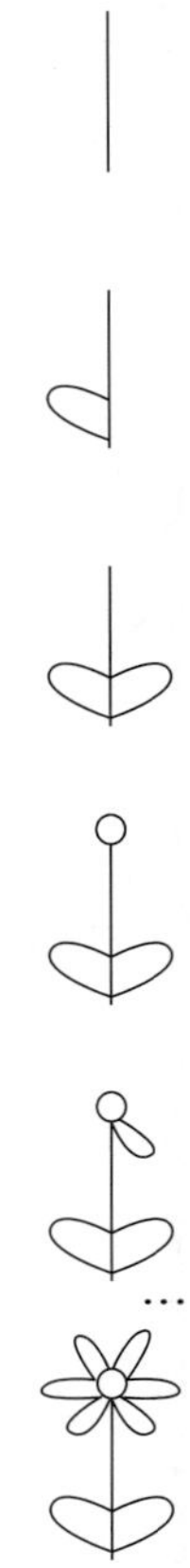

Wählen Sie ein Wort und geben Sie für jeden Buchstaben einen Strich vor, z. B. TAUSCHEN: __ __ __ __ __ __ __ __
Die anderen raten die Buchstaben. Mit jedem falschen Buchstaben wächst die Blume.

B:

Wörter: Unterwäsche, Kühlschrank, Werkzeug, Ideen, Schmuck, Stuhl

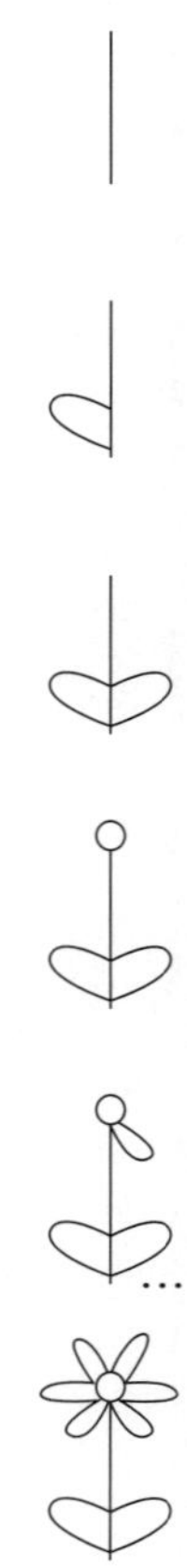

DaF leicht A1, Lehrerhandbuch
ISBN: 978-3-12-676252

Redemittel:

⚀ Ich brauche dein Fahrrad.

⚅ Teilt ihr euren Computer?

⚀ mein/e/n

⚁ dein/e/n

⚂ sein/e/n oder ihr/e/n

⚃ unser/e/n

⚄ euer / eure/n

⚅ ihr/e/n

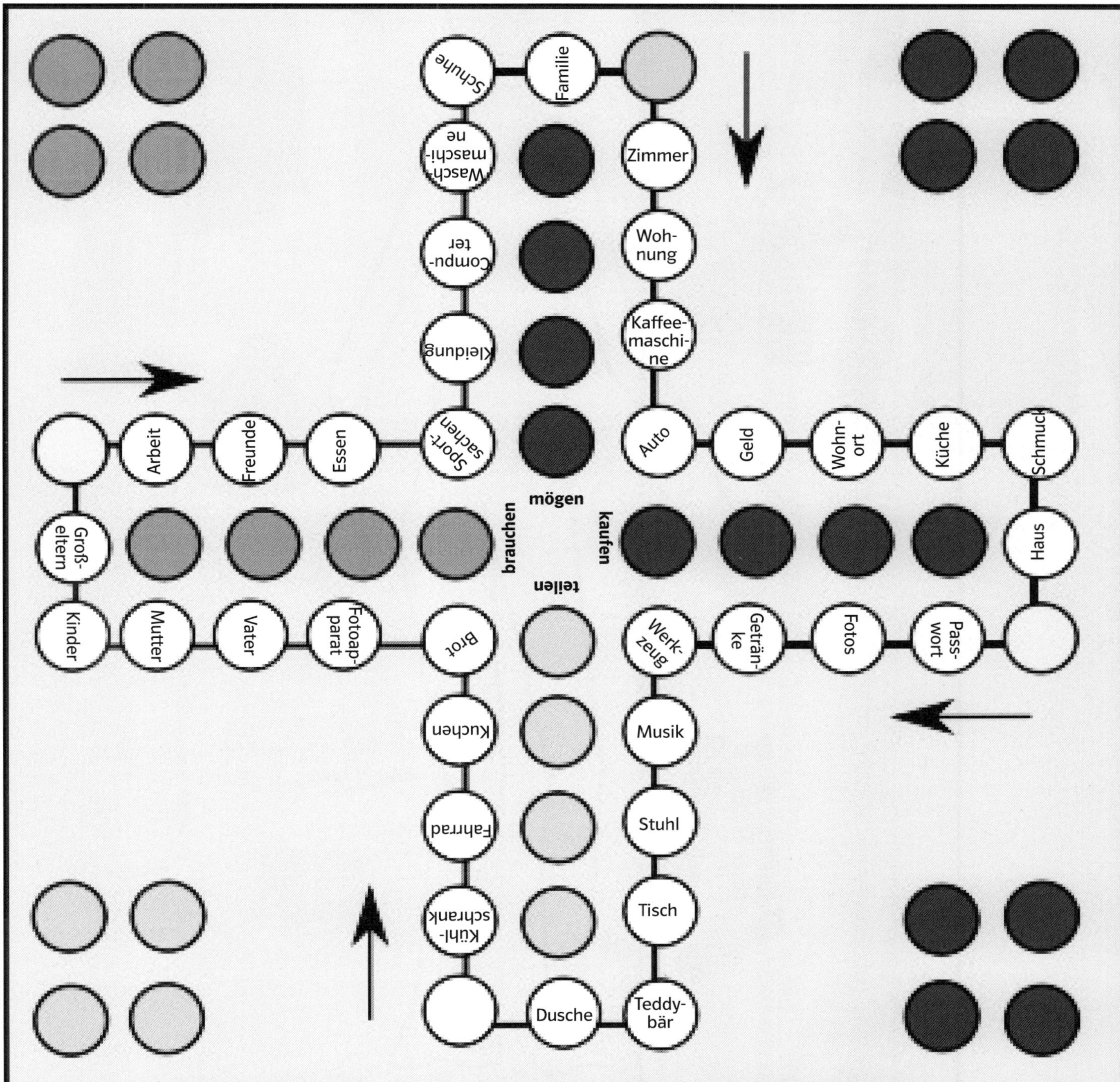

DaF leicht A1, Lehrerhandbuch
ISBN: 978-3-12-676252

DaF leicht A1, Lehrerhandbuch
ISBN: 978-3-12-676252

Redemittel:

Ich möchte …/brauche …/suche … Kannst du mir helfen?

Ja, ich helfe dir gern. Ich habe …/kann… zeigen/kann … geben
Nein, ich kann dir nicht helfen.

Auto Geld Zahnbürste Computer	Auto **Geld** Zahnbürste Computer	Auto Geld **Zahnbürste** Computer	Auto Geld Zahnbürste **Computer**
Französisch-Unterricht Gitarrenstunden Kochtipps Tanzunterricht	Französisch-Unterricht **Gitarrenstunden** Kochtipps Tanzunterricht	Französisch-Unterricht Gitarrenstunden **Kochtipps** Tanzunterricht	Französisch-Unterricht Gitarrenstunden Kochtipps **Tanzunterricht**
Gymnastikübungen Rezepte Fotos Tanzschritte	Gymnastikübungen **Rezepte** Fotos Tanzschritte	Gymnastikübungen Rezepte **Fotos** Tanzschritte	Gymnastikübungen Rezepte Fotos **Tanzschritte**
Gemüse Cocktail Passwort Regenjacke	Gemüse **Cocktail** Passwort Regenjacke	Gemüse Cocktail **Passwort** Regenjacke	Gemüse Cocktail Passwort **Regenjacke**

DaFleicht A1, Lehrerhandbuch
ISBN: 978-3-12-676252

Clip 17: Possessivartikel im Akkusativ

1. Den Clip nachlegen
LN erhalten die Sätze aus dem Clip und ordnen die Possessivartikel zu. Zeigen Sie den Clip anschließend zur Kontrolle.

Du musst	… Bad,	… Küche
und	… Kühlschrank	
einmal	pro Woche	sauber
machen.		
Du darfst	… Kaffee	nicht
trinken.	…	

unser	unsere	unseren
seinen	ihr	ihre
meinen	mein	meine
dein	euer	eure

2. Interaktiv üben
LN spielen die Situation zu dritt nach. Einer ist Interessent für ein Zimmer, die anderen vermieten es. LN bleiben in einem ersten Durchgang ganz eng am Wortmaterial des Clips, in weiteren Durchgängen mit wechselnden Rollen, versuchen sie zu variieren.

3. Strukturtabelle ausfüllen
LN sortieren die Possessivartikel in die Strukturtabelle und ergänzen jeweils ein passendes Verb und Nomen.
Bsp.: Ich nehme mein Auto. Du teilst deine Wohnung.

	der	das	die	Plural
Ich nehme				
Du				
Er				
Sie				
Wir				
Ihr				
Sie				

Clip 18: Verb + Dativ und Akkusativ

1. Den Clip nachlegen
LN erhalten den Satzanfang aus dem Clip (Hanna schenkt …) und Nomenkarten, jeweils mit dem Artikel im Akkusativ bzw. Dativ. LN legen den Clip nach. Zeigen Sie den Clip danach nochmals zur Kontrolle.

Hanna schenkt	dem Freund
das Auto	Hanna schenkt
dem Kind	das Fahrrad
Hanna schenkt	der Nachbarin
die Schuhe	Hanna schenkt
den Eltern	das Haus

2. Interaktiv üben
LN ziehen jeweils eine Ergänzung im Dativ oder Akkusativ und sollen damit spontan einen Satz bilden.

Beispiel: dem Freund

Ich schenke dem Freund das Buch.

oder: die Schuhe

Ich schenke der Schwester die Schuhe.

3. Strukturtabelle ausfüllen
LN schreiben die Satzglieder in die Strukturtabelle.

Wer?	Verb	Wem?	Was?
Hannah	schenkt		

DaF leicht A1, Lehrerhandbuch
ISBN: 978-3-12-676252

10 | Feste und Gäste

Was ist das? Geben Sie den LN drei Minuten Zeit für folgende Aufgabe: „Schreiben Sie alle Wörter auf, die Ihnen zu diesem Foto einfallen." Sammeln Sie danach gemeinsam mit allen LN die Assoziationen zum Bild und geben Sie dem Bild einen Titel, z. B. Brottorte, Geburtstagsbrot, … Fragen Sie LN: „Welche Schichten soll Ihre Torte haben?"

10A Wir feiern das Leben

Lernziele: LN können sich über Feste in D-A-CH und dem eigenen Land austauschen und Einladungen und Glückwünsche aussprechen
Kommunikation: über Feste sprechen; das Datum angeben; Einladungen schreiben und Glückwünsche aussprechen
Wortschatz: Ordinalzahlen; Datum
Grammatik: Demonstrativpronomen (der, das, die); am + Dativ (temporal)
Phonetik: Satzakzent (Neues und Wichtiges betonen)
Landeskunde: Life Ball in Wien; Geburtstage in D-A-CH
Sie brauchen: einen kleinen Ball *(Einstieg, Seite 60)*; Fotos von ungewöhnlichen Menschen / Dingen *(Seite 61 KB, Ü3)*

10B Kochen und Feiern

Lernziele: LN können Formulare ausfüllen, einen Smalltalk führen und Begründungen angeben
Kommunikation: ein Formular ausfüllen; Smalltalk beim Essen; etwas begründen; ein Lied verstehen
Wortschatz: Redemittel beim Essen, Wendungen des Smalltalks
Grammatik: trennbare und nicht trennbare Verben im Präsens; Satzkonnektor denn
Phonetik: Wortakzent bei trennbaren und nicht trennbaren Verben
Landeskunde: Kochpartys in D-A-CH

Zusatzmaterial:
Online-Selbstevaluation: http://www.klett-sprachen.de/dafleicht
Lektionstest: *Seite 142–143*
Kopiervorlagen und Übungen zu den Grammatik-Clips 19 und 20: *Seite 104–108*

Seite 104

Seite 105

Seite 106

Seite 107

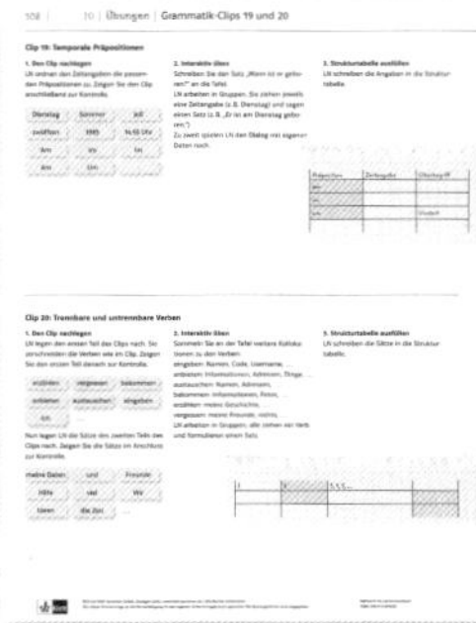
Seite 108

Ein Ball – zwei Bedeutungen: Zeigen Sie einen kleinen Ball. Fragen Sie die LN, ob sie noch eine andere Bedeutung kennen. Verweisen Sie aufs Englische „ballroom". Wie ist es in der Sprache der LN?

60 | → über Feste sprechen; Demonstrativpronomen (der, das, die); Satzakzent (Neues und Wichtiges betonen)

A | Wir feiern das Leben

1a Auf dem Life Ball. **Sehen Sie die Kostüme und Masken an. Wie finden Sie sie?**

komisch | verrückt | interessant | fantastisch | bunt | schön | hässlich | cool | langweilig | kreativ

A: Das Kostüm / Die Maske auf Foto … finde ich … / sieht … aus.
B: Ja / Nein, sie ist … / sieht doch … aus.

1b Track 44 **Hören Sie. Seit wann gibt es den Life Ball? Markieren Sie.**

neunzehnhundertneunzig (1990) | neunzehnhundertdreiundneunzig (1993) | zweitausendzwölf (2012) | zweitausenddreizehn (2013)

1c Hören Sie noch einmal. Was ist richtig? Kreuzen Sie an.

	richtig	falsch
Es war der 21. Ball in Berlin.		
Das Motto war 1001 Nacht.		
Die Kostüme waren fantastisch.		
Berühmte Politiker und Künstler waren als Gäste da.		
Roberto Cavalli hat zum ersten Mal seine Kleider gezeigt.		
Man hat zirca 1 Million Euro gesammelt.		

1d Lesen Sie den Text. Welche Informationen sind neu? Markieren Sie und fassen Sie zusammen.

Der Ball findet … statt. Er ist … Er hat … Das Motto … Die Kostüme … Die Gäste … Es gibt … Das Geld …

Life Ball Wien
In Wien gibt es viele Bälle. Aber ein Ball ist besonders: der Life Ball. Er ist eine Charity-Veranstaltung, das Geld – ca. 2 Millionen Euro – geht an HIV- und AIDS-Projekte in Österreich und in die ganze Welt. Seit 1993 findet er jedes Jahr im Frühling statt. Der Ball ist bunt und kreativ. Er hat jedes Jahr ein anderes Motto und viele Gäste tragen Masken und Kostüme. Man muss aber nicht im Kostüm kommen, man kann auch „normale" Ballkleidung tragen. Es gibt auch immer eine Modenschau. Designer wie z. B. Donatella Versace oder Jean Paul Gaultier haben ihre Modelle schon gezeigt. Viele Gäste sind berühmt. Bill Clinton, Sharon Stone, Whoopi Goldberg oder Liza Minelli waren schon da. AIDS geht uns alle an, das will der Organisator zeigen und sagen: Feiern wir das Leben!

10 | Feste und Gäste | A | 61

2a Track 45 Die da? **Lesen und hören Sie. Welches Foto passt?**

A: Das Kostüm ist cool.
B: Das?
A: Nein, das da. Das Prinzessinnenkostüm.

A: Der sieht ja verrückt aus.
B: Meinst du den?
A: Ja, der mit den Köpfen. Ihh, er ist ganz grün.

A: Schau mal, die da!
B: Das ist ein Mann.
A: Kann sein, vielleicht hast du recht.

2b Sehen Sie die Fotos an und spielen Sie Dialoge.

A: Der Hut ist ja verrückt.
B: Der?
A: Ja, der!

A: Der Mann sieht toll aus.
B: Meinst du den?
A: Nein, den dort.

das Kleid – elegant | die Maske – interessant | die Prinzessin – schön | der Schmuck – fantastisch | das Gesicht – toll geschminkt | die Farben – bunt | der Prinz – schön | die Köpfe – furchtbar

„DER SIEHT TOLL AUS!"

3a Track 46 Seite 68 KB, Seite 139 ÜB
Im Rhythmus: **Hören Sie und lesen Sie.**

A: Schau mal, die da! Schau mal, der da!
B: Meinst du die da? Meinst du den da?
A: Ja, ja!
B: Die sieht schön aus! Der sieht toll aus!
C: Der sieht gut aus! Die sieht cool aus!
A: Und da, das Foto. Ach, schau doch mal.
B: Das sieht verrückt aus. Ja, ja. Total!
C: Und schau mal, die da, die mit dem Hut!
A: Oh ja, fantastisch! Das ist so gut!
B: Und guck mal, der da. Der mit der Maus!
A: Verrückt und komisch! So sieht der aus.
C: Und schau mal, die da. Die ist ganz blau.
AB: Toll! Super! Wahnsinn! Verrückt! Krass! Wow!

3b Hören Sie noch einmal. Sprechen Sie (in Gruppen) mit.

4 Ihr Maskenball. **Zeichnen oder suchen Sie Masken und Kostüme im Internet. Kommentieren Sie sie.**
Die Lernenden machen eine Ausstellung, gehen herum und kommentieren.

Seite 132 ÜB

Schlüsselwörter heraussuchen: Bevor LN den Text zusammenfassen, ist es hilfreich, im Text die Schlüsselwörter heraussuchen zu lassen, z. B. Life Ball, Wien, Charity-Veranstaltung, HIV / AIDS-Projekte, Motto, Masken, Kostüme, Modenschau, Gäste, berühmt.

Machen Sie deutlich, dass die Demonstrativpronomen identisch mit den Artikeln sind, aber zum betonten Hinweisen verwendet werden.

	Singular			Plural
Nom.	der	das	die	die
Akk.	den	das	die	die

Kommentieren: Hängen Sie interessante Bilder / Fotos mit ungewöhnlichen Menschen und Dingen an die Wand. LN gehen in Gruppen im Raum umher. Dabei zeigen LN sich gegenseitig Gegenstände und Personen und kommentieren sie emotional, z. B. „Schau mal, **der** da. Der mit der **Bril**le. Der sieht **cool** aus." „Guck mal, **das** da. Das **Buch**. Das ist interes**sant**." Dabei dürfen alle LN gleichzeitig und durcheinander und laut sprechen. Machen Sie auch die Übungen auf *Seite 139 ÜB, Ü30a-c*

Karneval der Kulturen: Schneiden Sie die vier Textabschnitte aus und verteilen Sie je einen Text pro Gruppe (2-5 LN). LN lesen den Text und unterhalten sich über den Inhalt. Anschließend tauschen sie sich mit den anderen Gruppen über ihre Informationen aus. LN beantworten sich gegenseitig die Fragen auf ihrem Zettel. *Kopiervorlage, Seite 103* Für einen bunten und echten Eindruck vom Karneval der Kulturen empfehlen sich die Videos auf http://www.karneval-berlin.de/de/videos.521.html

Landeskunde-Film 10: LN sehen den Film zum Thema Feste und bearbeiten dazu die Übungen auf *Seite 73 KB*.

Benefiz-Maskenball: Der Life Ball in Wien ist die größte Benefiz-Veranstaltung in Europa zugunsten HIV-Infizierter und AIDS-Erkrankter. Im Vordergrund des Balls steht nicht nur eine aufsehenerregende Party, sondern der Kampf gegen AIDS. Die Organisation möchte mit der Veranstaltung das Bewusstsein für die Krankheit stärken und Aufklärung betreiben.

Ein Fest organisieren: LN organisieren in Gruppen ein Charity-Fest für das kommende Jahr. Für wen ist das Geld? Was ist das Motto? Wer sind die Gäste? Wann soll das Fest sein? Wie sieht das Programm aus? LN präsentieren ihre Ideen im Plenum.

Geburtstagsdatum stumm: „Welcher Tag ist heute? Welchen Monat haben wir?" Sagen Sie: „Heute ist der …" und zeigen die Zahl mit den Fingern. Schreiben Sie das Datum an die Tafel. Bitten Sie nun die LN, sich nach dem Geburtstagsdatum in einer Reihe aufzustellen, dabei aber nicht zu sprechen und sich nur mit Handzeichen zu verständigen. Alle sollen sich ihre Nachbarn merken. Die Kontrolle folgt später bei *Ü6c*.

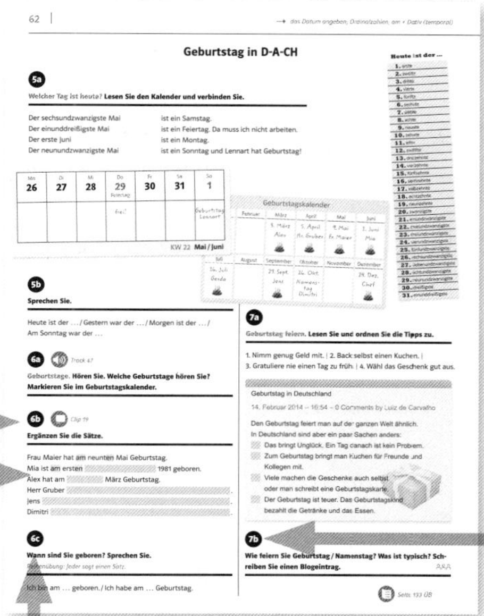

Grammatikclip 19 (Temporale Präpositionen): LN sehen den Clip und machen die *Übungen auf Seite 108*.

Notizen zum Blogeintrag: Die Blogeinträge werden nach dem Schreiben ausgelegt. Alle LN gehen herum und notieren, was Sie beim Lesen interessant oder ungewöhnlich fanden. Im Plenum werden die Notizen besprochen.

1-19 der + 4 + -te
≥ 20 der + 20 + -ste
Nur wenige Ausnahmen!
eins – erste
drei – dritte
sieben – siebte
acht – achte (nur ein t)

Geburtstagskalender: Um *Ü6c* durchzuführen, stellen sich LN noch einmal in einer Geburtstagsreihe auf. Diesmal erfragen sie ihre Daten laut: „Wann hast du Geburtstag?" „Ich habe …" Anschließend werden die Daten in einen Geburtstagskalender eingetragen. *Kopiervorlage, Seite 105*

Geburtstagslieder: Geburtstagslieder gehören zu jeder Geburtstagsfeier. In D-A-CH wird oft eines dieser Lieder gesungen: „Wie schön, dass du geboren bist", „Hoch soll er leben", „Viel Glück und viel Segen" oder „Zum Geburtstag viel Glück".

Geburtstagswünsche: LN sollen sich Glückwünsche zum Geburtstag überlegen, wie z. B. „Herzlichen Glückwunsch! Alles Gute! Viel Glück! Gesundheit! Alles Liebe! …" Fragen Sie LN, wie man diese Glückwünsche übermitteln kann (z. B. als Postkarte, als SMS, als Brief, als E-Mail, als mündlichen Glückwunsch).

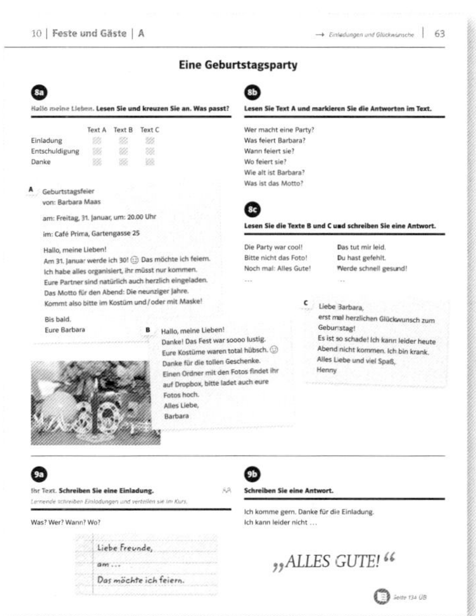

Runde Geburtstage: In D-A-CH werden runde Geburtstage oft besonders gefeiert. Man lädt Familie, Freunde, Arbeitskollegen, … ein. Neben Essen und Trinken gibt es auch besondere Programmpunkte, wie Reden, Spiele, Gesangseinlagen, Musik und Tanz.

Party planen: Teilen Sie die LN in kleine Gruppen ein und geben Sie folgende Situation vor: Jede Gruppe ist eine Event-Management-Agentur und soll eine Feier organisieren. Beispiele für eine Party sind z. B. eine Geburtstagsparty zum 30., eine Hochzeitsfeier, ein Examen. Stellen Sie LN folgende Leitfragen: „Was müssen Sie planen? Wer macht die Party? Wie sieht die Einladungskarte aus? Wo feiern die Leute? Wo und wie sitzen die Gäste? Wer macht die Musik? Gibt es ein Motto?" LN stellen anschließend ihr Partykonzept im Kurs vor.

Kochen und feiern: Schreiben Sie den Titel an die Tafel. Was glauben die LN: „Wann, was und mit wem kocht und feiert man?“ Sammeln Sie die Assoziationen der LN in einem Wortigel.

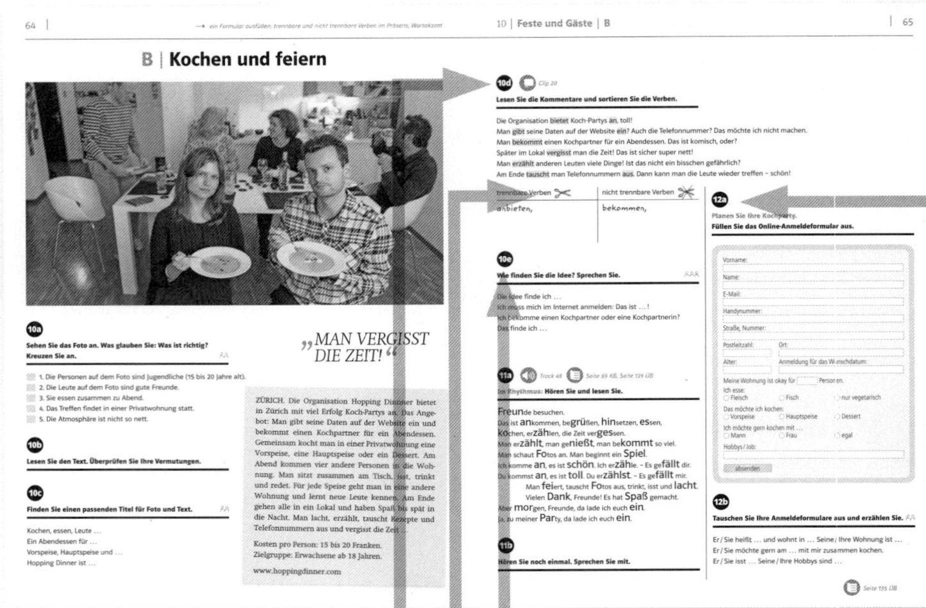

64 | → ein Formular ausfüllen; trennbare und nicht trennbare Verben im Präsens; Wortakzent

B | Kochen und feiern

10a Sehen Sie das Foto an. Was glauben Sie: Was ist richtig? Kreuzen Sie an.

1. Die Personen auf dem Foto sind Jugendliche (15 bis 20 Jahre alt).
2. Die Leute auf dem Foto sind gute Freunde.
3. Sie essen zusammen zu Abend.
4. Das Treffen findet in einer Privatwohnung statt.
5. Die Atmosphäre ist nicht so nett.

10b Lesen Sie den Text. Überprüfen Sie Ihre Vermutungen.

10c Finden Sie einen passenden Titel für Foto und Text.

Kochen, essen, Leute …
Ein Abendessen für …
Vorspeise, Hauptspeise und …
Hopping Dinner ist …

„MAN VERGISST DIE ZEIT!“

ZÜRICH. Die Organisation Hopping Dinner bietet in Zürich mit viel Erfolg Koch-Partys an. Das Angebot: Man gibt seine Daten auf der Website ein und bekommt einen Kochpartner für ein Abendessen. Gemeinsam kocht man in einer Privatwohnung eine Vorspeise, eine Hauptspeise oder ein Dessert. Am Abend kommen vier andere Personen in die Wohnung. Man sitzt zusammen am Tisch, isst, trinkt und redet. Für jede Speise geht man in eine andere Wohnung und lernt neue Leute kennen. Am Ende gehen alle in ein Lokal und haben Spaß bis spät in die Nacht. Man lacht, erzählt, tauscht Rezepte und Telefonnummern aus und vergisst die Zeit …

Kosten pro Person: 15 bis 20 Franken.
Zielgruppe: Erwachsene ab 18 Jahren.

www.hoppingdinner.com

10 | Feste und Gäste | B | 65

10d Clip 20 Lesen Sie die Kommentare und sortieren Sie die Verben.

Die Organisation bietet Koch-Partys an, toll!
Man gibt seine Daten auf der Website ein? Auch die Telefonnummer? Das möchte ich nicht machen.
Man bekommt einen Kochpartner für ein Abendessen. Das ist komisch, oder?
Später im Lokal vergisst man die Zeit! Das ist sicher super nett!
Man erzählt anderen Leuten viele Dinge! Ist das nicht ein bisschen gefährlich?
Am Ende tauscht man Telefonnummern aus. Dann kann man die Leute wieder treffen – schön!

trennbare Verben	nicht trennbare Verben
anbieten,	bekommen,

10e Wie finden Sie die Idee? Sprechen Sie.

Die Idee finde ich …
Ich muss mich im Internet anmelden: Das ist … !
Ich bekomme einen Kochpartner oder eine Kochpartnerin?
Das finde ich …

11a Track 48 Seite 69 KB, Seite 139 ÜB Im Rhythmus: Hören Sie und lesen Sie.

Freunde besuchen.
Das ist ankommen, begrüßen, hinsetzen, essen,
kochen, erzählen, die Zeit vergessen.
Man erzählt, man genießt, man bekommt so viel.
Man schaut Fotos an. Man beginnt ein Spiel.
Ich komme an, es ist schön. Ich erzähle. – Es gefällt dir.
Du kommst an, es ist toll. Du erzählst. – Es gefällt mir.
Man feiert, tauscht Fotos aus, trinkt, isst und lacht.
Vielen Dank, Freunde! Es hat Spaß gemacht.
Aber morgen, Freunde, da lade ich euch ein.
Ja, zu meiner Party, da lade ich euch ein.

11b Hören Sie noch einmal. Sprechen Sie mit.

12a Planen Sie Ihre Kochparty. Füllen Sie das Online-Anmeldeformular aus.

Vorname:
Name:
E-Mail:
Handynummer:
Straße, Nummer:
Postleitzahl: Ort:
Alter: Anmeldung für das Wunschdatum:
Meine Wohnung ist okay für ___ Personen.
Ich esse: ○ Fleisch ○ Fisch ○ nur vegetarisch
Das möchte ich kochen: ○ Vorspeise ○ Hauptspeise ○ Dessert
Ich möchte gern kochen mit … ○ Mann ○ Frau ○ egal
Hobbys / Job:
absenden

12b Tauschen Sie Ihre Anmeldeformulare aus und erzählen Sie.

Er / Sie heißt … und wohnt in … Seine / Ihre Wohnung ist …
Er / Sie möchte gern am … mit mir zusammen kochen.
Er / Sie isst … Seine / Ihre Hobbys sind …

Seite 135 ÜB

Grammatik-Clip 20 (trennbare und nicht trennbare Verben): LN sehen den Clip mehrfach und bearbeiten dann die *Übungen auf Seite 108*.

Weitere Diskussionspunkte: Sammeln Sie gemeinsam mit den LN weitere Diskussionsthemen, z. B.: Man lernt neue Leute kennen. Man macht etwas zusammen.

Nach der Besprechung der Lösung erarbeiten Sie mit den LN das Tafelbild.

trennbare Verben	nicht trennbare Verben
ich biete … an	ich bekomme…
ich gebe…ein	ich vergesse…
ich tausche … aus	ich erzähle…

Kochparty: LN ergänzen ein Formular für eine Kochparty mit ihren persönlichen Angaben analog zum KB. Dann sprechen sie mit möglichst vielen Personen und versuchen, Teilnehmer für eine Kochparty zu finden, die gleiche Interessen haben. Es sollte mindestens ein komplettes Menü (Vorspeise, Hauptspeise, Dessert) zusammenkommen, die Anzahl der Komponenten kann aber auch größer sein. Die Gruppen präsentieren anschließend im Plenum, was ihre Interessen sind und welches Menü sie kochen möchten.
Kopiervorlage, Seite 106

Trennbare Verben: Teilen Sie LN in vier Gruppen auf: Jede Gruppe sucht in einer Wortschatzliste im Übungsbuch aus den Lektionen 6–9 Verben mit trennbaren Präfixen. Die Gruppen ergänzen die Tabelle an der Tafel mit den gefundenen Verben und schreiben Beispielsätze.

Hopping-Dinner: Zusammen essen macht Freu(n)de! Das ist das Motto der Kochen-und-Kennenlern-Veranstaltung aus der Schweiz. In vielen größeren Städten in D-A-CH gibt es diese Kochpartys. Vor allem junge Leute nutzen diese Veranstaltung, um Leute kennenzulernen und Spaß zu haben.

Nahrungsmittel-Wortschatz: Sammeln Sie im Plenum einige bekannte Nahrungsmittel mit Artikel. Fragen Sie die LN: „Was haben Sie zum Frühstück / gestern Abend gegessen?" Halten Sie die Wörter an der Tafel fest.

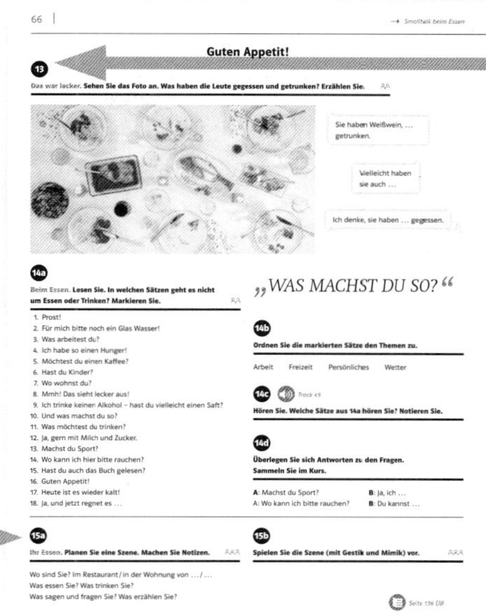
66 | Guten Appetit!
13 Das war lecker. Sehen Sie das Foto an. Was haben die Leute gegessen und getrunken? Erzählen Sie.
Sie haben Weißwein, … getrunken.
Vielleicht haben sie auch …
Ich denke, sie haben … gegessen.
14a Beim Essen. Lesen Sie. In welchen Sätzen geht es nicht um Essen oder Trinken? Markieren Sie.
1. Prost!
2. Für mich bitte noch ein Glas Wasser!
3. Was arbeitest du?
4. Ich habe so einen Hunger!
5. Möchtest du einen Kaffee?
6. Hast du Kinder?
7. Wo wohnst du?
8. Mmh! Das sieht lecker aus!
9. Ich trinke keinen Alkohol – hast du vielleicht einen Saft?
10. Und was machst du so?
11. Was möchtest du trinken?
12. Ja, gern mit Milch und Zucker.
13. Machst du Sport?
14. Wo kann ich hier bitte rauchen?
15. Hast du auch das Buch gelesen?
16. Guten Appetit!
17. Heute ist es wieder kalt!
18. Ja, und jetzt regnet es …
„WAS MACHST DU SO?"
14b Ordnen Sie die markierten Sätze den Themen zu.
Arbeit Freizeit Persönliches Wetter
14c Hören Sie. Welche Sätze aus 14a hören Sie? Notieren Sie.
14d Überlegen Sie sich Antworten zu den Fragen. Sammeln Sie im Kurs.
A: Machst du Sport? B: Ja, ich …
A: Wo kann ich bitte rauchen? B: Du kannst …
15a Ihr Essen. Planen Sie eine Szene. Machen Sie Notizen.
Wo sind Sie? Im Restaurant / in der Wohnung von … / …
Was essen Sie? Was trinken Sie?
Was sagen und fragen Sie? Was erzählen Sie?
15b Spielen Sie die Szene (mit Gestik und Mimik) vor.

Ein Menü: Während LN im Plenum das Foto besprechen, ergänzen Sie den Wortschatz zu Nahrungsmitteln an der Tafel: das Wasser, der Rotwein, der Orangensaft, die Nudeln mit Tomatensoße, die Kartoffeln, das Brot, der Salat, das Gemüse.

Szenen spielen: Teilen Sie LN in Gruppen ein und verteilen Sie jeweils ein Set der Smalltalk-Zettel pro Gruppe. Jede Gruppe bereitet eine kleine Szene mit Hilfe der Smalltalk-Zettel vor. Wichtig ist, dass die LN die Dialoge weiter ergänzen. Die Zuschauer sollen aufmerksam beobachten und das Thema des Smalltalks, aber auch den Ort (Restaurant, Wohnung, …) erraten.
Kopiervorlage, Seite 107

Smalltalk in D-A-CH: Als Tabu beim Smalltalk gelten immer noch Themen aus Politik, Geld, Glauben, Religion und Moral, die zu Meinungsverschiedenheiten führen können. Themen wie Krankheiten und Familienverhältnisse werden für den Anfang des Kennenlernens als zu privat empfunden. Als „sicherer" gelten Gespräche über die Stadt, das Land, die Natur, die Heimatstadt, Kunst, Kultur, Sport, Musik, Literatur, Trends sowie Essen und Trinken.

Nach der Party: LN überlegen folgende Situation: „In Ihrer Wohnung war eine Party. Sie haben lange gefeiert. Was machen sie dann?"

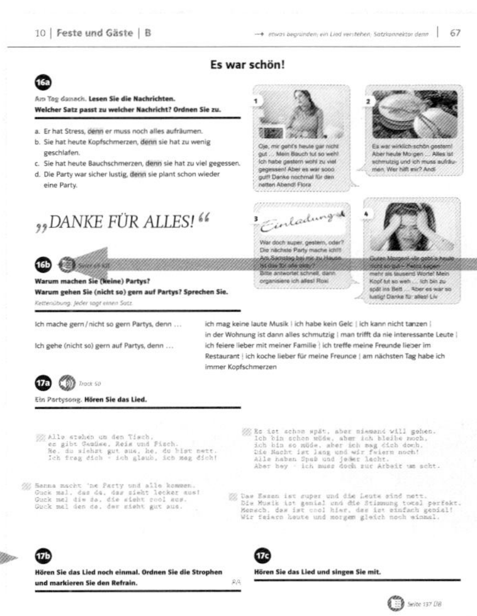
10 | Feste und Gäste | B 67
Es war schön!
16a Am Tag danach. Lesen Sie die Nachrichten. Welcher Satz passt zu welcher Nachricht? Ordnen Sie zu.
a. Er hat Stress, denn er muss noch alles aufräumen.
b. Sie hat heute Kopfschmerzen, denn sie hat zu wenig geschlafen.
c. Sie hat heute Bauchschmerzen, denn sie hat zu viel gegessen.
d. Die Party war sicher lustig, denn sie plant schon wieder eine Party.
„DANKE FÜR ALLES!"
16b Warum machen Sie (keine) Partys? Warum gehen Sie (nicht so) gern auf Partys? Sprechen Sie.
Ich mache gern / nicht so gern Partys, denn …
Ich gehe (nicht so) gern auf Partys, denn …
17a Ein Partysong. Hören Sie das Lied.
17b Hören Sie das Lied noch einmal. Ordnen Sie die Strophen und markieren Sie den Refrain.
17c Hören Sie das Lied und singen Sie mit.

Lücken füllen: Bearbeiten Sie den Liedtext. Nehmen Sie pro Vers 2–3 Wörter heraus, die sich gut erraten lassen, z.B. Fisch, nett, mag. Verteilen Sie die Lückentexte. LN versuchen die Lücken zu schließen. Durch erneutes Hören des Liedes können LN überprüfen, ob ihre Lösung richtig war.

Begründen: Alle LN schreiben einen eigenen Satzanfang auf ein DIN A4 Blatt und hängen es im Kursraum auf. LN laufen umher und beenden je 2–3 Sätze ihrer Wahl schriftlich auf den Blättern. Bsp.: „Ich esse heute keine Schokolade, denn …" Anschließend werden die Sätze vorgelesen.

D-A-CH-Feste: Bearbeiten Sie zum Abschluss der Lektion *Seite 70/71 KB*.

Aufgabe: Haben Sie schon mal vom Karneval der Kulturen gehört? Lesen Sie den Text. Sprechen Sie dann mit anderen Gruppen über Ihre Informationen. Beantworten Sie die Fragen auf Ihrem Zettel.

Was ist der Karneval der Kulturen?

Der Karneval der Kulturen ist ein Straßenfest in Berlin.
Es gibt ihn seit 1996. Dann hört und sieht man vier Tage lang Musik, Kunst, Tanz und Kultur auf den Straßen in Berlin-Kreuzberg.
Die Stadt ist die Bühne und der Eintritt ist dabei frei.

a) Geben Sie den anderen Gruppen Infos zu Ihrem Text.
b) Finden Sie auch Antworten auf diese Fragen:
Wie viele Stunden geht der Straßenumzug?
Wie viele Gäste hatte der Karneval der Kulturen 1996?
Wie viele Gäste waren 2014 da?

Aufgabe: Haben Sie schon mal vom Karneval der Kulturen gehört? Lesen Sie den Text. Sprechen Sie dann mit anderen Gruppen über Ihre Informationen. Beantworten Sie die Fragen auf Ihrem Zettel.

Warum gibt es den Karneval der Kulturen?

Der Karneval der Kulturen ist ein Straßenfest in Berlin.
Man feiert die Vielfalt in Berlin. Man feiert, dass so viele Kulturen in Berlin zusammenleben können. Zurzeit leben Menschen aus 186 verschiedenen Staaten in Berlin. Das Fest ist für Berliner und Gäste aus aller Welt offen.

a) Geben Sie den anderen Gruppen Infos zu Ihrem Text.
b) Finden Sie auch Antworten auf diese Fragen:
Seit wann gibt es den Karneval der Kulturen?
Was machen Gruppen und Künstler auf dem Straßenumzug?
Wie viele Künstler nehmen am Straßenumzug teil?

Aufgabe: Haben Sie schon mal vom Karneval der Kulturen gehört? Lesen Sie den Text. Sprechen Sie dann mit anderen Gruppen über Ihre Informationen. Beantworten Sie die Fragen auf Ihrem Zettel.

Der Straßenumzug

Der Karneval der Kulturen ist ein Straßenfest in Berlin.
Auf diesem Festival findet auch ein Straßenumzug statt. Er dauert 8 Stunden. Die Samba-Gruppe „Sapucaiu No Samba" ist die erste Gruppe. Ihre Tänzerinnen führen den Umzug an. Danach kommen viele Gruppen und Künstler. Sie zeigen ihre Tänze und Kleider, sie spielen Musik und singen Lieder und feiern zusammen.

a) Geben Sie den anderen Gruppen Infos zu Ihrem Text.
b) Finden Sie auch Antworten auf diese Fragen:
Seit wann gibt es den Karneval der Kulturen?
Wie viele Künstler nehmen am Straßenumzug teil?
Für wen ist das Fest?

Aufgabe: Haben Sie schon mal vom Karneval der Kulturen gehört? Lesen Sie den Text. Sprechen Sie dann mit anderen Gruppen über Ihre Informationen. Beantworten Sie die Fragen auf Ihrem Zettel.

Daten und Fakten zum Karneval der Kulturen

Der Karneval der Kulturen ist ein Straßenfest in Berlin.
Er findet jedes Jahr im Juni statt. Das Festival ist bei den Berlinern sehr beliebt. Es kommen immer mehr Gäste: Im ersten Jahr (1996) hatte das Fest 2000 Besucher. Im Jahr 2014 waren insgesamt 1,5 Millionen Gäste dabei.
Am Straßenumzug waren 2014 insgesamt 900 Künstler dabei.

a) Geben Sie den anderen Gruppen Infos zu Ihrem Text.
b) Finden Sie auch Antworten auf diese Fragen:
Was feiern die Leute auf dem Karneval der Kulturen?
Wie teuer ist der Eintritt?
Für wen ist das Fest?

DaF leicht A1, Lehrerhandbuch
ISBN: 978-3-12-676252

Januar	Februar	März	April	Mai	Juni
1	1	1	1	1	1
2	2	2	2	2	2
3	3	3	3	3	3
4	4	4	4	4	4
5	5	5	5	5	5
6	6	6	6	6	6
7	7	7	7	7	7
8	8	8	8	8	8
9	9	9	9	9	9
10	10	10	10	10	10
11	11	11	11	11	11
12	12	12	12	12	12
13	13	13	13	13	13
14	14	14	14	14	14
15	15	15	15	15	15
16	16	16	16	16	16
17	17	17	17	17	17
18	18	18	18	18	18
19	19	19	19	19	19
20	20	20	20	20	20
21	21	21	21	21	21
22	22	22	22	22	22
23	23	23	23	23	23
24	24	24	24	24	24
25	25	25	25	25	25
26	26	26	26	26	26
27	27	27	27	27	27
28	28	28	28	28	28
29		29	29	29	29
30		30	30	30	30
31		31		31	

Juli	August	September	Oktober	November	Dezember
1	1	1	1	1	1
2	2	2	2	2	2
3	3	3	3	3	3
4	4	4	4	4	4
5	5	5	5	5	5
6	6	6	6	6	6
7	7	7	7	7	7
8	8	8	8	8	8
9	9	9	9	9	9
10	10	10	10	10	10
11	11	11	11	11	11
12	12	12	12	12	12
13	13	13	13	13	13
14	14	14	14	14	14
15	15	15	15	15	15
16	16	16	16	16	16
17	17	17	17	17	17
18	18	18	18	18	18
19	19	19	19	19	19
20	20	20	20	20	20
21	21	21	21	21	21
22	22	22	22	22	22
23	23	23	23	23	23
24	24	24	24	24	24
25	25	25	25	25	25
26	26	26	26	26	26
27	27	27	27	27	27
28	28	28	28	28	28
29	29	29	29	29	29
30	30	30	30	30	30
31	31		31		31

DaF leicht A1, Lehrerhandbuch
ISBN: 978-3-12-676252

Redemittel:
Bist du ein / eine …?
Was möchtest du kochen?
Was isst du?
Mit wem möchtest du kochen?

Vorname: …………	Vorname: …………	Vorname: …………	Vorname: …………
Das möchte ich kochen: …………	Das möchte ich kochen: …………	Das möchte ich kochen: …………	Das möchte ich kochen: …………
Ich esse: …………	Ich esse: …………	Ich esse: …………	Ich esse: …………
Ich möchte mit … kochen. …………	Ich möchte mit … kochen. …………	Ich möchte mit … kochen. …………	Ich möchte mit … kochen. …………
Hobbys / Job: …………	Hobbys / Job: …………	Hobbys / Job: …………	Hobbys / Job: …………

Vorname: …………	Vorname: …………	Vorname: …………	Vorname: …………
Das möchte ich kochen: …………	Das möchte ich kochen: …………	Das möchte ich kochen: …………	Das möchte ich kochen: …………
Ich esse: …………	Ich esse: …………	Ich esse: …………	Ich esse: …………
Ich möchte mit … kochen. …………	Ich möchte mit … kochen. …………	Ich möchte mit … kochen. …………	Ich möchte mit … kochen. …………
Hobbys / Job: …………	Hobbys / Job: …………	Hobbys / Job: …………	Hobbys / Job: …………

Vorname: …………	Vorname: …………	Vorname: …………	Vorname: …………
Das möchte ich kochen: …………	Das möchte ich kochen: …………	Das möchte ich kochen: …………	Das möchte ich kochen: …………
Ich esse: …………	Ich esse: …………	Ich esse: …………	Ich esse: …………
Ich möchte mit … kochen. …………	Ich möchte mit … kochen. …………	Ich möchte mit … kochen. …………	Ich möchte mit … kochen. …………
Hobbys / Job: …………	Hobbys / Job: …………	Hobbys / Job: …………	Hobbys / Job: …………

DaF leicht A1, Lehrerhandbuch
ISBN: 978-3-12-676252

Prost!	Was arbeitest du?
Für mich bitte noch ein Glas Wasser!	Machst du Sport?
Ich habe so einen Hunger.	Hast du auch das Buch gelesen?
Möchtest du einen Kaffee?	Wo kann ich bitte rauchen?
Guten Appetit!	Heute ist es wieder kalt!
Ich trinke keinen Alkohol – hast du vielleicht einen Saft?	Hast du Kinder?
Wo wohnst du?	Gibt es einen guten Film im Kino?
Bist du mit dem Auto oder mit dem Fahrrad hier?	Der Verkehr auf der Straße: Schrecklich!
Schau mal, die Sonne scheint wieder.	Lecker!
Wann hast du Geburtstag?	Deine Kette gefällt mir!

DaF leicht A1, Lehrerhandbuch
ISBN: 978-3-12-676252

Clip 19: Temporale Präpositionen

1. Den Clip nachlegen

LN ordnen den Zeitangaben die passenden Präpositionen zu. Zeigen Sie den Clip anschließend zur Kontrolle.

Dienstag	Sommer	Juli
zwölften	1983	14.55 Uhr
Am	Im	Im
Am	Um	.

2. Interaktiv üben

Schreiben Sie den Satz „Wann ist er geboren?" an die Tafel.

LN arbeiten in Gruppen. Sie ziehen jeweils eine Zeitangabe (z. B. Dienstag) und sagen einen Satz (z. B. „Er ist am Dienstag geboren.")

Zu zweit spielen LN den Dialog mit eigenen Daten nach.

3. Strukturtabelle ausfüllen

LN schreiben die Angaben in die Strukturtabelle.

Präposition	Zeitangabe	Oberbegriff
am		
im		
um		Uhrzeit

Clip 20: Trennbare und untrennbare Verben

1. Den Clip nachlegen

LN legen den ersten Teil des Clips nach. Sie zerschneiden die Verben wie im Clip. Zeigen Sie den ersten Teil danach zur Kontrolle.

erzählen	vergessen	bekommen
anbieten	austauschen	eingeben
Ich	…	

Nun legen LN die Sätze des zweiten Teils des Clips nach. Zeigen Sie die Sätze im Anschluss zur Kontrolle.

meine Daten	und	Freunde
Hilfe	viel	Wir
Ideen	die Zeit	…

2. Interaktiv üben

Sammeln Sie an der Tafel weitere Kollokationen zu den Verben:

eingeben: Namen, Code, Username, …

anbieten: Informationen, Adressen, Dinge, …

austauschen: Namen, Adressen, …

bekommen: Informationen, Fotos, …

erzählen: meine Geschichte, …

vergessen: meine Freunde, nichts, …

LN arbeiten in Gruppen; alle ziehen ein Verb und formulieren einen Satz.

3. Strukturtabelle ausfüllen

LN schreiben die Sätze in die Strukturtabelle.

1	2	3, 4, 5, …	

DaF leicht A1, Lehrerhandbuch
ISBN: 978-3-12-676252

CD 1 | KURSBUCH

LEKTION 01

Track 1 Seite 12 KB, 1
Jonas: Hallo. Ich bin Jonas. Ich komme aus Berlin.
Philip: Guten Tag. Ich heiße Philip. Philip Meier. Ich komme aus Köln.
Kento: Guten Tag. Ich heiße Kento. Kento Sato. Ich komme aus Österreich, aus Graz.
Hanna: Hallo. Ich heiße Hanna. Ich komme aus Hamburg.
Paul: Hallo. Ich heiße Paul Simon. Ich komme aus Bern.
Ina: Tach. Ich heiße Ina Lange. Ich komme aus Köln.
Alle: Und du? Wie heißt du?

Track 4 Seite 15 KB, 6b
Situation 1: *Kirchenglocken; Autos fahren; Vögel zwitschern*
Situation 2: *Weckerklingeln*
Situation 3: *Weingläser klingen; Lachen*
Situation 4: *Gähnen; Bettrascheln; Schnarchen*
Situation 5: *Kantinengeräusche; Geschirr- und Besteckklirren; „Hmhm"-Geräusche*

Track 5 Seite 15 KB, 6c
Situation 1: Guten Tag!
Situation 2: Guten Morgen!
Situation 3: Guten Abend!
Situation 4: Gute Nacht!
Situation 5: Guten Tag!

Track 7 Seite 16 KB, 8a
der Stift / das Handy / das Buch / der Schlüssel / die Schokolade / die Flasche / das Portmonee / die Brille / das Taschentuch / der Lippenstift / das Foto / die Zigarette / die Zeitung / der Spiegel / das Heft / die Zahnbürste

Track 9 Seite 18 KB, 11a
A: Wie heißt das auf Deutsch?
B: Das ist  der Stift.
A: Ah, danke. Und wie heißt das?
B: Das sind  das Handy und das Foto.
A: Ach so, danke! Und das?
B: Das ist  die Tasche.
A: Und wie heißt das auf Deutsch?
B: Das ist  das Buch und das ist  das Heft.
A: Und das?
B: Das ist  der Schlüssel und das ist  die Schokolade und das ist  der Spiegel.
A: Hmhm. Danke. Und wie heißt das bitte?
B: Das ist  die Flasche und das, das ist  das Portmonee.
A: Aha, und das?
B: Das sind  die Brille und  der Lippenstift.

LEKTION 02

Track 18 Seite 24 KB, 1b
A: Was machen Deutsche in ihrer Freizeit gern?
B: In ihrer Freizeit? Reisen, Musik hören, telefonieren, Sport machen und spazieren gehen.
A: Und was machen sie noch gern?
B: Computerspiele spielen, Fußball spielen, ins Kino gehen, ins Restaurant gehen, shoppen gehen, fotografieren, schwimmen und lachen.
A: Lachen? Das ist gut.

Track 23 Seite 28 KB, 10a
A: Was ist das? Ein Herz. Lustig. Eine Uhr und ein Messer. Schön. Ein Hut aus Tirol. Na ja.
B: Cool. Ein Fußball vom FC Bayern München. Und ein Auto. Ein BMW!
A: Langweilig. Und was ist das? Ah, eine Postkarte vom Brandenburger Tor.
B: Eine Flasche Bier oder eine Flasche Wein?
A: Nein. Gummibärchen! Lecker!
B: Ja, lecker!
A: Eine Tasse aus Meißen. Hm. Schön oder hässlich?
B: Hässlich.
A: Eine Blume. Lustig. Und was ist das?
B: Das sind Mozartkugeln.
A: Ah, Schokolade. Lecker!

Track 26 Seite 30 KB, 13b
1, 2, 3, --- , 5, 6;
5, 6, 7, --- , 9, 10;
10, 11, 12, --- , 14, 15;
14, 15, 16, --- , 18, 19;
20, 21, 22, --- , 24, 25;
20, 30, 40, --- , 60, 70

Track 27 Seite 31KB, 15a
A: Entschuldigung, sprechen Sie Deutsch?
B: Ja, ich spreche Deutsch.
A: Was ist das?
B: Das ist das Brandenburger Tor.
A: Aha.
B: Ja. Das ist das Brandenburger Tor und das ist eine Bürste.
A: Lustig.
B: Ja, das ist cool.
A: Was kostet das?
B: Hmm, das kostet 19 Euro. Das sind 24 Franken.

Track 28 Seite 31 KB, 15b
A: Entschuldigung, sprechen Sie Deutsch?
B: Ja, ich spreche Deutsch.
A: Was ist das?
B: Das ist das Brandenburger Tor.
A: Aha.
B: Ja. Das ist das Brandenburger Tor und das ist eine Bürste.
A: Lustig.
B: Ja, das ist cool.
A: Was kostet das?
B: Hmm, das kostet 19 Euro. Das sind 24 Franken.
A: Woher kommen Sie? Aus der Schweiz?
B: Ja, aus Bern. Und Sie? Woher kommen Sie?
A: Ich komme aus Österreich und wohne in Graz. Anna Seidl ist mein Name.
B: Ich heiße Louisa Retri.

Track 29 Seite 31 KB, 16a
A: Sprechen Sie Spanisch oder Portugiesisch?
B: Nein.
A: Englisch?
B: Nein.
A: Oder sprechen Sie Französisch oder Italienisch?
B: Nein! Nein.
A: Sprechen Sie Russisch, Arabisch oder Chinesisch?
B: Nein.
A: Japanisch oder Koreanisch?
B: Nein, nein.
A: Sprechen Sie Hindi? Bengalisch?
B: Nein.
A: Nein?
B: Ich spreche Deutsch!

LEKTION 03

Track 33 Seite 36 KB, 1a
A: Ein Weißbrot, bitte.
B: Fünf Brötchen, bitte.
C: Ein Bauernbrot und vier Brezeln, bitte.
D: Ein Schwarzbrot, bitte.
E: Ein Vollkornbrot und ein Toastbrot, bitte.

Track 36 Seite 38 KB, 5a
A: Guten Morgen, mein Name ist Käse, der Käse. Nehmen Sie mich, ich bin alt und gut.
B: Mein Name ist Butter, die Butter, und ich bin fett. Nehmen Sie mich. Käse schmeckt nur mit Butter.
C: Ach was! Käse und Butter, die sind so fett. Nehmen Sie mich, ich heiße Honig, und ich bin süß!
D: Hallo. Ich bin auch süß! Ich heiße Marmelade, die Marmelade.
E: Ja, ja, immer nur süß. Mein Name ist Schinken. Ich bin mager. Nehmen Sie mich.
F: Ei jei jei – ein Streit. Gestatten mein Name ist Ei – Frühstücksei. Eben zum Frühstück – ich bin weich und warm. Sie müssen mich nehmen.
G: Also ohne uns Brötchen geht nichts. Wir schmecken immer. Wir sind frisch. Sie nehmen uns sowieso!
Esser: Hm, hört sich alles gut an. Ah, lecker, mhm, so süß, so frisch. ... Aber was trinke ich? Kaffee, Tee?
H: Nehmen Sie mich, die Milch. Ich bin gesund.
I: Also nein. Kaffee mit Milch vielleicht ...

Track 38 Seite 40 KB, 9a
Reporterin: Was ist für Sie Fastfood auf Deutsch?
A: Hamburger und Pommes frites mit Ketschup.
B: Döner Kebap, Pizza und Hähnchen.
C: Sushi, Salat ...
D: Currywurst oder Bratwurst mit Senf.
Reporterin: Und Getränke?
A: Mineralwasser oder Apfelsaft.
B: Cola und Limonade.
C: Bier!

Track 39 Seite 42 KB, 11a
Alle: Wir haben Hunger, Hunger, Hunger,
haben Hunger, Hunger, Hunger,
haben Hunger, Hunger, Hunger und auch Durst!
Wir wollen Pommes, Pommes, Pommes,
wollen Pommes, Pommes, Pommes,
wollen Pommes, Pommes, Pommes und 'ne Wurst.
A: Guten Tag. Was darf es sein?
B: Pommes, bitte, und eine Wurst. Schnell bitte!
A: Bratwurst oder Currywurst?
B: Nein, keine Currywurst. Eine Bratwurst, bitte. Mit Senf.
A: Und zu trinken?
B: Eine Cola, bitte.
A: Die Pommes mit Ketschup oder Majo?
B: Mit Ketschup, bitte.
A: Und für Sie?
C: Einen Hamburger und ein Bier.
A: Okay, mach ich fertig.

Track 40 Seite 42 KB, 11c
A: Also, hier haben wir: eine Bratwurst, Pommes frites mit Ketschup, einen Hamburger, einen Kaffee, einen Apfelsaft und ein Bier.
B: Einen Kaffee? Ich habe keinen Kaffee. Auch keinen Apfelsaft. Ich habe eine Cola und ein Bier.
A: Oh, Entschuldigung. Also, das macht dann 21 Euro 10.

Track 41 Seite 43 KB, 13a
A: Den Käsekuchen, bitte.
B: Wir nehmen die Sachertorte und den Apfelstrudel.
C: Die Buchteln mit Vanillesoße, bitte.
D: Ich nehme das Eis. Die Birne Helene.
E: Und wir nehmen das Schokoladenfondue.

LEKTION 04

Track 46 Seite 48 KB, 1b
A: Liebe Hörerinnen und Hörer. 80 Jahre Deutschland. Was heißt das? Was macht eine Deutsche, ein Deutscher in 80 Jahren? Hier die Ergebnisse einer Umfrage:
B: Die Deutschen schlafen 24 Jahre und 5 Monate. Sie sehen 12 Jahre und 3 Monate fern, aber sie arbeiten nur 7 Jahre. Die Deutschen machen 1 Jahr und 7 Monate Sport, und sie lesen 1 Jahr und 3 Monate Bücher. Sie fahren 2 Jahre Auto. Und sie surfen 4 Jahre und 3 Monate im Internet. Sie sprechen 2 Jahre und 10 Monate mit Menschen. Sie essen 5 Jahre.
A: Aha, und wie lange küssen die Deutschen?
B: 2 Wochen.
A: Aha.

Track 47 Seite 49 KB, 2a
Montag: Er isst. Sie isst. Er arbeitet. Sie arbeitet. Er schläft. Sie schläft.
Dienstag: Er isst. Sie isst. Er arbeitet. Sie arbeitet. Er schläft. Sie schläft.
Mittwoch: Er isst. Sie isst. Er arbeitet. Sie arbeitet. Er schläft. Sie schläft.
Donnerstag: Er isst. Sie isst. Er arbeitet. Sie arbeitet. Er schläft. Sie schläft.
Freitag: Er isst. Sie isst. Er arbeitet. Sie arbeitet. Er schläft. Sie schläft.
Samstag: Er liest. Sie surft im Internet. Er spricht. Sie fährt Auto. Er sieht fern. Sie schläft.
Sonntag: Er schläft. Sie macht Sport. Er macht Musik. Sie hört Musik. Er küsst. Sie küsst.

Track 51 Seite 52 KB, 8a
1: Kaffeelöffel
2: zerbrechendes Glas
3: Schnarchen, Aufstöhnen
4: Auto, Autotüren, Rennen, Schüsse
5: Vogelgezwitscher, Schritte
6: Schritte, Türklinken, "Mist!"
7: Musik

Track 53 Seite 53 KB, 11a
Reporter: Entschuldigung, nur eine Frage: Was müssen Sie heute Abend noch machen?
Alex Sowa: Hallo, Alex Sowa ist mein Name. Ich bin Medizinstudent und habe im Moment viel Stress. Ich muss noch lernen. Leider.
Jakob: Sandra und ich müssen um sieben zu Hause sein. Wir müssen schnell machen.
Miriam: Andreas und ich müssen noch Abendbrot essen, und dann wollen wir den Krimi sehen.
Rudi: Hallo, ich bin Rudi. Jetzt? Ich muss arbeiten. Ich bin Taxifahrer.
Hanna: Entschuldigung. Ich habe keine Zeit. Ich muss schnell telefonieren. Hallo, hier ist Hanna ...
Marvin: Guten Abend, ich heiße Marvin. Müssen? Ich weiß nicht. Nichts. Heute ist Sonntag.

Track 54 Seite 55 KB, 13
Anna: Spazieren gehen macht müde. Nehmen wir den Bus?
Eric: Am Sonntag?
Anna: Ja, klar. Da ist eine Haltestelle und da ist auch ein Fahrplan. Wie viel Uhr ist es denn?
Eric: Einen Moment ... Es ist halb zehn.
Anna: Perfekt. Der Bus kommt in zwei Minuten.
Eric: Hm, wirklich?

Anna: Da kommt der Bus schon.
Eric: Wow. Echt pünktlich!

Track 55 Seite 55 KB, 14a
1. Wie viel Uhr ist es? – Es ist halb zehn.
2. Entschuldigung, wie spät ist es? – Es ist Viertel vor zwölf.
3. Wie viel Uhr ist es bitte? – Es ist Viertel nach sieben.
4. Entschuldigung, wie spät ist es? – Es ist zwanzig nach drei.
5. Entschuldigung, wie viel Uhr ist es? – Es ist fünf vor halb sechs.
6. Wie spät ist es denn? – Es ist Mitternacht.

LEKTION 05

Track 60 Seite 62 KB, 3b
1
A: Zeigst du mir die Fotos?
B: Klar. Da hab ich Geburtstag. Alle sind da: meine Familie, meine Freunde.
A: Schön. Das ist sicher dein Vater.
B: Stimmt, das ist Gero, mein Papa.
A: Und ist das deine Mutter?
B: Nein, das ist seine neue Frau Sandra, und das Baby ist ihr Sohn. Süß, oder?
A: Ja, sehr.

2
A: Und wer ist das?
B: Das sind meine Geschwister Maurits und Valeria.
A: Nett. Und ist das eure Mutter?
B: Genau. Das ist Mama.

3
B: Und hier siehst du unsere Freunde. Das sind Fred und seine Frau Anja, und das sind ihre Kinder Lennart und Lili. Das ist Simone und ihr Sohn Timmy. Das ist Jo und hier ist ...
A: Oh weia, so viele neue Namen, noch mal ...

CD 2 | ÜBUNGSBUCH

LEKTION 01

Track 1 Seite 85 ÜB, 12a
Maja: Hallo, ich bin Maja Albrecht. Ich komme aus Österreich, aus Graz. Ich mag gern Kaffee und Schokolade, und ich mag Musik. Und Sie?
Karla: Hallo, mein Name ist Karla Müller. Ich komme aus Deutschland, aus Köln. Ich mag gern Kino und auch Theater. Und Sie?

Track 2 Seite 86 ÜB, 15b
Hallo. Hallo? HALLOOO!!! Hallihallo.
Guten Morgen. Guten Morgen! Guten Morgen? Morgen.
Guten Tag. Guten Tag? Guten Tag! Tach!
Tschüss. Tschüss? Tschühüss! Tschüssi!
Ciao. Ciao? Ciao ciao. Ciao-i.

Track 3 Seite 88 ÜB, 20b
1. Wie heißt das auf Deutsch, bitte? – Das ist der Kaffee. Ah, danke.
2. Und wie heißt das auf Deutsch? – Das ist das Handy. Ach so, danke!
3. Und das? – Das ist die Schokolade. Hmhm.
4. Und wie heißt das auf Deutsch, bitte? – Das ist die Zeitung.
5. Und das? – Das ist das Buch.
6. Und das? Wie heißt das? – Das ist die Zigarette. Ach so.
7. Und das? – Das ist der Tee. Ach ja.
8. Und wie heißt das? – Das ist das Heft. Vielen Dank!

Track 4 Seite 88 ÜB, 22b
1. Die Tasche und die Flasche? – Die Taschen und die Flaschen!
2. Das Foto und das Kino? – Die Fotos und die Kinos!
3. Der Spiegel und der Schlüssel? – Die Spiegel und die Schlüssel!
4. Das Buch und das Tuch? – Die Bücher und die Tücher!

Track 6 Seite 89 ÜB, 24a
Wie schreibt man das?
F-R-A-U.
Ah, die Frau.

Wie schreibt man das?
M-A-N-N.
Ah, der Mann.

Wie schreibt man das?
S-O-N-N-E.
Ah, die Sonne.

Wie schreibt man das?
R-E-G-E-N.
Ah, der Regen.

Wie schreibt man das?
M-U-S-I-K.
Ah, die Musik.

Wie schreibt man das?
S-P-O-R-T.
Ah, der Sport.

Track 8 Seite 89 ÜB, 24d
1.
Guten Tag! Wie heißen Sie bitte?
Schwemmer
Wie bitte? Noch einmal, bitte!
Schwemmer. S-C-H-W-E-M-M-E-R
Ah, danke Frau Schwemmer.

2.
Guten Tag! Wie heißen Sie bitte?
Heinrich.
Wie bitte? Noch einmal, bitte!
Heinrich. H-E-I-N-R-I-C-H.
Ah, danke Herr Heinrich.

3.
Guten Tag! Wie heißt du bitte?
Maurits.
Wie bitte? Noch einmal, bitte!
M-A-U-R-I-T-S
Ah, danke Maurits.

Track 9 Seite 90 ÜB, 25a
Mein Name ist Paul. Ich komme aus Deutschland. Ich mag Regen und Sonne. Ich mag Berlin und Hamburg.
Ich bin Max und komme aus Wien. Ich mag Österreich und Kaffee. Ich mag Bücher und Zeitungen.
Ich heiße Moritz und ich komme aus Luzern. Ich mag die Schweiz, und ich mag Theater und Sport.

LEKTION 02

Track 16 Seite 98 ÜB, 23
Die Deutschen sind Reiseweltmeister. Wohin reisen sie?
Am liebsten bleiben die Deutschen zu Hause. Deutschland ist auf Platz 1. Auf Platz 2 ist Italien und auf Platz 3 ist Spanien. Österreich ist die Nummer 4, die Türkei die Nummer 5 und Frankreich die Nummer 6. Griechenland ist auf Platz 7, Tunesien auf Platz 8 und Ägypten ist die Nummer 9. Auf Platz 10 sind die USA.

Track 17 Seite 98 ÜB, 26
1. siebenunddreißig
2. sechsundzwanzig
3. zweiundzwanzig
4. vierunddreißig
5. achtundsiebzig
6. sechzehn
7. neunundvierzig
8. achtzig

Track 18 Seite 98 ÜB, 27a
Was kostet die Tasche?
Die Tasche kostet 46 Euro.
Und was kostet die Schokolade?
Die Schokolade kostet 2 Euro 50.
Danke.

Was kostet die Postkarte?
Die Postkarte kostet 1 Franken.
Und was kostet das Computerspiel?
Das Computerspiel kostet 23 Franken.
Ah, vielen Dank!

Was kosten die Gummibärchen?
Die Gummibärchen kosten 2 Euro 10.
Hm. Danke.

Track 23 Seite 101 ÜB, 37d
Wie heißen Sie?
Woher kommen Sie?
Was macht sie gern?
Was ist das?

LEKTION 03

Track 24 Seite 116 ÜB, 23
Wir haben Hunger, Hunger, Hunger,
haben Hunger, Hunger, Hunger,
haben Hunger, Hunger, Hunger und auch Durst!
Wir wollen Pommes, Pommes, Pommes,
wollen Pommes, Pommes, Pommes,
wollen Pommes, Pommes, Pommes und 'ne Wurst.

Track 25 Seite 118 ÜB, 27b
Nimmst du ein Dessert?
Nein, danke, aber ein Mineralwasser.
Isst du Butter?
Ja, bitte.

Track 32 Seite 119 ÜB, 32b
nehmen / sehr / lesen / gehen / Tee / zehn / Brezel / er

LEKTION 04

Track 33 Seite 126 ÜB, 25a
Gehen wir ins Kino?
Nein, ich muss heute noch arbeiten.
Es gibt heute Sushi.
Sushi will ich nicht essen. Ich will zum Imbissstand gehen.
Ich will tanzen gehen.
Ich will nicht tanzen gehen. Ich muss früh aufstehen.

Track 34 Seite 127 ÜB, 27a
1. Es ist halb fünf.
2. Es ist zehn nach eins.
3. Es ist Viertel vor neun.
4. Es ist fünf vor acht.
5. Es ist fünf nach halb zwölf.

Track 35 Seite 127 ÜB, 27c
1. Es ist 23.55 Uhr.
2. Es ist 8.45 Uhr.
3. Es ist 10.15 Uhr.
4. Es ist 3.35 Uhr.
5. Es ist 20.30 Uhr.
6. Es ist 16.10 Uhr.

LEKTION 05

Track 42 Seite 136 ÜB, 22a
Lukas: Hallo, Daniel! Wie war deine Reise?
Daniel: Hi, Lukas! Meine Reise war wunderschön und sehr interessant. Südamerika ist wirklich toll und auch spannend ...
Lukas: War es manchmal gefährlich?
Daniel: Nein, gar nicht. Ich hatte nie Angst! Ich hatte auch so viel Spaß! Und die Leute – die Leute dort waren so nett ...
Lukas: Oh, das ist cool! Ich möchte bitte bald deine Fotos sehen, ja?
Daniel: Klar, das ist kein Problem. Komm einfach und wir sehen sie uns am Computer an!
Lukas: Ok, super! Bis dann!
Daniel: Bis dann, ciao!

Track 43 Seite 138 ÜB, 25b
Wir müssen immer pünktlich sein.
Deine Brüder sind hübsch.

Track 49 Seite 149 ÜB, 30b
1. können
2. Tochter
3. schön
4. für
5. Mutter
6. Brüder

Track 51 Seite 149 ÜB, 31d
1. Björn Möller wohnt in Köln.
2. Sören Möhler ist schön.
3. Jürgen Müller ist hübsch.
4. Lydia Mühler ist süß.

CD 1 | KURSBUCH

LEKTION 06

Track 1 Seite 12 KB, 1d
1
Martin: Ja, hallo.
Jo: Hallo Martin, hier Jo.
Martin: Hallo, Jo. Ich bin gerade auf dem Fernsehturm. Wahnsinn!
Jo: Wo bist du?
Martin: Auf dem Fernsehturm.
Jo: Ah, cool. Aber teuer, oder?
Martin: Ja, aber die Aussicht! Super!

2
Paul: Hallo?
Anruferin: Paul, wo bist du eigentlich? Ich höre immer nur deine Mailbox.
Paul: Ich bin gerade im Café. Echt super hier! Das Frühstück, die Leute, die Musik ... Komm doch auch!
Anruferin: Okay. Wo bist du genau?
Paul: Im Café BilderBuch.
Anruferin: Ah, okay. Bis gleich.

3
Lena: Ja?
Anrufer: Hallo, Lena. Was machst du?
Lena: Ich liege gerade an der Spree und trinke einen Cocktail.
Anrufer: An der Spree?
Lena: Ja, da ist eine coole Bar.
Anrufer: Klingt gut.
Lena: Ja. Komm doch vorbei.

Track 3 Seite 14 KB, 4b
Radiosprecher: Shoppen gehen in Berlin – auch dafür ist die Hauptstadt perfekt! Wir zeigen Ihnen fünf Einkaufsstationen. Wir starten am Alexanderplatz. Dort steht das Einkaufszentrum Alexa. Hier können Sie einfach alles

kaufen und Sie finden viele Cafés für eine Shopping-Pause. Vom Alexanderplatz geht es weiter zum Mauerpark. Dort gehen Berliner und Touristen gern spazieren und auf dem Flohmarkt können Sie Sachen für wenig Geld kaufen. An den Imbissständen gibt es Pommes und Currywurst. Sie möchten exklusiv shoppen? Dann fahren Sie vom Mauerpark zum Kurfürstendamm! Dort steht das Kaufhaus des Westens, das KaDeWe. Es ist das Kaufhaus in Berlin. Hier gibt es einfach alles! Aber weiter zur Friedrichstraße. Im Kultur-Kaufhaus Dussmann auf der Friedrichstraße finden Sie Bücher, Musik und Souvenirs. Von der Friedrichstraße geht es weiter zur Torstraße. Das ist unsere letzte Station. Auf der Torstraße finden Sie viele In-Shops, klein, aber sehr modern, und Galerien mit Kunst aus der ganzen Welt. Die Restaurants, Bars und Clubs auf der Torstraße sind ideal zum Ausgehen am Abend und in der Nacht.

Track 5 Seite 15 KB, 6c

1

A: Entschuldigen Sie, ist das der Pariser Platz?
B: Ja, genau.
A: Wie komme ich zum Pergamonmuseum?
B: Hmm, das Pergamonmuseum ist auf der Museumsinsel. Da gehen Sie von hier, vom Pariser Platz, geradeaus bis zur Neuen Wache, dann gehen Sie links bis zum Historischen Museum und danach rechts.
A: Aha, also zuerst geradeaus, dann rechts und dann links.
B: Nein, nein. Geradeaus, dann links und danach rechts.
A: Okay. Geradeaus, dann zuerst links und dann rechts bis zum Pergamonmuseum.
B: Ja, genau!
A: Vielen Dank.

2

A: Entschuldigung, wie komme ich denn von hier zur Stadtbibliothek?
B: Zur Stadtbibliothek? Hmm, das weiß ich auch nicht so genau. Moment. Ich schau mal kurz auf meinem Smartphone nach.
A: Oh ja. Danke!
B: Also sehen Sie: Gehen Sie zuerst geradeaus, dann rechts bis zum Schlossplatz, und hmm ... ja, danach links, dann wieder rechts, und dann ... hmm ... nochmal rechts und danach gehen Sie links bis zur Stadtbibliothek.
A: Moment. Noch einmal bitte.
B: Also, hier geradeaus, dann rechts, danach links. Dann zweimal rechts und gleich wieder links.
A: Okay. Zuerst geradeaus, dann rechts, danach links. Dann rechts, nochmal rechts und danach links.
Alles klar. Danke. Vielen Dank für Ihre Hilfe!

Track 7 Seite 18 KB, 11b

Radiosprecher: Die Nächte in Berlin sind lang und spannend. Wir haben Menschen auf der Straße gefragt: Was haben Sie gestern um 23 Uhr gemacht? Hallo, nur eine Frage! Wir möchten gern wissen, was haben Sie gestern um 23 Uhr gemacht?
A: Ich? Um 23 Uhr? Hmm, hmm ... ach ja ... Ich habe einen Döner gegessen.
Radiosprecher: Danke! Und Sie? Was haben Sie gemacht?
B: Wir? Haha. Wir sind auf dem Bierfahrrad gefahren.
Radiosprecher: Aha. Hallo, einen Moment, eine Frage: Was haben Sie gestern um 23 Uhr in Berlin gemacht?
C: Ach. Ich war gestern Abend sehr müde. Ich habe tief und fest geschlafen.
Radiosprecher: Guten Tag, ich habe eine Frage. Was haben Sie gestern um 23 Uhr gemacht?
D: Um 23 Uhr? Ich glaube wir sind spazieren gegangen. Ja, genau. Wir sind an der East Side Gallery spazieren gegangen.
Radiosprecher: Danke! Hallo, haben Sie einen Moment? Nur eine Frage. Was haben Sie gestern um 23 Uhr in Berlin gemacht?
E: Ich war auf dem Tanzschiff und habe getanzt.
Radiosprecher: Und Sie?
F: Das weiß ich genau. Ich hatte Besuch aus Hamburg. Wir waren im Open-Air-Kino.

Track 10 Seite 19 KB, 14e

Radiosprecherin: 2010 waren die Buddy Bären in Helsinki. 2011 hatten sie Station in Kuala Lumpur.
2012 waren sie am Eifelturm in Paris und danach im Jahr 2013 in Mexiko-Stadt. 2014 stehen die Bären an der Copacabana in Rio.

LEKTION 07

Track 13 Seite 24 KB, 1a

1

Klettern; Rucksack abstellen
A: Puh. Ganz schön anstrengend! Herrlich die Aussicht!
B: Und die Ruhe!
A: Und da, da liegt ja noch Schnee!

2

Spazieren gehen; Vogelgezwitscher
C: Guck mal, da auf der Wiese sind schon Blumen!
D: Pssst. Hörst du den Vogel?
C: Ja. Schön!

3

Meeresrauschen; Möwen
E: Da ist eine Welle und da kommt noch eine Welle! Mama, warum schreit der Vogel so laut?
F: Hmm. Gute Frage. Der will sicher eine Muschel essen.
E: Ihh, Muscheln mag ich nicht.

4

Gartenarbeit; jemand beißt in einen Apfel
G: Hmm, die Äpfel sind lecker!
H: Obst und Gemüse aus dem eigenen Garten – das schmeckt immer!

Track 14 Seite 25 KB, 2c

Radiosprecher: ‚Landlust', ‚Landidee' oder ‚Land und Berge' – so heißen die aktuellen Land-Magazine.
In allen Zeitschriften gibt es typische Themen: ‚Kochen und Rezepte', ‚Mein Zuhause', ‚Arbeit im Garten', ‚Naturmedizin'. Und Probleme auf dem Land, wie keine Jobs, wenig Freizeitangebote? Das möchten die Menschen nicht lesen, das kennen sie. Sie wollen die Zeitung lesen und träumen. Wir fragen ein paar Leute am Zeitschriftenkiosk. Entschuldigen Sie, Sie haben gerade ein Land-Magazin gekauft. Warum?
A: Ich finde die Zeitschrift interessant. Ich möchte Marmelade kochen, so wie meine Großmutter es gemacht hat. In der Zeitschrift gibt es viele Rezepte.
Radiosprecher: Sie haben die Zeitschrift auch gekauft. Was gefällt Ihnen?
B: Die Fotos. Ich fotografiere auch gern die Natur und in der Zeitung finde ich viele Tipps. Manchmal gibt es auch Berichte über Berufe auf dem Land. Das finde ich interessant. Die Menschen haben keinen Stress. Die sind voller Ruhe und Zuversicht und ...

Track 18 Seite 30 KB, 13b

1

Parkgeräusche
A: Mama, darf ich schwimmen?
B: Nein, der See ist zu kalt und zu gefährlich.
A: Bitte, bitte ...

2

Fahrrad fahren
C: Stopp! Wir dürfen hier nicht weiterfahren.
D: Warum?
C: Da, das Schild. Fahrradfahren ist hier verboten.
D: Ach was. Hier ist doch gar nichts los.

3
Musik
E: Entschuldigen Sie, haben Sie das Schild nicht gesehen? Hallo, hören Sie?
F: Was?
E: Sie dürfen hier nicht Musik hören.
F: Oh, ich habe das Schild nicht gesehen.

4
Fußball spielen
G: Hallo! Hey! Hast du das Schild nicht gesehen?
H: Warum?
G: Hier ist Fußball spielen verboten.
H: Ach ja? Das ist ja mal wieder typisch.

Track 20 Seite 31 KB, 16b
Anrufer: Hi Chris. Lange nicht gesehen.
Christian: Ja, ich war krank. Kopfschmerzen und so.
Anrufer: Ah ja? Im Moment sind viele krank.
Christian: Ja, es ist auch so kalt, kein Frühlingswetter. Und ich will endlich wieder fit sein.
Anrufer: Du auch?
Christian: Ja, und ich mach' jetzt ein Bewegungsprotokoll. Ich will wissen, wie viel Bewegung ich in der Woche so mache.
Anrufer: Hmm …
Christian: Ist interessant, wirklich. Am Montag war es echt gut. Ich bin zur Arbeit gelaufen und auch nach Hause. Dann hab ich noch ein bisschen Gartenarbeit gemacht. So eine halbe Stunde. Dann war das Wetter schlecht. Ja und abends habe ich dann im Fitnessstudio trainiert.
Anrufer: Ja, da war ich auch! Montags ist es immer cool dort. Nette Leute …
Christian: Am Dienstag bin ich wieder ins Büro gelaufen. Aber nachmittags hatte ich schon Kopfschmerzen. Da bin ich mit dem Bus nach Hause gefahren. Abends hab' ich dann nichts gemacht und bin früh ins Bett gegangen.
Anrufer: Klar. Und dann warst du am Mittwoch richtig krank.
Christian: Genau. Ich hab den ganzen Tag gelesen und geschlafen, ein bisschen gechattet und telefoniert …

LEKTION 08

Track 24 Seite 36 KB, 1a
A: Einhundertneunzig.
B: Mensch, super.
A: Dreihunderteinundfünfzig.
B: Echt?
A: Zweihundertsiebenundvierzig.
B: Cool.
A: Vierhundertelf.
B: Puh.
A: Dreihundertfünfunddreißig.
B: Hmm!
A: Fünfhundertsechs.
B: Oh nein!
A: Eintausend.
B: Was?

Track 25 Seite 37 KB, 2b
Alle: Hallo, hi, hallo.
Oscar: Lang nicht gesehen.
Tina: Ja, aber schön, dass wir uns alle mal wieder sehen.
Alle: Genau!
Oliver: Und? Wie geht's so? Was macht ihr?
Finja: Hannes, wo bist du jetzt eigentlich?
Hannes: Ich studiere in Hamburg. Hamburg ist echt cool. Aber Wohnungen sind sehr teuer. Ich bezahle 431 Euro im Monat.
Finja: So viel? Ich studiere in Leipzig und zahle für mein Zimmer 220 Euro im Monat.
Hannes: Echt, Finja? Nur 220 Euro? Cool. Aber Leipzig ist eben nicht Berlin.
Finja: Doch! Wirklich. Leipzig ist das neue Berlin, sagt man. Da ist echt viel los. Und du, Patrick. Wo bist du?
Patrick: Ich lebe in Bremen. Das ist okay. Meine Ein-Zimmer-Wohnung kostet nur 308 Euro. Und ihr, Tina, Oliver, wo wohnt ihr denn jetzt?
Tina: Wir sind in München. Tolle Stadt, aber auch echt teuer! Wir haben eine Zwei-Zimmer-Wohnung. Die kostet 1.000 Euro im Monat.
Patrick: Was? 1.000 Euro?! Das ist echt teuer.
Tina: Ja, leider. Und du, Oscar, wohnst du noch in Köln?
Oscar: Ja, ich bin noch in Köln. Die Wohnungssuche war nicht einfach. Aber mein Zimmer kostet nur 318 Euro. Das ist für Köln okay …

Track 26 Seite 37 KB, 3b
Radiosprecher: Willkommen bei Radio 1-2-3 Stadtinfo-Spezial. Heute wieder Städte im Zahlencheck: Leipzig, Linz und Luzern – 3 Städte aus Deutschland, Österreich und der Schweiz. Beginnen wir mit Luzern. 79.478 Einwohner, 3 Universitäten, 2.794 Studenten, 3 Theater, 11 Museen, 5 Kinos, 28 Supermärkte, 46 Hotels und 1.806 Sonnenstunden pro Jahr. Und hier die Zahlen für Linz: 194.522 Einwohner, 8 Universitäten, 13.720 Studenten, 5 Theater, 10 Museen, 4 Kinos, 41 Supermärkte und 30 Hotels und 1.750 Sonnenstunden im Jahr.Und zum Schluss die Zahlen von Leipzig: 520.838 Einwohner, 10 Universitäten, 26.772 Studenten, 31 Museen,14 Theater, 10 Kinos, 270 Supermärkte, 2.129 Hotels und 1.502 Sonnenstunden pro Jahr.

Track 28 Seite 40 KB, 8b
1
A: Schnell ins Bett! Der Teddy wartet schon.
B: Und wo ist mein Kissen?
A: Hier.

2
C: Hast du das iPad gesehen?
D: Schau doch mal im Kühlschrank.
C: Sehr witzig.

3
E: Komm aufs Sofa. Der Krimi fängt gleich an.
F: Komm' ja schon. Ach, der neue Fernseher ist echt toll!

4
G: Ist der Laptop schon an?
H: Ja, ich sitze schon seit zehn Minuten am Schreibtisch.

Track 30 Seite 42 KB, 11b
A: Hey ihr beiden, schaut mal, hier schreibt jemand über Lieblingsdinge.
B: Aha, Kaffeemaschine, Fotoapparat und Kissen, naja. Ich hab etwas anderes.
A: Ah ja, und was?
B: Rate doch mal: Mein Lieblingsding ist schwarz und groß. Ich mache ihn jeden Abend an, dann sehe ich bunte Bilder. Ein Abend ohne ihn ist furchtbar, einfach schrecklich.
A: Ach, na klar, das ist dein ---.
B: Ja, genau. Und was sind eure Lieblingsdinge?
C: Also, ich benutze sie jede Nacht. Ich brauche sie im Sommer und im Winter. Sie ist warm und kuschelig. Es ist meine ---.
B: Und jetzt du, was ist dein Lieblingsding?
A: Mein Lieblingsding ist klein. Ich habe es immer dabei. Ich suche es oft und ohne es kann ich nicht sein.
B und C: Das ist dein ---.

Track 32 Seite 43 KB, 14b
1: Klar hole ich dich ab, mein Schatz!
2: Mist! Sie mag ihn nicht. Und was mach' ich jetzt?
3: Wo sind ihre Sachen? Keine Ahnung.
4: Jetzt hat sie sie schon wieder genommen. Das gibt's doch nicht!
5: Ja, warum nicht? Wir besuchen euch gerne mal in Wien.
6: Typisch! Dann frühstücken wir ohne ihn.
7: Mist! Schon wieder bin ich dran.

LEKTION 09

Track 35 Seite 48 KB, 1a
1: Musik teilen? Ja, klar! Kein Problem!
2: Eine Waschmaschine teilen? Einen Kühlschrank? Das ist okay.
3: Einen Computer teilen? Einen Laptop? Ich weiß nicht.
4: Eine Zahnbürste teilen? Nein, das geht gar nicht!

Track 37 Seite 51 KB, 6b
A: Jetzt bist du dran! Wo wohnst du? Was machst du?
B: Ich habe meine Fotos auf dem iPhone. Willst du sie sehen?
A: Klar!
B: Also: Das ist unser Haus, unser Garten, unser Hund, unser ...
A: Stopp! Und wie geht es weiter? Meine Frau, unsere Kinder ...
B: Nein, ich bin nicht verheiratet. Ich habe eine Schwester und einen Bruder und wir teilen unser Elternhaus, unseren Garten, unseren Hund.
A: Dann ist ja gut! Aber das klingt komisch: Das ist unser Haus, unser Garten, unser Hund, unser Auto ...
B: Nein, nicht unser Auto! Willst du mal sehen? Das ist mein Mercedes. Cool, ne? Und hier: meine Schwester und ihr Golf. Und hier mein Bruder und sein Au ...
A: Drei Autos? Ich mache Carsharing und habe mein Auto verkauft. Teilen ist total modern und ökologisch. Warum teilt ihr nicht ein Auto?
B: Teilen? Wir brauchen unsere Autos jeden Tag. Wir haben verschiedene Arbeitszeiten und wir wohnen auf dem Land. Und überhaupt: Mein Auto teile ich ganz bestimmt nicht! Ich bin nämlich Automechaniker und Autos sind mein Hobby und mein Beruf.
A: Okay, okay, Ich verstehe: Dein Auto ist wichtig. Teilen wir einen Cocktail?
B: Klar, manche Dinge teile ich auch gern.

Track 38 Seite 51 KB, 6d
B: Ich habe meine Fotos auf dem iPhone.
B: Wir teilen unser Elternhaus, unseren Garten, unseren Hund.
A: Ich habe mein Auto verkauft.
A: Warum teilt ihr nicht ein Auto?
B: Wir brauchen unsere Autos jeden Tag.
A: Teilen wir einen Cocktail?

Track 41 Seite 54 KB, 11d
Radiosprecher: Hi, hallo. Heute wollen wir ‚Tauschen am Fluss' vorstellen. Erzählt doch mal: Wer hilft wem?
Olivia: Hallo. Ich heiße Olivia. Ich helfe den Menschen bei Rückenschmerzen. Im Moment zeige ich Martina Gymnastikübungen.
Martina: Und Olivia hilft mir wirklich sehr. Ich habe nicht mehr so oft Rückenschmerzen.
Radiosprecher: Das ist ja schön.
Martina: Ja. Und ich bin Lehrerin. Ich gebe Nila Deutschunterricht.
Nila: Genau. Mein Deutsch ist noch nicht perfekt, aber Martina hilft mir. Das ist gut.
Radiosprecher: Schön. Und was bietest du an, Nila?
Nila: Ich komme aus Indonesien und ich koche sehr gern – zum Beispiel mit Jens.
Jens: Ja, Nila kann toll kochen. Sie zeigt mir immer neue Rezepte. Echt lecker. Wir kochen zusammen, das macht Spaß.
Radiosprecher: Und was machst du, Jens?
Jens: Ich kenne mich gut mit Computern aus und so. Im Moment helfe ich Olivia.
Olivia: Genau. Ich habe ein neues Computerprogramm und Jens zeigt mir das.
Radiosprecher: Und du, Fernando, was machst du?
Fernando: Ich kann gut tanzen, vor allem Salsa. Und ich gebe auch Portugiesisch-Unterricht.
Jens: Oh, das habe ich nicht gewusst. Kannst du mir auch Portugiesisch-Stunden geben? Ich fahre im Sommer nach Brasilien.
Fernando: Ja, klar, das mache ich gern, Jens.
Radiosprecher: Das ist ja wirklich toll. Bei ‚Tauschen am Fluss' findet jeder sein Glück.

Track 42 Seite 55 KB, 13b
Sprecherin: Hanna im Glück. Nach dem Märchen ‚Hans im Glück'. Hanna hat viele Jahre gearbeitet. Aber dann will sie die Welt sehen. Der Chef sagt: „Sie haben immer gut gearbeitet." Der Chef schenkt der Frau ein Auto. Aber Hanna fährt nicht Auto. Ihr Freund sagt: „Das Auto steht nur vor dem Haus und ich brauche es." Also gibt die Frau dem Freund ihr Auto. Und er gibt der Frau sein Fahrrad und Wurstbrote. Hanna fährt los, leider zu schnell. Sie fällt vom Fahrrad. Ein Kind hilft der Frau und sagt: „Fahrrad fahren ist gefährlich. Willst du tauschen? Meine Schuhe waren sehr teuer." Die Frau gibt dem Kind das Fahrrad. Das Kind gibt der Frau die Schuhe. Hanna läuft und läuft, aber die Schuhe passen nicht. Da kommen eine Studentin und zwei Hunde. Die Studentin sagt: „Deine Schuhe sind zu klein und zu eng. Tauschen wir? Nimm meinen Fotoapparat. Er ist leicht und du kannst viele Fotos machen." Die Studentin schenkt der Frau ihren Fotoapparat. Und die Frau schenkt der Studentin die Schuhe. Und den Hunden schenkt die Frau die Wurstbrote. Hanna fotografiert Tiere, Bäume und Blumen. Dann geht sie auf einen Turm ...

LEKTION 10

Track 44 Seite 60 KB, 1b
Radiosprecher: Gestern war der 21. Life Ball in Wien. Seit 1993 gibt es den Ball schon. 2013 war das Motto ‚1001 Nacht'. Und so phantastisch wie der Name waren auch die Kostüme. Gäste waren Ex-US-Präsident Bill Clinton, Sänger Elton John, Barbara Eden, die Schauspielerin Hilary Swank, Black-Eyed-Peas-Sängerin Fergie und Kelly Osbourne. Eröffnet haben den Ball 200 junge Frauen und Männer in orientalischen Kostümen. Ganz toll war die Modenschau von Roberto Cavalli. Er hat auch 2001 schon seine Kleider gezeigt. 2012 hat man 2,1 Millionen Euro für die Aidshilfe gesammelt. So viel sind es sicher auch dieses Jahr.

Track 47 Seite 62 KB, 6a
Mia: Also Alex, jetzt zeige ich dir noch unsere Teeküche. Da trinken wir öfter einen Tee oder Kaffee zusammen.
Alex: Aha. Schön. Und was ist das?
Mia: Das ist unser Geburtstagskalender. Wir feiern unsere Geburtstage auch in der Firma. Das Geburtstagskind bringt immer einen Kuchen mit.
Alex: Lecker.
Mia: Schauen wir mal ... Also morgen ist der neunte Mai. Da hat Frau Maier Geburtstag. Du hast sie schon gesehen. Sie ist die Sekretärin vom Chef.
Alex: Und wie alt ist sie?
Mia: Das wissen wir nicht so genau.
Alex: Aha. Und du hast am ersten Juni Geburtstag. Das ist ja auch schon bald.
Mia: Ja. Der erste Juni ist dieses Jahr ein Sonntag. Da feiern wir schon am Freitag.
Alex: Echt? Du feierst vor deinem Geburtstag? Das bringt doch Unglück!
Mia: Ich komme aus Österreich. Da feiern wir den Geburtstag auch schon mal früher. Ich bin übrigens 1981 geboren.
Alex: Okay. Hier steht: Namenstag Dimitri?
Mia: Ja, Dimitri kommt aus Griechenland. Er feiert seinen Geburtstag nicht, er feiert den Namenstag am 26. Oktober.
Alex: Interessant. Du kannst gleich meinen Geburtstag aufschreiben. Es ist der dritte März.

Track 49 Seite 66 KB, 14c
1
A: Meine lieben Leute: Prost! Ihr seid alle gekommen, das ist echt super!
Alle: Ja, Prost! Prost! Auf die Liebe! Und das Leben! Prost!

2
B: Ach, ich habe so einen Hunger! Hmm! Das sieht lecker aus!
C: Ist auch lecker! Und was möchtest du trinken? Ein Glas Wein?
B: Nein, danke. Ich trinke keinen Alkohol. Hast du vielleicht einen Saft?

3
D: Und was machst du so?
E: Du meinst beruflich, oder?
D: Ja, beruflich, privat. Machst du Sport?
E: Nein, ich bin wirklich unsportlich. Das sieht man auch, denke ich. Möchtest du noch Wein?
D: Nein, keinen Wein mehr bitte! Nein, du siehst nicht unsportlich aus. Wirklich nicht. Also ich …

4
F: Entschuldigung. Wo kann ich hier bitte rauchen?
G: Bitte nicht hier! Du kannst auf dem Balkon oder auf der Straße rauchen.
F: Okay, danke! Kommst du mit?

CD 2 | ÜBUNGSBUCH

LEKTION 06

Track 1 Seite 93 ÜB, 12a
Radiosprecher: Shoppen gehen in Berlin – auch dafür ist die Hauptstadt perfekt! Wir zeigen Ihnen 5 Einkaufsstationen. Wir starten am Alexanderplatz. Dort steht das Einkaufszentrum Alexa. Hier können Sie einfach alles kaufen und Sie finden viele Cafés für eine Shopping-Pause. Vom Alexanderplatz geht es weiter zum Mauerpark. Dort gehen Berliner und Touristen gern spazieren und auf dem Flohmarkt können Sie Sachen für wenig Geld kaufen. An den Imbissständen gibt es Pommes und Currywurst. Sie möchten exklusiv shoppen? Dann fahren Sie vom Mauerpark zum Kurfürstendamm! Dort steht das Kaufhaus des Westens, das KaDeWe. Es ist das Kaufhaus in Berlin. Hier gibt es einfach alles! Aber weiter zur Friedrichstraße. Im Kultur-Kaufhaus Dussmann auf der Friedrichstraße finden Sie Bücher, Musik und Souvenirs. Von der Friedrichstraße geht es weiter zur Torstraße. Das ist unsere letzte Station. Auf der Torstraße finden Sie viele In-Shops, klein, aber sehr modern, und Galerien mit Kunst aus der ganzen Welt. Die Restaurants, Bars und Clubs auf der Torstraße sind ideal zum Ausgehen am Abend und in der Nacht.

Track 2 Seite 94 ÜB, 16a
A: Entschuldigen Sie, wie komme ich zum Brandenburger Tor?
B: Ganz einfach: Gehen Sie zuerst links und dann geradeaus bis zur Straße des 17. Juni. Gehen Sie danach rechts. Dann sehen Sie schon das Brandenburger Tor.
A: Hmm, danke. Also zuerst links, dann geradeaus und danach rechts.
B: Ja, genau.

Track 3 Seite 94 ÜB, 17a
1
A: Hallo, Entschuldigung! Wie komme ich zum Pergamonmuseum?
B: Hmm, das ist auf der Museumsinsel. Da gehen Sie von hier, vom Pariser Platz, geradeaus bis zur Neuen Wache, dann gehen Sie links bis zum Historischen Museum und danach rechts.
A: OK, geradeaus, dann zuerst links und dann rechts.
B: Ja genau!
A: Vielen Dank.

2
C: Entschuldigen Sie bitte, wie komme ich denn vom Pergamonmuseum zur Stadtmitte?
D: Hier ist ein Plan. Gehen Sie hier zuerst geradeaus, dann rechts bis zum Schlossplatz, und … hmm … ja, danach links. Dann wieder rechts, und dann … hmm … nochmal rechts und danach gehen Sie links bis zur …
C: Moment: Noch einmal bitte.
D: Also, hier geradeaus, dann rechts, danach links. Dann zweimal rechts und gleich wieder links. Viel Erfolg!
C: Danke! Vielen Dank für Ihre Hilfe!

Track 4 Seite 97 ÜB, 27
Radiosprecherin: Der Bär ist ein Symbol von Berlin. Im Jahr 2001 haben Künstler 350 Berliner Bären bunt bemalt. Sie heißen Buddy Bären. Heute gibt es über 1.000 Buddy Bären in der ganzen Welt. Die Bären reisen sehr gern: Sie waren 2004 in Hongkong und Istanbul. Tokio und Seoul haben sie 2005 besucht. Im Sommer 2006 sind die Bären wieder nach Hause, nach Berlin, gekommen. Danach sind sie nach Wien gereist. Die Stationen im Jahr 2007 waren Kairo und danach Jerusalem. Ein Jahr später sind die Bären nach Warschau und danach nach Pjöngjang gereist. 2009 waren die Bären in Südamerika, dort haben sie Buenos Aires und Montevideo besucht. Die Buddy Bären hatten in allen Städten viele Besucher. Waren die Bären auch in eurem Land? Wart ihr auch da?

LEKTION 07

Track 12 Seite 104 ÜB, 13a
1
Anrufer: Hallo Peter, wie geht's?
Peter: Super, danke. Ich bin gerade mit Freunden im Café und trinke ein Bier. Kommst du auch?
Anrufer: Ja klar! Wo seid ihr denn …

2
Anruferin: Hallo Robert, wo seid ihr gerade?
Robert: Ich bin mit den Kindern im Park und wir spielen Fußball.
Anruferin: Und wann kommt ihr nach Hause?
Robert: So gegen …

3
Anrufer: Hallo Mia! Was machst du gerade?
Mia: Ich sitze im Garten und lese ein Buch.
Anrufer: Aha. Willst du heute ins Kino gehen?
Mia: Ich weiß nicht …

Track 13 Seite 106 ÜB, 20a
1
Parkgeräusche
A: Mama, darf ich schwimmen?
B: Nein, der See ist zu kalt und zu gefährlich.
A: Bitte, bitte …

2
Fahrrad fahren
C: Stopp. Wir dürfen hier nicht weiterfahren.
D: Warum?
C: Da, das Schild. Fahrrad fahren ist hier verboten.
D: Ach was. Hier ist doch gar nichts los.

3
Musik
E: Entschuldigen Sie, haben Sie das Schild nicht gesehen? Hallo, hören Sie?
F: Was?
E: Sie dürfen hier nicht Musik hören.
F: Oh, ich habe das Schild nicht gesehen.

4
Fußball spielen
G: Hallo! Hey! Hast du das Schild nicht gesehen?
H: Warum?
G: Hier ist Fußball spielen verboten.
H: Ach ja? Das ist ja mal wieder typisch.

Track 16 Seite 109 ÜB, 30e
Sprecherin: Menschen schlafen in der Nacht. Nach der Sieben kommt die Acht. • Manchmal möchte man nichts machen. Manchmal möchte man nur lachen. • Milch kann man kochen. Das Jahr hat 52 Wochen. • Am Mittwoch lese ich ein Buch. Am Wochenende kommt Besuch.

LEKTION 08

Track 21 Seite 112 ÜB, 9
A: Guten Tag!
B: Hallo! … Was kostet das?
A: Zweihundertzwanzig Euro.
B: Ach, das ist wirklich günstig. Und das? Was kostet das?
A: Dreihundertdreißig Euro.
B: Ja, das ist auch nicht teuer! Und das? Was kostet das?
A: Fünfhundertvierzehn Euro.
B: Das ist aber teuer. Und das? Was kostet das?
A: Zweihundertneunundvierzig Euro.
B: So wenig? Aha. Und das? Was kostet das?
A: Das kostet vierhundertneunundneunzig Euro.
B: Na ja, nicht billig. Und das? Was kostet das?
A: Das kostet tausend Euro!
B: Oh, das ist wirklich teuer. Wow!

Track 22 Seite 112 ÜB, 11
Alle: Hallo, hi, hallo.
Oscar: Lang nicht gesehen …
Tina: Ja, aber schön, dass wir uns alle mal wieder sehen.
Alle: Genau!
Oliver: Und? Wie geht's so? Was macht ihr?
Finja: Hannes, wo bist du jetzt eigentlich?
Hannes: Ich studiere in Hamburg. Hamburg ist echt cool. Aber Wohnungen sind sehr teuer. Ich bezahle 431 Euro im Monat.
Finja: So viel? Ich studiere in Leipzig und zahle für mein Zimmer 220 Euro im Monat.
Hannes: Echt, Finja? Nur 220 Euro? Cool. Aber Leipzig ist eben nicht Berlin.
Finja: Doch! Wirklich. Leipzig ist das neue Berlin, sagt man. Da ist echt viel los. Und du, Patrick. Wo bist du?
Patrick: Ich lebe in Bremen. Das ist okay. Meine Ein-Zimmer-Wohnung kostet nur 308 Euro. Und ihr, Tina, Oliver, wo wohnt ihr denn jetzt?
Tina: Wir sind in München. Tolle Stadt, aber auch echt teuer! Wir haben eine Zwei-Zimmer-Wohnung. Die kostet 1.000 Euro im Monat.
Patrick: Was? 1.000 Euro?! Das ist echt teuer.
Tina: Ja, leider. Und du, Oscar, wohnst du noch in Köln?
Oscar: Ja, ich bin noch in Köln. Die Wohnungssuche war nicht einfach. Aber mein Zimmer kostet nur 318 Euro. Das ist für Köln okay …

Track 23 Seite 115 ÜB, 23b
Sprecherin: Hier lebe ich mit meiner Familie. Im Esszimmer steht ein Esstisch mit 4 Stühlen. Abends sitzen wir am Tisch, wir essen und sprechen. Ich liebe Pflanzen. Sie sind überall: im Wohnzimmer, im Arbeitszimmer, in der Küche und im Badezimmer. Mein Laptop liegt immer auf dem Schreibtisch, hier arbeite ich. Wir haben zwei Kinder. Im Kinderzimmer stehen zwei Kinderbetten. Die Kinder schlafen hier, aber sie spielen im Wohnzimmer. Wir wohnen hier sehr gern!

Track 29 Seite 119 ÜB, 38e
Frau Koller / Frau Poller / Frau Doller / Frau Goller / Frau Boller / Frau Toller

Track 30 Seite 119 ÜB, 38g
Frau Koller braucht einen Koffer.
Frau Poller braucht eine Postkarte.
Frau Doller braucht eine Dusche.
Frau Goller braucht einen Garten.
Frau Boller braucht einen Ball.
Frau Toller braucht eine Tasche.

LEKTION 09

Track 31 Seite 123 ÜB, 11a
Radiosprecherin: Eine Frage: Was teilen Sie? Warum teilen Sie? Sagen Sie bitte auch Ihren Namen.
Ahmet: Ich heiße Ahmet. Ich teile mein Auto. Ist doch klar. Das ist billig und ökologisch.
Linda: Wir sind Linda und Luca. Wir teilen unsere Probleme, unsere Träume. Teilen macht das Leben schön.
Paul: Das ist Peer und ich bin Paul. Wir teilen unsere Arbeit. So ist die Arbeit für uns leicht.
Aylin: Hi, ich bin Aylin und teile meinen Kaffee. Willst du eine Tasse? Siehst du, teilen ist kommunikativ.
Anne: Ich bin Anne. Ich teile meinen Hund. Das ist gut für alle.
Niels: Also ich bin Niels und ich bin auf Facebook. Meine Freunde teile ich auf jeden Fall. Das ist modern.

Track 32 Seite 125 ÜB, 20b
1
A: Guck mal, der Rock gefällt mir.
B: Ja, der Rock ist schön, aber zu lang.

2
B: Die Bluse steht dir gut.
A: Danke, aber sie ist zu weit.
B: Hmm, ja das stimmt. Schade.

3
C: Die Hose gefällt mir.
D: Echt? Mir gefällt sie nicht. Ich finde sie langweilig.

4
C: Das Kleid passt dir. Und es steht dir gut.
B: Danke. Es ist perfekt, nicht zu eng und nicht zu weit. Das nehme ich.

5
C: Und wie gefällt dir die Jeans?
B: Ja, sie gefällt mir, aber sie passt dir nicht, die ist zu kurz.
C: Stimmt.

Track 33 Seite 126 ÜB, 22b
Radiosprecher: Hi, hallo. Heute wollen wir ‚Tauschen am Fluss' vorstellen. Erzählt doch mal: Wer hilft wem?
Olivia: Hallo. Ich heiße Olivia. Ich helfe den Menschen bei Rückenschmerzen. Im Moment zeige ich Martina Gymnastikübungen.
Martina: Und Olivia hilft mir wirklich sehr. Ich habe nicht mehr so oft Rückenschmerzen.
Radiosprecher: Das ist ja schön.
Martina: Ja. Und ich bin Lehrerin. Ich gebe Nila Deutschunterricht.
Nila: Genau. Mein Deutsch ist noch nicht perfekt, aber Martina hilft mir. Das ist gut.
Radiosprecher: Schön. Und was bietest du an, Nila?
Nila: Ich komme aus Indonesien und ich koche sehr gern – zum Beispiel mit Jens.
Jens: Ja, Nila kann toll kochen. Sie zeigt mir immer neue Rezepte. Echt lecker. Wir kochen zusammen, das macht Spaß.
Radiosprecher: Und was machst du, Jens?
Jens: Ich kenne mich gut mit Computern aus und so. Im Moment helfe ich Olivia.
Olivia: Genau. Ich habe ein neues Computerprogramm und Jens zeigt mir das.
Radiosprecher: Und du, Fernando, was machst du?
Fernando: Ich kann gut tanzen, vor allem Salsa. Und ich gebe auch Portugiesisch-Unterricht.

Jens: Oh, das habe ich nicht gewusst. Kannst du mir auch Portugiesisch-Stunden geben? Ich fahre im Sommer nach Brasilien.
Fernando: Ja, klar, das mache ich gern, Jens.
Radiosprecher: Das ist ja wirklich toll. Bei ‚Tauschen am Fluss' findet jeder sein Glück.

Track 34 Seite 128 ÜB, 27a
1: er steht, er schenkt
2: es ist gefährlich, es gefällt mir
3: Schuh, Turm
4: Strümpfe, Kühlschrank
5: Sohn, Sonne

Track 38 Seite 129 ÜB, 31b
Die Jacke ist zu lang.
Der Anzug ist altmodisch.
Die Kette ist perfekt.
Die Brille ist schick.
Die Socken sind toll.
Die Hose ist rot.
Die Strumpfhose ist zu kurz.
Die Schuhe sind super.

Track 40 Seite 129 ÜB, 32b
Uta passt die Bluse gut und die Mutter mag den Hut.
Eva teilt mit Bernd den Tee und die Schwester trinkt Kaffee.
Ina gibt dem Kind den Fisch. Nila sitzt mit Niels am Tisch.
Ulli schenkt dem Hund die Wurst. Er hat Hunger, er hat Durst.
Anna teilt mit Max ihr Rad. Und Max teilt mit Marie das Bad.

LEKTION 10

Track 41 Seite 134 ÜB, 16a
Lutz: Hallo Barbara. Ich bin wieder da.
Barbara: Hallo Lutz. Wann bist du denn gekommen?
Lutz: Am fünften, am Sonntag. Wie war die Party?
Barbara: Die Party war wirklich toll. Wir hatten viel Spaß, nur du hast gefehlt.
Lutz: Man wird nur ein Mal 30. Noch einmal: Alles Gute! Sind wirklich alle mit Masken gekommen?
Barbara: Ja, das war total komisch. Peter hatte keine Maske, er war geschminkt. Das war cool.
Lutz: Ich habe die Fotos auf Facebook gesehen. Hast du auch Geschenke bekommen?
Barbara: Ja, die Leute waren sehr kreativ. Du musst mich besuchen, dann zeige ich dir alles.
Lutz: Ja gern, dann bekommst du auch mein Geschenk. Ich habe in Paris etwas für dich gekauft.
Barbara: Wow, das klingt ja interessant. Wann kannst du denn kommen? Hast du am Sonntag Zeit?
Lutz: Ja, ich komme am Sonntag um 3 Uhr nachmittags. Ist das in Ordnung?
Barbara: Ja, ich freue mich. Bis bald.
Lutz: Bis bald.

Track 42 Seite 135 ÜB, 19
Paul: Maierhofer, hallo?
Anton: Hallo, Paul. Hier Anton!
Paul: Hi, Anton! Wie geht´s? Hast du schon was bekommen?
Anton: Paul … ja … Eine Mail von der Dinner-Hopping-Organisation. Echt nicht schlecht!
Paul: Und? Sag schon.
Anton: Na ja …
Paul: Also? Interessant?
Anton: Ja, schon.
Paul: Oh, nun erzähl schon.
Anton: Ja, also sie heißt Eli und ist 24. Wohnt in Villach.
Paul: 24? Nicht schlecht. Na, und Villach ist nicht weit weg.
Anton: Ja, klingt nett. Auch nette Hobbys: Lesen, Schwimmen, Fotografieren. Und auch Radfahren.
Paul: Und? Wann kocht ihr?
Anton: Schon am Samstag. Am 12. Juni.
Paul: Am Samstag, super!
Anton: Super? Ich weiß nicht … ich bin unsicher … Sie isst kein Fleisch. Sie isst nur Fisch. Und sie möchte die Hauptspeise kochen. Was kochen wir da nur? Ich weiß nicht.
Paul: Das machst du schon! Ihr seid ja zu zweit. Eli hat sicher schon eine Idee. Ruf sie doch einfach an!
Anton: Ja, meinst du?
Paul: Klar. Sofort. Mach das! Denk nicht zu viel!
Anton: Okay.
Paul: Und ruf mich dann an!
Anton: Ja klar, mach ich. Bis gleich. Ciao!
Paul: Tschüss, du Super-Koch!

Track 45 Seite 139 ÜB, 28c
1. Hm-HM-hm; 2. HM-hm-hm; 3. Hm-HM-hm; 4. Hm-HM-hm; 5. HM-hm-hm; 6. HM-hm-hm

01 | Hallo! Guten Tag!

1 1. Jonas Rot, Berlin; 2. Philip Meier, Köln; 3. Kento Sato, Graz; 4. Hanna Rogge, Hamburg; 5. Paul Simon, Bern; 6. Ina Lange, Köln

6b 1. Guten Tag! 2. Guten Morgen! 3. Guten Abend! 4. Gute Nacht! 5. Guten Tag!

7a Dialog 1: Guten Tag! Wie geht's Ihnen? – Danke, gut. Und wie geht's Ihnen?
Dialog 2: Hallo! Wie geht's dir? – Danke, gut. Und wie geht's dir?

9c Tasche A: die Zeitung, der Spiegel, die Schokolade, das Foto, das Taschentuch, die Brille, die Zahnbürste, der Stift;
Tasche B: das Handy, das Buch, die Zigarette, der Lippenstift, der Schlüssel, das Portmonee, das Heft, die Flasche

10c, d

der	das	die	die (Plural)
der Stift	das Handy	die Schokolade	die Stifte, die Handys
der Schlüssel	das Portmonee	die Brille	die Schlüssel, die Portmonees, die Brillen
der Spiegel	das Taschen-tuch	die Zeitung	die Spiegel, die Taschentücher, die Zeitungen
der Lippenstift	das Buch	die Flasche	die Lippenstifte, die Bücher, die Flaschen
	das Foto	die Zahnbürste	die Fotos, die Zahnbürsten
	das Heft	die Zigarette	die Hefte, die Zigaretten
		die Tasche	die Taschen

15b Flasche; schön; du bist; tschüss; Schokolade; Zahnbürste; Deutschland; Sport; Schlüssel; Tasche; Österreich; Schweiz

15c schreiben, der Stift, der Spiegel, die Flasche, schön, tschüss, Schokolade, Deutschland, Sport, Schlüssel, Tasche, Schweiz

er ist, du kommst, du bist, Zahnbürste, Österreich

02 | Zu Hause und auf Reisen

1a reisen, Musik hören, telefonieren, Sport machen, spazieren gehen

5b Anne und Ron gehen ins Kino. Lisa und Tina gehen ins Theater.

6b *Beispiel:*
Wir schwimmen, und wir spielen Fußball.
Wir gehen tanzen, und wir reisen.

6c *Beispiel:*
Wir schwimmen, und ihr geht spazieren.
Wir reisen, und ihr fotografiert.
Und sie? Was machen sie?
Sie gehen ins Restaurant, und sie hören Musik.

10b
A: Was ist das? Ein Herz. Lustig.
Eine Uhr und ein Messer. Schön.
Ein Hut aus Tirol! Na ja.
B: Cool! Ein Fußball vom FC Bayern München.
Und ein Auto. Ein BMW.
A: Langweilig. Und was ist das? Ah, eine Postkarte vom Branden-burger Tor.
B: Eine Flasche Bier oder eine Flasche Wein?
A: Nein. Gummibärchen! Lecker!
B: Ja, lecker.
A: Eine Tasse aus Meißen. Hhm. Schön oder hässlich?
B: Hässlich.
A: Eine Blume. Lustig.
Und was ist das?
B: Das sind Mozartkugeln
A: Ah, Schokolade. Lecker!

11c *Beispiel:*
A: Was ist das?
B: Hm, ein Auto!
A: Ein Auto? Das ist kein Auto!
B: Doch! Das ist ein Auto und das ist eine Blume.
A: Cool.

13a 1 eins; 11 elf; 100 einhundert; 5 fünf; 50 fünfzig; 75 fünfundsiebzig; 33 dreiunddreißig; 66 sechsundsechzig; 99 neunundneunzig

13b vier, acht, dreizehn, siebzehn, dreiundzwanzig, fünfzig

15a Sprache: Ja, ich spreche Deutsch.
Souvenir: Das ist das Brandenburger Tor. Das ist eine Bürste.
Preis: Das kostet 19 Euro. Das kostet 24 Franken.

15b

Name	Sprache	Land	Stadt
Anna Seidl	Deutsch	Österreich	Graz
Louisa Retri	Deutsch	Schweiz	Bern

03 | Essen und Zeit

2b In Italien und Russland isst man viel, in den USA und Brasilien wenig und in Japan und Korea sehr wenig Brot. In Algerien und der Türkei isst man sehr viel Brot.

5a 1. der Käse; 2. die Butter; 3. der Honig; 4. die Marmelade; 5. der Schinken; 6. das Ei; 7. die Brötchen; 8. die Milch

7a morgens, mittags, abends und zwischendurch

7b das Butterbrot, das Abendbrot, das Frühstücksbrot, das Pausenbrot

7c der Brotkorb, das Brotmesser, die Brotzeit, die Brotscheiben

9a der Hamburger (1); die Pommes frites mit Ketschup (8); der Döner Kebap (7); die Pizza (4); das Hähnchen (5); das Sushi (2); der Salat (3); die Currywurst (9); die Bratwurst mit Senf (6); das Mineralwasser (11); der Apfelsaft (10); die Cola (12); die Limonade (14); das Bier (13)

9d 1. Das ist eine Pizza. 2. Das ist eine Limonade / eine Cola. 3. Das ist ein Mineralwasser. 4. Das ist ein Bier. 5. Das ist ein Kaffee / ein Tee. 6. Das ist ein Hamburger. 7. Das sind Pommes frites mit Ketschup.

10a Frauen: 8 Prozent essen gern Currywurst.
Männer: 22 Prozent essen gern Pizza. Sie essen sehr gern Döner.

11a Person 1: Pommes frites mit Ketschup, eine Bratwurst mit Senf, eine Cola;
Person 2: einen Hamburger, ein Bier

11b Die Leute bestellen: Pommes frites mit Ketschup, eine Bratwurst mit Senf, eine Cola, einen Hamburger und ein Bier.

11c Ich habe keinen Apfelsaft. Ich habe keinen Kaffee.

11d 21,10 €

12a

einen Hambur-ger / keinen Hamburger	ein Bier / kein Bier	eine Pizza / keine Pizza	Pommes frites / keine Pommes frites
einen Kaffee / keinen Kaffee	ein Susi / kein Sushi	eine Cola / keine Cola	

einen Döner Kebap / keinen Döner Kebap	ein Hähnchen / kein Hähnchen	eine Bratwurst / keine Bratwurst	
einen Salat / keinen Salat	ein Mineralwasser / kein Mineralwasser	eine Currywurst / keine Currywurst	
einen Apfelsaft / keinen Apfelsaft		eine Limonade / keine Limonade	

13a 1. der Käsekuchen; 2. die Sachertorte; 3. der Apfelstrudel; 4. die Buchteln mit Vanillesoße; 5. die Birne Helene; 6. das Schokoladen-Fondue

13b Der Apfelstrudel, die Buchteln mit Vanillesoße und die Sachertorte kommen aus Österreich. Der Käsekuchen und die Birne Helene kommen aus Deutschland. Das Schokoladen-Fondue kommt aus der Schweiz.

15 *Beispiel:*
Sie suchen ein Dessert aus Mexiko? Dann nehmen Sie die Churros oder sie süßen Empanadas. Auch der Flan kommt aus Mexiko und ist sehr lecker. Das Dessert isst man in Mexiko sehr gern.

04 | Wochentage

1a 1. Die Deutschen schlafen 24 Jahre und 5 Monate.
2. Sie sehen 12 Jahre und 3 Monate fern.
3. Sie arbeiten 7 Jahre.
4. Sie machen 1 Jahr und 7 Monate Sport.
5. Sie lesen 1 Jahr und 3 Monate Bücher.
6. Sie fahren 2 Jahre Auto.
7. Sie surfen 4 Jahre und 3 Monate im Internet.
8. Sie sprechen 2 Jahre und 10 Monate mit Menschen.
9. Sie essen 5 Jahre.
10. Sie küssen 2 Wochen.

2d Am Montag, am Dienstag, am Mittwoch, am Donnerstag, am Freitag essen sie, arbeiten sie, schlafen sie.
Das Wochenende ist anders. Am Samstag liest er. Er spricht und er sieht fern.
Sie surft am Samstag im Internet. Sie fährt Auto und sie schläft. Am Sonntag schläft er und er macht Musik. Sie macht Sport und sie hört Musik.

4a Foto 1 – D; Foto 2 – C; Foto 3 – A; Foto 4 – B

4b

	Wie lange arbeitet er / sie?	Wann hat er / sie frei?	Wann macht er / sie Pause?
Tom Broschek	von 8 bis 17 Uhr	am Wochenende	um 12 Uhr
Jana Mahl	von 8 bis 19 Uhr	am Sonntag	keine Pause
Aylin Torun	von 9 bis 16 Uhr	am Samstag	um 13 Uhr
Sven Bode	von 7 bis 14 Uhr; von 14 bis 20 Uhr	am Montag	um 11 Uhr; um 17 Uhr

5c 3. Herr K. fährt los.
2. Herr K. steht auf.
5. Der Arbeitstag fängt an.
1. Herr K. wacht auf.
4. Herr K. packt die Tasche aus.

5d Herr K. wacht um 6 Uhr 10 auf.
Herr K. steht um 6 Uhr 15 auf.
Herr K. fährt um 7 Uhr los.
Herr K. packt um 7 Uhr 45 die Tasche aus.
Der Arbeitstag fängt um 7 Uhr 45 an.

7 *Beispiel:*
Ich wache auf und die Sonne scheint. Ich esse ein Butterbrot und trinke Kaffee. Ich höre Musik und ich lese die Zeitung. Der Tag fängt an. Das ist toll!

8a 1. Kaffee trinken; 2. Flaschen wegwerfen; 3. lange schlafen; 4. einen Krimi im Fernsehen sehen; 5. spazieren gehen; 6. einkaufen; 7. Musik machen

8c Das geht: Du willst Kaffee trinken. Wir wollen mit Freunden spazieren gehen. Ihr wollt den Krimi im Fernsehen sehen.;
Das geht nicht: Ich will lange schlafen. Er will einkaufen. Sie wollen Flaschen wegwerfen.

11a Marvin – f; Alex – a; Hanna – e; Rudi – d; Sandra und Jakob – b; Miriam und Andreas – c

11b Alex muss noch lernen.
Sandra und Jakob müssen um sieben zu Hause sein.
Rudi muss arbeiten.
Marvin muss nichts machen.
Hanna muss schnell telefonieren.
Miriam und Andrea müssen noch Abendbrot essen.

13 richtig: 1, 3; falsch:2, 4

14a 1. Es ist halb zehn.
2. Es ist Viertel vor zwölf.
3. Es ist Viertel nach sieben.
4. Es ist zwanzig nach drei.
5. Es ist fünf vor halb sechs.
6. Es ist Mitternacht.

14b Es ist 7 Uhr 15. Es ist Viertel nach sieben.
Es ist 9 Uhr 30. Es ist halb zehn.
Es ist 11 Uhr 45. Es ist Viertel vor zwölf.
Es ist 15 Uhr 20. Es ist zwanzig nach drei.
Es ist 17 Uhr 25. Es ist fünf vor halb sechs.

14c Es ist halb zwölf.
Es ist Viertel nach vier.
Es ist fünf vor zwölf.
Es ist Mitternacht / null Uhr.
Es ist Viertel vor acht.

05 | Wünsche und Träume

1b

Familie A	Familie B	Familie C	Familie D
Hamburg	Salzburg	Frankfurt	Basel
Leo	Clara	Inga und Irma	Toni
4 Wochen	4 Tage	1 Woche	2 Wochen
Glück und Gesundheit	Gesundheit und Erfolg	Gesundheit	viel Liebe

1c Familie A: Mareike ist die Mutter von Leo.
Familie B: Andrea ist die Tante von Clara.
Familie C: Inga und Irma sind die Töchter von Heide und Fabian.
Familie D: Toni ist der Bruder von Rita.
Familie B: Josef ist der Großvater von Clara.
Familie A: Leo ist der Sohn von Mareike und Christoph.
Familie D: Robin ist der Freund von Rita.
Familie C: Heide und Fabian sind die Eltern von Inga und Irma.

3b 1. Foto 3; 2. Foto 2; 3. Foto 1

3c Das sind meine Geschwister. – Maurits und Valeria
Das ist sicher dein Vater. – Gero
Das ist seine neue Frau. – Sandra
Und das Baby ist ihr Sohn. – Lars
Und hier siehst du unsere Freunde. – Fred und Anja
Und das ist sicher eure Mutter? – Vera
Und hier siehst du ihre Kinder. – Lennart und Lili

3d Gero: Sandra ist seine Frau, Maurits ist sein Sohn und Valeria ist seine Tochter.
Anja: Lili ist ihre Tochter, Fred ist ihr Mann und Lennart ist ihr Sohn.
Maurits: Vera ist seine Mutter, Gero ist sein Vater und Valeria ist seine Schwester.
Vera: Maurits ist ihr Sohn und Valeria ist ihre Tochter.

9 *Beispiel:*
Habt Spaß! Geht spazieren! Geht tanzen! Bleibt cool! Macht Sport! Seid glücklich! Lebt glücklich! Trinkt Wein!

10b *Beispiel:*
Nora: Zoo, Affen, Affen verstehen, ihre Sprache sprechen
Sebastian: Kalifornien, Sonne scheint, Surfshop, meine Schwester und mein Bruder, alle super surfen
Johannes: sehr alt, Haus mit Garten, 22 Enkel, Musik, tanzen
Klaus: Fotograf, fliegen, fliege und fotografiere, Spaß

10c Johannes ist alt und möchte gern tanzen.
Nora möchte die Affen verstehen.
Klaus kann fliegen.
Sebastian und seine Geschwister können alle super surfen.
Nora kann die Affen verstehen.
Alle Zeitungen möchten seine Fotos, aber Klaus möchte nur Spaß.

12a Meike Winnemuth reist ein Jahr um die Welt. Sie schreibt einen Bestseller. Sie gewinnt eine halbe Million Euro.

12b 1d; 2a; 3b; 4c

12c 1 und 6; 5 und 4; 3 und 2

12e *Beispiel:*
Die Journalistin Meike Winnemuth gewinnt eine halbe Million Euro in einer TV-Quizshow. Sie macht eine Weltreise. Sie hatte keine Angst. Sie hatte viel Geld. Sie war plötzlich frei. Die Reise war sehr interessant, sie hatte viel Spaß.

Landeskunde extra 1 D-A-CH-L-Rätsel

1
Hauptstadt: Berlin (D), Wien (Ö), Bern (CH), Vaduz (L); Nachbarländer: 9 (D), 8 (Ö), 5 (CH), 2 (L); Größe: 357 121 km^2 (D), 83 879 km^2 (Ö), 41 293 km^2 (CH), 160 km^2 (L); Berge: Zugspitze (D), Großglockner (Ö), Montblanc (CH), Vordere Grauspitz (L); Menschen: 80,2 Millionen (D), 8,4 Millionen (Ö), 8,1 Millionen (CH), 36 842 (L); Landessprachen: Deutsch (D, Ö und L), Deutsch, Französisch, Italienisch, Rätoromanisch (CH); Flüsse: Rhein, Donau, Elbe (D), Rhein, Donau (Ö), Rhein (CH), Rhein (L); Autokennzeichen: D (Deutschland), AU (Österreich), CH (Schweiz), FL (Liechtenstein); Geld: Euro (D, Ö), Schweizer Franken (CH, L); Seen: Bodensee (D), Bodensee, Wörthersee (Ö), Bodensee, Vierwaldstädter See (CH)

Landeskunde extra 1 Filmstationen

Begrüßungen
a: Hallo, Hanna Schwarz, Wien; Grüß Gott, Aytekin Celik, Stuttgart; Tag, Markus Eckstein, Hamburg; Grüezi, Leonie Obermüller, Luzern; Moin, moin, Benjamin Claussen, Heide

Freizeit
a: Das sagt oder macht sie im Film: Sie sieht fern. Sie liest. Sie telefoniert. Sie tanzt.
Das sagt oder macht sie nicht: Sie reist nicht nach Amerika. Sie macht nicht Sport.
b: Janice tanzt oft Tango. Der Freund heißt Frank. Janice und ihr Freund unterrichten dreimal pro Woche.

Essen
a: Getränke: Kaffee, Chai; Essen: Brezeln mit Butter, Letscho mit Bandnudeln, Coq au vin (Hühnchen in Rotweinsoße), Möhren-Cocos-Suppe

Arbeits- und Öffnungszeiten
a: Janice: 7 bis 15 Uhr 30; Restaurant: 8 bis 15 Uhr
b: Er muss einkaufen, Getränke bestellen, am Computer arbeiten / online bezahlen. Die Öffnungszeiten sind 7 Stunden; die Arbeitszeiten sind zirka 7+ zirka 2-3 Stunden.

Familie
a: Josef, Sepp, 12 und 13
b: Brot, Brötchen, Honig, Kakao

06 | In Berlin ist was los!

1c Auf dem Fernsehturm; In der Strandbar; Im Club Kaffee Burger

1d 1. Paul sitzt im Café. 2. Lena liegt an der Spree. 3. Martin ist auf dem Fernsehturm.

3 zum Beispiel:
A: Hallo, was machst du gerade?
B: Ich sitze gerade im Bus. Und du? Was machst du gerade?
A: Ich bin gerade am Bahnhof.

4a/b das Einkaufszentrum Alexa am Alexanderplatz (2), die Torstraße, Einkaufsstraße am Rosenthaler Platz (1), der Flohmarkt am Mauerpark in der Bernauer Straße (5), das KaDeWe am Kurfürstendamm (3), das Kultur-Kaufhaus Dussmann auf der Friedrichstraße (4)

5b *zum Beispiel:*
Torstraße, Rosenthaler Platz:
Wir fahren vom Hauptbahnhof zur S-Bahn-Station Alexanderplatz. Von der S-Bahn-Station Alexander-platz gehen wir zur U-Bahn-Station Alexanderplatz. Wir fahren von der U-Bahn-Station Alexanderplatz zur U-Bahn-Station Rosenthaler Platz.

6a  Pergamonmuseum,
 Stadtbibliothek,
 Brandenburger Tor

6b vom Potsdamer Platz zum Brandenburger Tor

8b *zum Beispiel:*
A: Sagen Sie bitte, wie komme ich vom Potsdamer Platz zum Bebelplatz?
B: Sehen Sie hier auf der Karte! Gehen Sie zuerst geradeaus bis zur Friedrichstraße und dann links. Gehen Sie geradeaus bis zur Behrenstraße. Gehen Sie hier recht, danach geradeaus. Links kommt der Bebelplatz.

9b 1. Daniel Wang, 2. Aurelie Cocheril, 3. Miriam van den Broek

9c

	Daniel	Aurelie
Berlin ist	-	wunderbar.
Die U-Bahn-Stationen sind	bunt.	-
Die Menschen sind	kreativ.	offen.
Das Essen ist	international.	international.
Die Nächte sind	lang.	-

9d vor zehn Jahren: Aurelie ist nach Berlin gekommen.
vor fünf Jahren: Daniel hat gesagt: Hier bleibe ich.
vor zwei Jahren: Aurelie hatte eine Idee.

9f habe geliebt, habe gesucht, bin gereist, habe gemacht, habe gesagt, habe gearbeitet, habe gelernt, habe geholt

9g bin … gereist, habe … gemacht, bin … gekommen, habe … gewohnt

11b Döner (1), Open-Air-Kino (6), Tanzschiff (5), schlafen (3), Bier-Fahrrad (2), spazieren gehen (4)

11c

Ich	habe	einen Döner	gegessen.
Wir	sind	auf dem Bier-Fahrrad	gefahren.
Ich Ich	war habe	sehr müde. tief und fest	geschlafen.
Wir	sind	an der East Side Gallery	spazieren gegangen.
Ich	habe	auf dem Tanzschiff	getanzt.
Ich Wir	hatte waren	Besuch. im Open-Air-Kino.	

14b Buddy Bären

14d 2004: Honkong, Istanbul; 2005: Tokio, Seoul; 2006: Berlin, Wien; 2007: Kairo, Jerusalem; 2008: Warschau, Pjöngjang; 2009: Buenos Aires, Montevideo

14e 2011: Kuala Lumpur; 2012: Paris; 2013: Mexiko-Stadt; 2014: Rio

07 | Natur und Sport

1d *zum Beispiel:*
auf dem Berg: der Baum, die Wiese, der Schnee ...;
am Meer: der Strand, die Welle, die Muschel, die Möwe, die Sonne ... ;
im Wald: die Blume, der Vogel, der Pilz, der Baum ... ;
im Garten: das Gemüse, das Obst, die Blume ...

2a Auf dem Land ist es schön.

2c Fotografieren, Garten, Kochen, Gesundheit, Berufe auf dem Land, Mein Zuhause

4a Alpenrose: Bergführerin; Neptun: Fischer; Gartenfreundin: Hausfrau; Frühaufsteher: Weinbauer

4b habe getrunken, habe gesehen, habe gefangen, habe gesagt, habe gearbeitet, habe gesungen

6b in den Park gehen – im Fluss surfen; ans Meer fahren – am Meer spazieren gehen; auf den Berg klettern – auf dem Berg die Aussicht genießen; in die Bar gehen – in der Salsa-Bar Live-Musik hören

9b der Winter: Och ist es wieder kalt! Und der Schnee und das Eis!
der Frühling: Ich kann die Vögel hören.
der Sommer: Es ist warm, die Sonne scheint. Ich kann im T-Shirt fahren – der Himmel ist so blau.
der Herbst: Ich muss wieder Pullover und Regenjacke anziehen. Es regnet. Die Bäume sind bunt.

9c hat auf dem Rad gute Ideen für seine Arbeit: 8, 9; kann den Frühling hören: 4; hat eine Familie: 16; fährt am Samstag oder Sonntag im Sommer gern mit dem Rad in die Berge: 16, 17; mag Jazz-Musik: 18; kann nicht mehr im T-Shirt fahren: 20

10a 1c, 2e, 3a, 4f, 5b, 6d

13b Situation 1: Mama, darf ich schwimmen?; Situation 2: Wir dürfen hier nicht weiterfahren.; Situation 3: Entschuldigen Sie, Sie dürfen hier nicht ... ; Situation 4: Hier ist Fußballspielen verboten.

13c *zum Beispiel:*
A: Hallo, entschuldigen Sie, Sie dürfen hier nicht Skateboard fahren.
B: Was? Aber warum?
A: Sehen Sie das Schild nicht?
B: Ja, aber das ist doch egal.
A: Nein. Skateboard fahren ist hier verboten.
B: Typisch!

16b Dienstag: Zur Arbeit gelaufen – nach Hause gefahren (Bus). Hatte Kopfschmerzen!
Mittwoch: War krank: gelesen, geschlafen, gechattet, telefoniert.

16c hat gemacht, hat gelesen, hat geschlafen, hat gechattet, hat gehört, hat geregnet, ist spazieren gegangen, ist Bus / Rad gefahren, hat getanzt

08 | Wohnen und leben

1b 351: dreihunderteinundfünfzig;
247: zweihundertsiebenundvierzig; 1000: eintausend; 411: vierhundertelf; 335: dreihundertfünfunddreißig; 506: fünfhundertsechs

2b Finja – Leipzig – 220 Euro; Patrick – Bremen – 308 Euro; Tina & Oliver – München – 1.000 Euro; Hannes – Hamburg – 431 Euro; Oskar – Köln – 318 Euro

3b Linz, Luzern, Leipzig

4a auf einem Hausboot (3), in einem Wohnwagen (5), in einer Wohngemeinschaft (WG) (1), in einem Leuchtturm (6), in einem Baumhaus (8), auf einem Bauernhof (7), in Hotelzimmern (2), auf einer Insel (4)

4b 1. Leuchtturm; 2. Wohngemeinschaft (WG), Baumhaus; 3. Hausboot, Bauernhof; 4. Wohnwagen, Hotelzimmern

5b

Name	Mit wem?	Bei wem? / Wo?	+++ ☺	- - - ☹
Frank	mit seiner Familie und ihrem Hund	in seinem Haus	Platz für alle	
Anne	mit ihrem Freund	in ihrer Wohnung	Wohnung ist schön; Nachbarn sind nett	
Lisa	mit ihren Arbeitskollegen	in ihren Hotelzimmern		Kofferpacken nervt manchmal
Max		bei seinen Eltern	keine Miete; Kühlschrank immer voll	manchmal schwierig

8b 1. der Teddybär, das Kissen; 2. das iPad, der Kühlschrank; 3. das Sofa, der Fernseher; 4. der Laptop, der Schreibtisch

8c *zum Beispiel:*
das Wohnzimmer: das Sofa, der Fernseher, die Lampe; das Esszimmer: der Esstisch, der Stuhl; das Schlafzimmer:, der Schrank, das Kissen, die Decke; das Arbeitszimmer: der Schreibtisch, der Laptop, das iPad; das Badezimmer: die Toilette, die Badewanne, die Dusche; die Küche: der Kühlschrank; das Kinderzimmer: das Kinderbett, der Teddybär

10a *zum Beispiel:*
Name: Lehmann; Vorname: Paul; Alter: 21; Nationalität: Deutsch; Beruf: Student; Interessen: Fußball, Video-Spiele, Freunde treffen; Straße und Hausnummer: Liebigstraße 13a; Stadt/Wohnort: Hannover; Land: Deutschland; Mitbewohner: Maik und Marie; Miete: 1 Zimmer, 230 Euro

11a 1. Kaffeemaschine, 2. Fotoapparat, 3. Kissen

11b der Fernseher, die Decke, das Handy

11c/d den Fernseher, die Decke, das Handy

14b War schön gestern. Ich hab dich so lieb. Holst du mich im Büro ab? (1), Was macht der Hund in unserer Wohnung? Ich mag ihn nicht! (2), Wo ist mein Handy? Ich kann es nicht finden. Meine Sonnenbrille ist auch weg. Habt ihr sie gesehen? (3), Du suchst deine Decke??? Entschuldigung: Ich habe sie gebraucht ... Echt! (4), Tschüss und besucht uns bald! Gabi & Andi (5), Bin kurz zu Tom ins Café gegangen. Ich brauche JETZT Kaffee! Ich sehe euch später zum Frühstück. (6), Das Bad ist schmutzig ... Du bist dran. Machst du es HEUTE sauber? (7)

14c

du:	Ich hab	dich	so lieb.
er: es: sie:	Ich mag Ich kann Habt ihr	ihn es sie	nicht. nicht finden. gesehen?

wir:	Tschüss und besucht	uns	bald!
ihr:	Ich sehe	euch	später beim Frühstück.
sie:	Ich habe	sie	gebraucht.

09 | Teilen und tauschen

1a die Musik, die Waschmaschine, der Kühlschrank, der Computer / der Laptop, die Zahnbürste

1c fast alle (3,9 – 4,7): Erfahrungen (4,7), Ideen (4,4), Essen (4,2), Getränke (4,0), Musik (3,9), Werkzeug (3,9), Arbeit (3,9), Geld bis 20 Euro / Franken (3,9); viele (2,9 – 3,8): Wissen (3,8), Fotos (3,4), Kühlschrank (3,2), Sportsachen (3,2), Freunde (3,2), Auto (2,9);
wenige (1,7 – 2,7): Kleidung / Schuhe (2,7), Haus / Wohnung (2,7), Mobiltelefon (2,7), Laptop / Computer (2,6), Schmuck (2,5), Bankkonto (1,7); fast niemand (1 – 1,7): Passwort (1,6), Zahnbürste (1,4), Unterwäsche (1,4)

1d Dinge: Getränke, Laptop / Computer, Mobiltelefon, Zahnbürste, Unterwäsche, Werkzeug, Kühlschrank, Waschmaschine, Fotos, Kleidung / Schuhe, Essen, Sportsachen, Geld, Freunde, Schmuck, Auto, Haus / Wohnung;
Ideen / Abstrakte: Bankkonto, Ideen, Musik, Wissen, Erfahrungen, Arbeit, Passwort

3b Paul teilt sein Büro. Vera teilt ihr Auto. Oli und Mehmet teilen ihre Wohnung, ihren Hund und ihre Bücher. Sven und Sarah teilen ihr Essen. Alex teilt sein Werkzeug.

3c Teilen ist sozial, kommunikativ, billig, ökologisch, praktisch und nett.

6c stimmt: Ben teilt sein Haus, seinen Garten, seinen Hund. Ben braucht sein Auto jeden Tag. Ben ist Automechaniker von Beruf.
stimmt nicht: Ben hat drei Geschwister. Ben ist verheiratet. Ben fährt einen Audi. Ben wohnt in der Stadt.

6d Ben: Ich habe meine Fotos auf dem iPhone. Wir teilen unser Elternhaus, unseren Garten, unseren Hund. Wir brauchen unsere Autos jeden Tag.
Frau: Ich habe mein Auto verkauft. Warum teilt ihr nicht ein Auto? Teilen wir noch einen Cocktail?

8a der Mantel, die Schuhe, der Rock

9b Bluse / Mantel / Rock / Shirt / Schuhe / Jacke / Hut / Kleid

11a ein Netzwerk, Zürich, Zeit, Fähigkeiten, Zeit

11b Olivia: Rückenschmerzen; Nila: einen Brief, kochen; Martina: Gymnastikübungen; Jens: Portugiesisch-stunden; Fernando: Rezepte, Unterricht

11d Olivia → Martina; Martina → Nila; Nila → Jens; Jens → Olivia; Fernando → Jens

13a 1. Bild 3; 2. Bild 1; 3. Bild 4; 4. Bild 2

13c Die Frau gibt dem Freund das Auto. Der Freund gibt der Frau das Fahrrad. Die Frau gibt dem Kind das Fahrrad. Das Kind gibt der Frau die Schuhe. Die Studentin schenkt der Frau den Fotoapparat. Die Frau schenkt der Studentin die Schuhe. Die Frau schenkt den Hunden die Wurstbrote.

10 | Feste und Gäste

1b neunzehnhundertdreiundneunzig (1993)

1c richtig: Das Motto war 1001 Nacht. Die Kostüme waren fantastisch. Berühmte Politiker und Künstler waren als Gäste da.

2a 1. Foto 4; 2. Foto 3; 3. Foto 1

5a Der sechsundzwanzigste Mai – ist ein Montag. Der einunddreißigste Mai – ist ein Samstag. Der erste Juni – ist ein Sonntag und Lennart hat Geburtstag! Der neunundzwanzigste Mai – ist ein Feiertag. Da muss ich nicht arbeiten.

6a 9. Mai, Frau Maier; 1. Juni, Mia; 26. Oktober, Namenstag Dimitri; 3. März, Alex

6b Mia ist am ersten Juni 1981 geboren. Alex hat am dritten März Geburtstag. Herr Gruber hat am fünften April Geburtstag. Jens hat am neunundzwanzigsten September Geburtstag. Dimitri hat am sechsundzwanzigsten Oktober Namenstag.

7a 1. Der Geburtstag ist teuer. Das Geburtstagskind bezahlt die Getränke und das Essen. 2. Zum Geburtstag bringt man Kuchen für Freunde und Kollegen mit. 3. Das bringt Unglück. Ein Tag danach ist kein Problem. 4. Viele machen die Geschenke auch selbst oder man schreibt eine Geburtstagskarte.

8a Text A: Einladung, Text B: Danke, Text C: Entschuldigung

8b Wer: Barbara; Was: Geburtstag; Wann: Freitag, 31. Januar, 20.00 Uhr; Wo: Café Prima, Gartenstraße 25; Wie alt: 30; Motto: die neunziger Jahre

10b richtig: 3, 4

10d trennbare Verben: eingeben, austauschen;
nicht trennbare Verben: vergessen, erzählen

14a/b Arbeit: 3; Freizeit: 10, 13, 14, 15; Persönliches: 6, 7; Wetter: 17, 18

14c 1, 4, 8, 11, 9, 10, 13, 14

16a 2a, 4b, 1c, 3d

17b 1. Strophe: Hanna macht 'ne Party und alle kommen ...; 2. Strophe: Alle stehen um den Tisch ...; 3. Refrain: Das Essen ist super und die Leute sind nett ...; 4. Strophe: Es ist schon spät, aber niemand will gehen ...

Landeskunde extra 2 D-A-CH-Feste

1c A: Heiligabend, Geschenken, Weihnachtsliedern; B: 31.12., Silvesterbälle, Feuerwerk; C:Karneval, Fasching oder Fastnacht; D:Adventskalender, Adventskranz; E: Ostern, Osterhase, Ostereier; F:Nikolaus, Äpfel, Schokolade

Landeskunde extra 2 Filmstationen

Berlin
a: das Brandenburger Tor, der Fernsehturm, der Strausberger Platz, die Gedenkstätte Berliner Mauer
b: Sylvia kommt aus Ost-Berlin. Am Strausberger Platz hat sie gewohnt. Sylvia ist im Oktober 1989 zum ersten Mal durch das Brandenburger Tor gelaufen. Heute liegt das Brandenburger Tor im Herzen der Stadt.

Gesundheit
a: Rückenschmerzen, mit Nackenschmerzen
b: Das fragt sie: Was machen Sie denn beruflich? Auf welcher Seite tut es Ihnen denn weh? Ist das angenehm für Sie? Machen Sie auch Sport?

Wohnen
a: Das sagt er: Ich wohne in Engelskirchen. Auf dem Land. Hier ist es sehr schön grün. Das ist mein Haus. Es ist ein altes Fachwerkhaus.
b: obere Etage: das Kinderzimmer, das Schlafzimmer, der begehbare Kleiderschrank; untere Etage: die Küche, das Badezimmer, der Weinkeller, das Wohnzimmer

Kleidung
a: Pullover, Anzüge, Hemden, Krawatten, Schuhe, Schals
b: 1, 8, 3, 2, 5, 12, 13, 6, 11, 7, 10, 4, 9

Feste
a: Fasnacht
b: Leonies Kostüm ist grün. Man hört viel Musik. Leonie macht Musik. Bei dem Fest laufen die Leute in Gruppen durch die Stadt. Viele Leute tragen Masken.

Test 01 | Hallo! Guten Tag!

1 Kennenlernen: Wer oder Wie? (______ / 3 Punkte)

→ *je 1 Punkt für korrektes Fragewort*

Bsp.: Ich bin Anke, *wie* ___ heißt du?

________ heißen Sie?
________ bist du?
________ geht's dir?

2 Das Verb *sein*: Ergänzen Sie. (______ / 5 Punkte)

→ *je 1 Punkt für korrekte Verbform*

Bsp.: Ich *bin* ___ Vera.

Ich ________ Anna. Wer ________ du? – Mein Name ________ Max Simon. Mein Vorname ________ Max, mein Nachname ________ Simon.

3 Erste Verben: Ergänzen Sie die passenden Formen von *sein*, *heißen*, *kommen*. (______ / 10 Punkte)

→ *max. 2 Punkte pro Verb: je 1 Punkt für passendes Verb, je 1 Punkt für korrekte Verbform*

Bsp.: Er *heißt* ___ Paul.

A: Hallo, ich ____________ Joe. Ich ____________ aus Köln. Wie ____________ du?
B: Ich ____________ Maria. Ich ____________ aus Bern.

A: Guten Tag! Mein Name ____________ Martin Müller. Ich ____________ aus Österreich, aus Graz. Wie ____________ Sie?
B: Ich ____________ Liane Schmidt. Ich ____________ aus München.

4 Vorstellungsrunde: Personalpronomen. Was passt? (______ / 3 Punkte)

→ *je 0,5 Punkte für passendes Pronomen*

Bsp.: Das ist Olaf. *Er* ___ mag Schokolade.

Das ist Elena. ________ kommt aus Hamburg. ________ mag Kaffee.
Das ist Tom. ________ kommt aus Berlin. ________ mag Tee.
________ bin Janos und komme aus Österreich. ________ mag Fußball.

5 Wie geht es dir, wie geht es Ihnen? Fragen Sie. (______ / 4 Punkte)

→ *je 1 Punkt für korrekte Frage*

Bsp.: Hallo, Jonas! *Wie geht es dir?* ___

Guten Tag, Frau Schmidt. ______________________________? – Danke, gut. Und ______________________________?
Tag, Maja. ______________________________? – Gut! Und ______________________________?

6 Begrüßen: Was sagen Sie? (______ / 4 Punkte)

→ *je 1 Punkt für passende Begrüßungsfloskel*

____________________ ____________________ ____________________ ____________________

DaF leicht A1, Lehrerhandbuch
ISBN: 978-3-12-676252

7 Was ist in der Tasche? Schreibe 8 Nomen mit Artikel.

(______ / 5 Punkte)

→ *max. 1 Punkt pro Wort: je 0,5 Punkte für korrektes Wort, je 0,5 Punkte für korrekten Artikel*

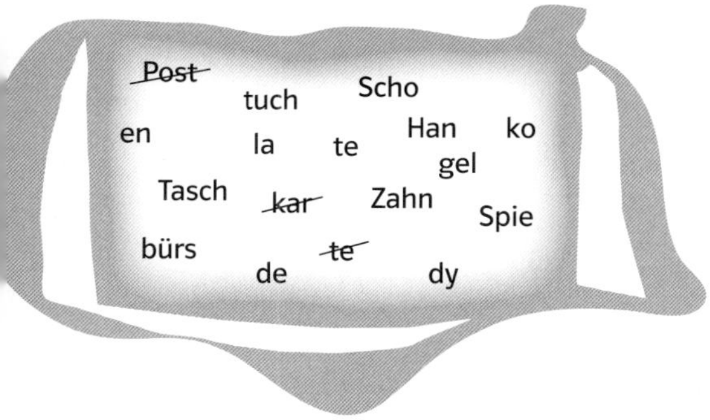

Bsp.: die Postkarte

____

____

8 Plural: Ergänzen Sie die Pluralform.

(______ / 5 Punkte)

→ *je 1 Punkt für korrektes Nomen und Pluralform*

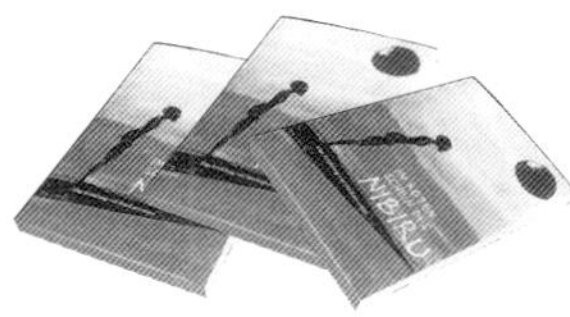

Bsp.: Was ist das? Das sind die Bücher.

Was ist das? Das sind die ______________________________

Und das? Das sind die ______________________________

Und das? Das sind die ______________________________

Und was ist das? Das sind die ______________________________

Und das? Das sind die ______________________________

9 Fragen Sie.

(______ / 5 Punkte)

→ *je 1 Punkt für korrekte Satzstellung*

Bsp.: das | was | ? | ist — Was ist das?

schreibt | man | das | wie | ? ______________________________

du | ? | wie | heißt ______________________________

? | bist | wer | du ______________________________

dir | geht | es | ? | wie ______________________________

es | wie | Ihnen | ? | geht ______________________________

10 Wer sind Sie? Schreiben Sie 3 Sätze.

(______ / 6 Punkte)

→ *max. 2 Punkte pro Satz: je 1 Punkt für korrekten Satz, je 1 Punkt für korrekte Schreibung / Satzstellung*

Bsp.: Ich bin Jan, ich …

____

____

____

Gesamt: ______ / 50 Punkte

DaF leicht A1, Lehrerhandbuch
ISBN: 978-3-12-676252

Test 02 | Zu Hause und auf Reisen

1 Freizeit: Wie heißen die Aktivitäten?

(______ / 5 Punkte)

→ *je 1 Punkt für passendes Verb*

Bsp.:  lachen

 __________

 __________

 __________

 __________

 __________

2 Regelmäßige Verben: Ergänzen Sie die passende Form von *machen, spielen, gehen, hören*.

(______ / 8 Punkte)

→ *max. 1 Punkt pro Antwort:*
je 0,5 Punkte für passendes Verb,
je 0,5 Punkte für korrekte Verbform

Bsp.: Wir spielen Fußball.

Du __________ tanzen.

Sie (Sg.) __________ Computerspiele.

Ihr __________ shoppen.

Ich __________ Sport.

Er __________ Musik.

Ich __________ ins Restaurant.

Sie (Pl.) __________ spazieren.

Wann __________ wir Pause?

3 Wortschatz: Was passt? Ergänzen Sie die Nomen mit Artikel.

(______ / 5 Punkte)

→ *max. 1 Punkt pro Antwort:*
je 0,5 Punkte für korrektes, passendes Nomen,
je 0,5 Punkte für korrekten Artikel

Bsp.:  Die Postkarte ist langweilig.

__________ kostet 1,20 Euro.

 __________ kommt aus Österreich.

__________ ist ein Souvenir aus München.

 __________ ist schön.

 __________ ist cool.

DaF leicht A1, Lehrerhandbuch
ISBN: 978-3-12-676252

4 Was ist das? *ein/e* oder *kein/e*? Antworten Sie. (_______ / 4 Punkte)

→ *max. 1 Punkt pro Antwort: je 0,5 Punkte für korrekten Artikel, je 0,5 Punkte für korrekten Antwortsatz*

Bsp.: 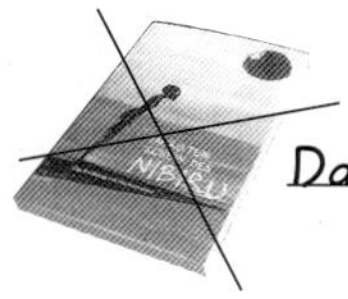 Das ist kein Buch.

 ____________________________________.

 ____________________________________.

 ____________________________________.

 ____________________________________.

5 Präpositionen: Ergänzen Sie *aus*, *ins*, *nach*, *in*, *in die*. (_______ / 5 Punkte)

→ *je 1 Punkt für korrekte Präposition*

Bsp.: Das ist Tom. Er kommt aus Deutschland.

Er wohnt ____________ Hamburg. Er geht gern ____________ Kino.
Tom reist gern ____________ Mexiko, und ____________ USA. Und er mag gern Mozartkugeln ____________ Österreich.

6 Ergänzen Sie die Zahlen. (_______ / 9 Punkte)

→ *je 1 Punkt für korrekte, passende Zahl*

Eins, zwei, drei, vier, fünf, ____________, ____________, acht, ____________, zehn, ____________, zwölf
Zehn, zwanzig, ____________, ____________, fünfzig, ____________, ____________, achtzig, ____________, einhundert

7 Was kostet das? Schreiben Sie die Preise. (_______ / 4 Punkte)

→ *je 1 Punkt für korrektes Zahlwort*

Bsp.: Tasche: 95 EUR fünfundneunzig Euro

Fußball: 19 EUR ____________________ Euro
Computerspiel: 56 CHF ____________________ Franken
Uhr: 87 CHF ____________________ Franken
Wein: 12 EUR ____________________ Euro

8 Antworten Sie. (_______ / 10 Punkte)

→ *max. 2 Punkte pro Satz: je 1 Punkt für passende Antwort, je 1 Punkt für korrekte Schreibung / Satzstellung*

Bsp.: Wer sind Sie? Ich bin Lisa.

Woher kommen Sie? ____________________________________
Wo wohnen Sie? ____________________________________
Was machen Sie gern? ____________________________________
Wohin reisen Sie gern? ____________________________________
Sprechen Sie Deutsch? ____________________________________

Gesamt: _______ / 50 Punkte

DaF leicht A1, Lehrerhandbuch
ISBN: 978-3-12-676252

Test 03 | Essen und Zeit

1 Frühstück: Wie heißen die Lebensmittel mit Artikel?

(______ / 6 Punkte)

→ *max. 1 Punkt pro Antwort: je 0,5 Punkte für passendes Nomen, je 0,5 Punkte für korrekten Artikel / Schreibung*

Bsp.:  der Käse

____

____

____

____

____

____

2 Das Verb *essen*: Ergänzen Sie die passenden Formen.

(______ / 6 Punkte)

→ *je 1 Punkt für korrekte Verbform*

Bsp.: Ich esse oft Brot.

______ ihr oft Butterbrote?
Wir ______ immer Brötchen.
Er ______ nie Brot.
Sie (Pl.) ______ selten Honig.
______ sie (Sg.) gern Käse?
______ du gern Brot?

3 Adjektive: Was passt? Schreiben Sie.

(______ / 5 Punkte)

→ *je 1 Punkt für passendes Adjektiv*

Bsp.: Der Schinken ist mager (alt / mager).

Die Kaffee ist ______ (hart / warm).
Der Honig ist ______ (fett / süß).
Das Ei ist ______ (süß / weich).
Der Apfel ist ______ (salzig / gesund).
Das Brot ist ______ (frisch / mager).

4 Bilden Sie mit den Nomen 4 Komposita. Ergänzen Sie den richtigen Artikel.

(______ / 4 Punkte)

→ *max. 1 Punkt pro Antwort: je 0,5 Punkte für passendes Kompositum, je 0,5 Punkte für korrekten Artikel*

Bsp.: das Brotmesser

Brot – Abend – Korb – Messer – Schinken – Zeit – Käse – Brötchen – Butter

______________ ______________
______________ ______________

5 Indefinitartikel und Negativartikel im Akkusativ: *ein/e* oder *kein/e*? Was passt?

(______ / 7 Punkte)

→ *max. 1 Punkt pro Artikel: je 0,5 Punkte für passenden Artikel, je 0,5 Punkte für korrektes Genus*

Bsp.: Was darf es sein? Eine Cola, bitte!

Was darf es sein? – Ich nehme ______ Hamburger, bitte! – Und zu trinken? ______ Bier? – Nein, nein, ich trinke ______ Bier! ______ Limonade, bitte.
Und was nimmst du? ______ Pizza? – Nein, ______ Pizza. Ich esse gesund. Ich nehme ______ Salat.

DaF leicht A1, Lehrerhandbuch
ISBN: 978-3-12-676252

6 das Verb *mögen*: Ergänzen Sie die passenden Form von *mögen*. (______ / 6 Punkte)

→ *je 1 Punkt für korrekte Verbform*

Bsp.: Er *mag* ______ Bratwurst.

Wir ______ Kuchen. ______ du Pizza? ______ sie (Sg.) Kaffee?
Ich ______ Apfelsaft. ______ ihr Senf? ______ Sie Cola?

7 Desserts aus D-A-CH: Ergänzen Sie den passenden Artikel. (______ / 6 Punkte)

→ *je 1 Punkt für korrekten Artikel*

Suchen Sie ______ (ein / eine / einen) Dessert aus Österreich?
Dann nehmen Sie ______ (der / das / die / den) Apfelstrudel.
Auch ______ (der / das / die / den) Sachertorte schmeckt sehr lecker.
In Deutschland isst man ______ (der / das / die / den) Käsekuchen sehr gern.
Oder essen Sie ______ (ein / eine / einen) Eis!
Sie lieben Schokolade? Dann finden Sie ______ (der / das / die / den) Schokoladen-Fondue aus der Schweiz sicher sehr lecker!

8 Personalpronomen: Was passt? (______ / 4 Punkte)

→ *je 1 Punkt für passendes Personalpronomen*

Bsp.: Das ist das Mineralwasser. *Es* ______ ist kalt.

Das ist die Milch. ______ ist gesund. Hm, das sind die Brötchen! ______ sind noch warm!
Bitte! Das Brot. ______ ist ganz frisch. Das ist der Döner. ______ ist salzig.

9 Schreiben Sie 3 Sätze wie im Beispiel: Was essen Sie …? (______ / 6 Punkte)

→ *max. 2 Punkte pro Satz: je 1 Punkt für passende Aussage, je 1 Punkt für korrekte Schreibung und Satzstellung*

Bsp.: *Ich esse abends immer Salat.* ______ (immer / oft / selten / nie)

1. ______ (gern / nicht gern)
2. ______ (immer / oft / selten / nie)
3. ______ (morgens / mittags / abends)

Gesamt: ______ / 50 Punkte

DaF leicht A1, Lehrerhandbuch
ISBN: 978-3-12-676252

Test 04 | Wochentage

1 Zeit: Ergänzen Sie die passenden Nomen. (______ / 6 Punkte)

→ *max. 1 Punkt pro Antwort, je 0,5 Punkte für passendes Nomen, je 0,5 Punkte für korrekten Pl. (/Sg.)*

Bsp.: 1 Jahr = 12 M…

1 Jahr = 12 ______ = 52 ______ = 365 ______
1 ______ = 24 ______ = 1.440 ______

2 Eine Woche: Was machen die Personen? Antworten Sie. (______ / 6 Punkte)

→ *max. 1 Punkt pro Satz: je 0,5 Punkte für passendes Verb, je 0,5 Punkte für korrekte Verbform*

schlafen | ~~haben~~ | arbeiten | surfen | sprechen | hören | essen

Bsp.: Was machst du am Montag um 10 Uhr? – Ich habe einen Termin im Büro.

Was macht ihr von Montag bis Freitag? – Wir ______ im Büro.
Was macht Till am Dienstag? – Er ______ Musik.
Was machen Sabine und Jörg am Donnerstag? – Sie ______ im Restaurant.
Was macht Carla am Freitag? – Sie ______ Deutsch im Deutschkurs.
Was machen Sie am Samstag? – Ich ______ im Internet.
Was macht Pedro am Sonntag? – Er ______ lange.

3 Zeitangaben: Ergänzen Sie *von, bis, am, um*. (______ / 8 Punkte)

→ *je 1 Punkt für passende Präposition*

Bsp.: Tim arbeitet von 8 bis 17 Uhr.

______ 12 Uhr ist Mittagspause. ______ Wochenende hat er frei.
Jana arbeitet ______ 8 ______ 19 Uhr. Manchmal arbeitet sie auch ______ Samstag.
Aylin ist ______ Montag ______ Freitag an der Uni. Meistens macht sie ______ 13 Uhr Pause.

4 Was macht Frau Keller wann? Schreiben Sie Sätze. (______ / 6 Punkte)

→ *max. 2 Punkte pro Satz: je 1 Punkt für korrekte Verbform, je 1 Punkt für korrekte Satzstellung*

Bsp.: Frau K. wacht um 10 Uhr auf. (Frau K. – aufwachen – um 10 Uhr)

______ (sie – frühstücken – um 11 Uhr)
______ (sie – losfahren – um 13 Uhr)
______ (sie – ankommen – um 13:30 Uhr im Büro)

5 Adjektive: Was passt? (______ / 3 Punkte)

→ *je 1 Punkt für passendes Adjektiv*

Bsp.: Er steht um 5 Uhr morgens auf. Das ist früh (früh / spät).

Flaschen wegwerfen ist ______ (laut / leise).
Es ist 8:15 Uhr… Es ist 8:20 Uhr…, 8:25 Uhr, … Der Bus kommt nicht! Er ist ______ (pünktlich / unpünktlich).
Am Sonntag haben die Geschäfte zu. Das ist in Deutschland ______ (anders / normal).

DaF leicht A1, Lehrerhandbuch
ISBN: 978-3-12-676252

6 Wer will und muss was am Sonntag? Ergänzen Sie die passende Form von *wollen* und *müssen*. (______ / 8 Punkte)

→ *max. 1 Punkt pro Verb: je 0,5 Punkte für korrektes Verb, je 0,5 Punkte für korrekte Verbform*

Bsp.: Ich muss ___ nichts machen.

Max ______________ keinen Stress. Er ______________ lange schlafen.
Vormittags ______________ er im Café frühstücken.
Nachmittags hat er keine Zeit. Er ______________ lernen. Leider!
Svenja und Rico ______________ den Krimi im Fernsehen sehen.
Am Sonntag ______________ ich immer ein Dessert essen. ______________ du auch eins essen?
______________ Frau Fischer heute arbeiten? – Nein, sie hat sonntags frei.

7 Wie spät ist es? Ergänzen Sie die Uhrzeiten. (______ / 5 Punkte)

→ *je 1 Punkt für korrekte Uhrzeiten*

Bsp.:  Es ist zwanzig nach zehn.

 Es ist ______________________________

 Es ist ______________________________

 Es ist ______________________________

 Es ist ______________________________

 Es ist ______________________________

8 Meine Woche. Sie haben viel Arbeit und wenig Freizeit. Was *wollen* / *müssen* sie tun? Schreiben Sie 4 Sätze. (______ / 8 Punkte)

→ *max. 2 Punkte pro Satz: je 1 Punkt für passenden Satz, je 0,5 Punkte für korrektes Modalverb und 0,5 Punkte für korrekte Schreibung / Satzstellung*

Bsp.: Ich muss lange im Krankenhaus arbeiten.

1. ____
2. ____
3. ____
4. ____

Gesamt: ______ / 50 Punkte

DaF leicht A1, Lehrerhandbuch
ISBN: 978-3-12-676252

Test 05 | Wünsche und Träume

1 Familie: Ergänzen Sie die passenden Nomen mit Artikel.

(______ / 6 Punkte)

→ *max. 1 Punkt pro Antwort: je 0,5 Punkte für passendes Nomen, je 0,5 Punkte für korrekten Artikel*

die Eltern: ______________________, ______________________
die Kinder: ______________________, ______________________
die Großeltern: ______________________, ______________________

2 Wer? Wie? Wo? Lesen Sie den Text und beantworten Sie die Fragen.

(______ / 6 Punkte)

→ *max. 1,5 Punkte pro Antwort: je 0,5 Punkte für passende Antwort, je 0,5 Punkte für korrekte Schreibung, je 0,5 Punkte für korrekte Satzstellung*

„Ich heiße Andrea. Ich wohne in Salzburg. Das hier ist Clara. Ich bin die Tante von Clara. Sie ist 4 Tage alt. Und das hier ist Josef. Er ist der Großvater von Clara und er ist sehr glücklich."

Wo wohnt die Familie? *Die Familie wohnt in Salzburg.*
Wie heißt das Baby? ______________________
Wie alt ist das Baby? ______________________
Wer ist Andrea? ______________________
Wer ist Josef? ______________________

3 Meine Familie: Markieren Sie den passenden Possessivartikel.

(______ / 10 Punkte)

→ *je 1 Punkt für korrekten Possessivartikel*

Ich bin Sandra und das ist (meine / deine / ihre) Mutter. Thea ist (meine / deine / ihre) Großmutter. (Sein / Ihr / Mein) Sohn ist (mein / dein / ihr) Vater. Wir wohnen in einem Haus. Und wie sieht (meine / deine / unsere) Familie aus?

Ist das (mein / unser / dein) Bruder? – Ja, das ist Felix. – Und sind das (unsere / meine / eure) Eltern? – Ja, das sind (unsere / deine / ihre) Mutter Henriette und (mein / unser / euer) Vater Tom.

Und das ist Paul. – Hat Paul Geschwister? – Ja, (mein / sein / euer) Bruder heißt Christoph und (meine / seine / ihre) Schwester heißt Simone.

4 Hochzeitsfoto: Ergänzen Sie die Nomen im Plural.

(______ / 5 Punkte)

→ *je 1 Punkt für korrekte Pluralform*

Schau mal, das ist unser Hochzeitsfoto: Hier sind unsere *Mütter* (Mutter) und ____________ (Vater).
Dort sind unsere ____________ (Bruder) und ____________ (Schwester).
Und da sind meine vier ____________ (Tante) und seine zwei ____________ (Onkel).

DaF leicht A1, Lehrerhandbuch
ISBN: 978-3-12-676252

5 Gute Wünsche: Schreiben Sie 5 Imperative. (_____ / 5 Punkte)

→ *1 Punkt für korrekten Imperativ*

Bsp.: lernen – viel (Sg.) Lern viel!

1. machen – eine Reise (Sg.) ____________________
2. haben – keine Angst (Pl.) ____________________
3. leben – gesund (Sg.) ____________________
4. haben – Spaß (Sg.) ____________________
5. sein – mutig (Pl.) ____________________

6 Schreiben Sie Sätze mit *können* und *möchten*. (_____ / 6 Punkte)

→ *je 1 Punkt für korrekte Verbform*

Bsp.: viele Sprachen / ich / können / sprechen Ich kann viele Sprachen sprechen.

Robin / Russisch / können / sprechen ____________________
wir / Tiere / können / verstehen ____________________
ihr / Deutsch / möchten / lernen ____________________
du / sehr gut / Gitarre / können / spielen ____________________
sie (Pl.) / eine Weltreise / möchten / machen ____________________
ich / einen Musiker / möchten / heiraten ____________________

7 Weltreise: Ergänzen Sie die passende Form von *sein* oder *haben*. Schreiben Sie die Sätze in der Vergangenheit. (_____ / 4 Punkte)

→ *max. 1 Punkt pro Verb: je 0,5 Punkte für passendes Wort, je 0,5 Punkte für korrekte Verbform im Präteritum*

Bsp.: Wie war die Weltreise?

Die Reise __________ gefährlich.
Aber die Journalistin und ihr Bruder __________ keine Angst.
Sie __________ immer zusammen.
Die Geschwister __________ viel Spaß!

8 Was *können* und was *möchten* Sie? Schreiben Sie 4 Sätze. (_____ / 8 Punkte)

→ *max. 2 Punkte pro Satz: je 1 Punkt für passenden Satz, je 0,5 Punkte für passende Modalverben, 0,5 Punkte für korrekte Schreibung / Satzstellung*

Bsp.: Ich kann fünf Sprachen sprechen. / Ich möchte Französisch verstehen.

____

____

____

____

Gesamt: _____ / 50 Punkte

DaF leicht A1, Lehrerhandbuch
ISBN: 978-3-12-676252

Test 06 | In Berlin ist was los!

1 Tipps für Berlin: Ergänzen Sie die Nomen.

(_____ / 6 Punkte)

→ *je 1 Punkt für korrektes Wort*

~~Café~~ | Stadtrundfahrt | Sehenswürdigkeiten | Museum | Flohmarkt | Kaufhäuser | Ticket

Am Morgen trinkst du einen Kaffee im _Café_ Anna Blume. Im Bus 100 kannst du eine __________ machen. Ein __________ kostet nur 2,60 Euro. In der Torstraße kannst du gut shoppen gehen. Hier sind viele __________. Am Sonntag ist am Mauerpark ein __________: Hier kannst du für wenig Geld Sachen kaufen. Berlin hat viele __________. Im __________ am Checkpoint Charlie sind sehr viele Touristen. Geh auch auf den Fernsehturm – die Aussicht ist toll!

2 Wo sind die Personen? Ergänzen Sie die Präpositionen *in*, *an* oder *auf* mit Artikel.

(_____ / 6 Punkte)

→ *max. 1 Punkt pro Satz: je 0,5 Punkte für korrekte Präposition, je 0,5 Punkte für korrekten Artikel*

Bsp.: Eva ist _im_ Turm.

a. Eva steht __________ Turm.

b. Eva ist __________ Turm.

c. Tim sitzt __________ Café.

d. Tim ist __________ Café.

e. Ulla ist __________ Spree.

f. Ulla liegt __________ Spree.

3 Wege beschreiben: Ergänzen Sie die Präpositionen *an*, *von*, *zu* und den Artikel.

(_____ / 6 Punkte)

→ *je 1 Punkt für korrekte Präposition mit Artikel*

Bsp: Wir starten _am_ Hauptbahnhof.

Wir starten __________ Brandenburger Tor (das). __________ Brandenburger Tor gehen wir __________ Museumsinsel (die).
Wir starten __________ Potsdamer Platz (der). __________ Potsdamer Platz gehen wir __________ Hotel (das).

4 Fin erzählt. Lesen Sie den Text und schreiben Sie Antwortsätze zu den Fragen.

(_____ / 6 Punkte)

→ *max. 2 Punkte pro Satz: je 1 Punkt für passende Antwort, je 1 Punkt für korrekte Schreibung und Satzstellung*

Fin: „Ich habe lange in Frankfurt gearbeitet. Vor 20 Jahren bin ich nach Berlin gereist. Ich habe die Stadt sofort geliebt. Hier leben viele Künstler und Studenten. Sie machen Berlin so kreativ und offen."

Bsp.: Wann ist Fin nach Berlin gereist? _Fin ist vor 20 Jahren nach Berlin gereist._

1. Wo hat Fin gearbeitet? __________.
2. Wer lebt in Berlin? __________.
3. Warum liebt Fin die Stadt? __________.

DaF leicht A1, Lehrerhandbuch
ISBN: 978-3-12-676252

5 Perfekt: Ergänzen Sie *haben* oder *sein* und die passende Verbform. (______ / 8 Punkte)

→ *max. 1 Punkt pro Perfektform: je 0,5 Punkte für korrekte Verbform von haben / sein, je 0,5 Punkte für korrektes Partizip*

Bsp.: Tom und Maria *sind* am Wochenende nach Berlin *gereist* (reisen).

Tom und Maria ______ viel ______ (machen).
Sie ______ ein Hotel ______ (suchen).
Tom ______ einen Film im Kino ______ (sehen)
und Maria ______ spazieren ______ (gehen).
Tom und Maria ______ im Restaurant ______ (essen).
Danach ______ sie im Club ______ (tanzen).
Sie ______ viel ______ (lachen).
Später ______ sie mit dem Taxi zum Hotel ______ (fahren).

6 Ein Wochenende: Ergänzen Sie *sein* und *haben* im Präteritum. (______ / 8 Punkte)

→ *je 1 Punkt für korrekte Verbform*

Bsp.: Ich *war* in Berlin und *hatte* viel Spaß.

Du ______ in Hamburg und ______ viel Spaß.
Meine Frau ______ in Köln und ______ viel Arbeit.
Die Kinder ______ in München und ______ viel Freizeit.
Wir ______ am Sonntag wieder zu Hause.
Und ihr? Wo ______ ihr?

7 Schreiben Sie einen Text über eine Stadt. Schreiben Sie 5 Sätze. (______ / 10 Punkte)

→ *max. 2 Punkte pro Satz: 1 Punkt für korrekte Verbform, 1 Punkt für korrekte Schreibung und Satzstellung*

Wo sind Sie? Wo frühstücken Sie? Was machen Sie dort?

24 Stunden in ______

1. ______
2. ______
3. ______
4. ______
5. ______

Gesamt: ______ / 50 Punkte

DaF leicht A1, Lehrerhandbuch
ISBN: 978-3-12-676252

Test 07 | Natur und Sport

1 Jahreszeiten: Ergänzen Sie die Nomen mit Artikel. (______ / 4 Punkte)

→ *max. 1 Punkt pro Antwort: je 0,5 Punkte für passendes Nomen, je 0,5 Punkte für korrekten Artikel*

____

____

____

____

2 Was gibt es hier? Ergänzen Sie *ein* und *kein* in der passenden Form. (______ / 8 Punkte)

→ *je 1 Punkt für korrekten Artikel*

Bsp. Es gibt *eine* (+) Muschel. Aber es gibt *keinen* (-) Strand.

Es gibt __________ (+) Meer, aber es gibt __________ (-) Wellen.
Es gibt __________ (+) Wald, aber es gibt __________ (-) Vögel.
Es gibt __________ (+) Berge (Pl.), aber es gibt __________ (-) See.
Es gibt __________ (+) Blumen (Pl.), aber es gibt __________ (-) Wiese.

3 Wie war dein Wochenende? Ergänzen Sie die Perfekt-Formen. (______ / 10 Punkte)

→ *je 1 Punkt für korrekten Artikel*

Bsp.: Mein Wochenende war herrlich. Ich war in der Natur und habe nicht *gearbeitet* (arbeiten).

Am Morgen habe ich Tiere ______________ (sehen) und Fische ______________ (fangen).
Die Vögel haben Lieder ______________ (singen).
Dann habe ich viel ______________ (essen) und ______________ (trinken).
Ich habe nicht ______________ (telefonieren) und nicht ______________ (chatten).
Ich habe nicht die Zeitung ______________ (lesen) und auch nicht ______________ (trainieren).
Ich habe einfach nichts ______________ (machen).

4 Wohin möchte Tom? Ergänzen Sie die Präpositionen *in*, *an*, *auf* und Artikel. (______ / 6 Punkte)

→ *max. 1 Punkt für korrekte Präposition mit Artikel, ebenso 1 Punkt bei zusammengezogener Form von Präposition und Artikel*

Bsp.: Tom möchte *auf den* Berg klettern.

Er möchte ______________ Natur fahren. Er möchte ______________ See oder ______________ Meer fahren.
Alex möchte nicht ______________ Land fahren. Er möchte lieber ______________ Stadt fahren. Dort kann er ______________ Kino gehen.

DaF leicht A1, Lehrerhandbuch
ISBN: 978-3-12-676252

5 Wie ist das Wetter heute? Beschreiben Sie. (_______ / 4 Punkte)

→ *je 1 Punkt für korrekten Satz*

Bsp.: 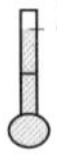 23° C : Es ist warm.

 : ____________________

 : ____________________

 -1° C : ____________________

 : ____________________

6 *können* oder *müssen*? Ergänzen Sie die passende Form. (_______ / 4 Punkte)

→ *je 1 Punkt für korrektes Verb*

Bsp.: Haben Sie auch Hunger? — Ja, wir können jetzt essen gehen.

Machen Sie jetzt eine Pause? — Nein, ich ____________ noch bis 13 Uhr arbeiten.
Stehst du sonntags auch früh auf? — Nein, da ____________ ich lange schlafen.
Was machst du morgen? — Ich habe Kopfschmerzen. Ich ____________ nicht kommen.
Fährst du auch immer Rad? — Nein, ich habe kein Rad. Ich ____________ den Bus nehmen.

7 Was darf man hier nicht? Schreiben Sie die Sätze. (_______ / 4 Punkte)

→ *je 2 Punkte pro Satz: je 1 Punkt für korrekte Verbform, je 1 Punkt für korrekte Zuordnung*

Bsp.:  (wir): Wir dürfen hier nicht Rad fahren.

(du): ____________________________________

(man): ____________________________________

(ihr): ____________________________________

(ich): ____________________________________

8 Sie hatten eine Woche frei: Ergänzen Sie Ihr Bewegungsprotokoll. (_______ / 10 Punkte)

→ *max. 2 Punkte pro Satz: je 1 Punkt für passende Wort-/Themenwahl, je 1 Punkt für korrekte Schreibung und Satzstellung*

Bsp.: Am Montag und Dienstag war ich krank. Da habe ich nichts gemacht. Aber ....

Mi ____________________________________

Do ____________________________________

Fr ____________________________________

Sa ____________________________________

So ____________________________________

Gesamt: _______ / 50 Punkte

DaFleicht A1, Lehrerhandbuch
ISBN: 978-3-12-676252

Test 08 | Wohnen und leben

1 Wohnpreise: Schreiben Sie die Zahlen.

(______ / 4 Punkte)

→ *je 1 Punkt für korrekte Zahl*

Bsp.: Hotelzimmer in Berlin: EUR 175,- pro Nacht (ein)hundertfünfundsiebzig

WG-Zimmer in Leipzig: EUR 219 – im Monat ______________________
Ferienwohnung im Süden: EUR 679 – pro Woche ______________________
Haus in München: EUR 980 – im Monat ______________________
Studentenzimmer in Linz: EUR 354 – pro Monat ______________________

2 Lesen Sie die Sätze und ergänzen Sie *teuer* oder *günstig*.

(______ / 3 Punkte)

→ *je 1 Punkt für korrektes Adjektiv*

Bsp.: Ich studiere im Norden, in Hamburg. Wohnungen sind hier teuer. Mein Zimmer kostet 513 Euro im Monat.

Ganz im Süden, in München ist Wohnen sehr __________. Ich zahle 823 Euro!
Ich studiere in Leipzig, im Osten. Ich zahle für mein Zimmer 215 Euro im Monat. Das finde ich __________.
Ich bin jetzt in Dresden und habe ein Zimmer für 195 Euro gefunden. __________, oder?

3 Luzern in Zahlen: Schreiben Sie die Zahlen.

(______ / 4 Punkte)

→ *je 1 Punkt für korrekte Zahl*

Luzern in Zahlen: (neunundsiebzigtausendvierhundertachtundsiebzig) 79478 Einwohner, (zweitausendsiebenhundertvierundneunzig) __________ Studenten, (sechsundvierzig) __________ Hotels, (achthundertsiebenundvierzig) __________ Babys pro Jahr und (eintausendachthundertsechs) __________ Sonnenstunden.

4 Wohnorte: Ergänzen Sie die Indefinitartikel.

(______ / 5 Punkte)

→ *je 1 Punkt für korrekten Indefinitartikel*

Bsp.: Ich wohne im Norden, in einem Leuchtturm.

Peter wohnt in __________ Baumhaus im Wald. Seine Nachbarn sind die Vögel. Das ist lustig. Finja wohnt in __________ Wohnwagen an __________ See. Sonja lebt auf __________ Insel. Sie mag Tiere sehr gern und wohnt auf __________ Bauernhof.

5 Mitbewohner: Ergänzen Sie *mit* und *bei* und den Possessivartikel.

(______ / 5 Punkte)

→ *max. 1 Punkt pro Angabe: je 0,5 Punkte für korrekte Präposition, je 0,5 Punkte für korrekten Artikel*

In Barcelona wohne ich immer __________ Freunden in der WG.
Friso lebt __________ Hund und __________ Katze in einem Hausboot.
Herr und Frau Nissen wohnen __________ Kindern in einer Mietwohnung.
Klara hat Ferien. Sie wohnt __________ Großvater auf dem Land.

6 Einrichtungsgegenstände: Was ist das? Schreiben Sie Nomen und Artikel.

(______ / 6 Punkte)

→ *max. 1 Punkt pro Angabe: je 0,5 Punkte für korrektes Nomen, je 0,5 Punkte für korrekten Artikel*

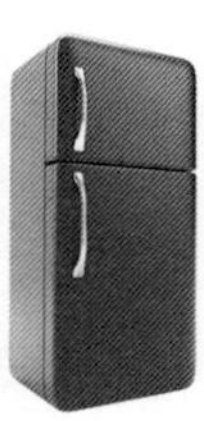
____

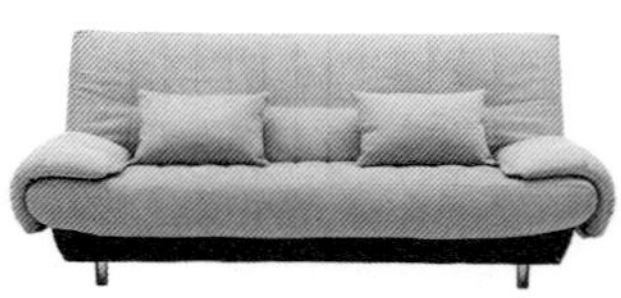
____

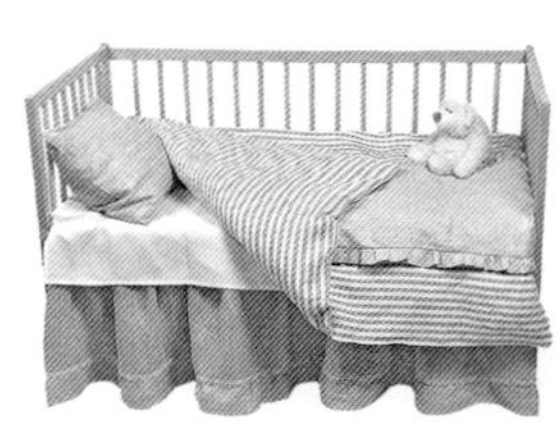
____

____

____

____

DaF leicht A1, Lehrerhandbuch
ISBN: 978-3-12-676252

7 Wie heißen die Zimmer?

(_______ / 5 Punkte)

→ *je 1 Punkt für korrektes Kompositum*

Bsp.: Baden können wir im Badezimmer.

Die Kinder spielen und schlafen im ______________________.
Mit Gästen und zum Fernsehen sitzen wir gern im ______________________.
Wir sind müde, also gehen wir ins ______________________.
Wir essen im ______________________ und wer arbeiten muss, geht ins ______________________.

8 Was mögen Sie? Antworten Sie.

(_______ / 5 Punkte)

→ *je 1 Punkt für korrektes Pronomen*

– Magst du _________?

: Magst du ihn?

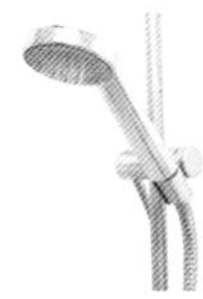
– Benutzt du _________?

– Brauchst du _________?

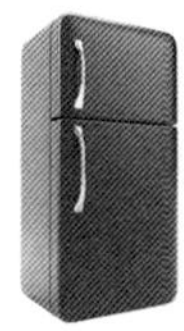
– Kannst du ohne _________ leben?

– Kannst du ohne _________ leben?

9 Kühlschranknachrichten. Ergänzen Sie die Sätze mit den Pronomen.

(_______ / 5 Punkte)

→ *je 1 Punkt für korrektes Pronomen*

Bsp.: Ich habe kein Handy ;-(Ich kann dich nicht anrufen.

Anne kommt um acht Uhr an. Kannst du __________ abholen?
Ich muss lernen! Nervt __________ bitte nicht!
Es war sehr schön ☺ Besucht ihr __________ auch? Julia und Carsten
Wo wart ihr? Ich habe __________ gesucht.
Du hast wieder nicht sauber gemacht. Ich kenne __________!

10 Wie möchten Sie wohnen? Schreiben Sie 4 Sätze.

(_______ / 8 Punkte)

→ *max. 2 Punkte pro passenden Satz:*
1 Punkt für korrekte Präposition und Artikel,
1 Punkt für korrekte Satzstellung und Schreibung

Ich möchte in / auf einem / einer .... wohnen.

Wo genau? ____

Mit wem? ____

Wie? ____

Was ist besonders? ____

Gesamt: _______ / 50 Punkte

DaFleicht A1, Lehrerhandbuch
ISBN: 978-3-12-676252

Test 09 | Teilen und tauschen

1 Welches Wort passt nicht? Markieren Sie.

(______ / 5 Punkte)

→ *je 1 Punkt für korrektes Wort*

Bsp.: das Essen – die Arbeit – die Getränke – der Kühlschrank

die Ideen – die Erfahrungen – das Werkzeug – das Wissen
die Unterwäsche – die Kleidung – die Sportsachen – der Kühlschrank
das Wissen – das Bankkonto – das Geld – der Schmuck
die Freunde – der Kühlschrank – die Waschmaschine – der Fernseher
der Laptop – das Mobiltelefon – die Erfahrungen – der Computer

2 Wer teilt was? Ergänzen Sie den passenden Possessivartikel (Akkusativ).

(______ / 7 Punkte)

→ *je 1 Punkt für korrekten Possessivartikel*

Bsp.: Angelika teilt *ihr* Auto.

Bernd teilt ________ Essen. Ich teile ________ Küche. Wir teilen ________ Haus. Das Kind teilt ________ Spielzeug.
Ihr teilt ________ Büro. Die Leute teilen ________ Bücher. Du teilst ________ Wissen.

3 Teilen ist super! Ergänzen Sie passende Adjektive.

(______ / 5 Punkte)

→ *je 1 Punkt für passendes Adjektiv*

Bsp.: Teilen ist *modern*.

Essen teilen ist s __ __ i __ l.
Das Büro teilen ist k __ __ __ __ n __ __ __ __ __ v.
Das Auto teilen ist ö k __ __ o __ __ __ __ __.
Die Wohnung teilen ist p __ __ k __ __ __ __ h.
Aber eine Zahnbürste teilen ist k o __ __ __ c __.

4 Karins Fotos. Lesen Sie und ergänzen Sie die passenden Possessivartikel.

(______ / 5 Punkte)

→ *je 1 Punkt für korrekten Possessivartikel*

A: Schaut mal, ich habe *meine* Fotos auf dem Smartphone. Hier, das sind meine fünf Geschwister.

B: Toll! Ist das ________ Haus?
A: Ja, wir leben zusammen und teilen auch ________ Garten und ________ Katze.
B: Teilt ihr auch ________ Autos?
A: Nein, ________ Autos brauchen wir jeden Tag, die teilen wir nicht.

5 Kleidung: Schreiben Sie Nomen und Artikel.

(______ / 5 Punkte)

→ *je 0,5 Punkte für korrektes Nomen, je 0,5 Punkte für korrekten Artikel*

Bsp.:  *Das Kleid ist grün.*

________________ ist schick.

________________ ist modern.

________________ ist eng.

________________ ist warm.

________________ ist schön.

DaFleicht A1, Lehrerhandbuch
ISBN: 978-3-12-676252

6 Farben: Ergänzen Sie. (_______ / 5 Punkte)

→ *je 1 Punkt für korrektes Adjektiv*

Die Banane ist ________________.
Das Ketschup ist ________________.
Die Nacht ist ________________.
Der Himmel ist ________________.
Der Schnee ist ________________.

7 Verben mit Dativ. Ergänzen Sie die Pronomen. (_______ / 4 Punkte)

→ *je 1 Punkt für korrektes Pronomen*

Bsp.: Wie gefällt *dir* (du) die Tasche? – Die Farbe gefällt __________ (ich).

Der Rock passt __________ (ich) nicht. Passt er __________(du)?
Wir helfen __________ (du) gern. Warum auch nicht!

8 Wer gibt wem was? Schreiben Sie Sätze. (_______ / 6 Punkte)

→ *max. 1,5 Punkte pro Satz: 0,5 Punkte für korrektes Nomen + Artikel, 1 Punkt für korrekten Satzbau und Schreibung*

Bsp.: (Schwester, Blumen → Bruder) *Die Schwester gibt dem Bruder die Blumen.*

(Tochter, Krawatte → Vater) ________________ gibt ________________ ________________.
(Vater, Buch → Großmutter) ________________ gibt ________________ ________________.
(Großmutter, Strümpfe → Enkelin) ________________ gibt ________________ ________________.

9 Ein Märchen: Wem schenken Sie was? Schreiben Sie 4 Sätze. (_______ / 8 Punkte)

→ *max. 2 Punkte pro korrekten Satz: 1 Punkt für korrekten Kasus, 1 Punkt für korrekten Satzbau und Schreibung*

Bsp.: *Ich schenke dem Kind die Schuhe.*

____

____

____

____

Gesamt: _______ / 50 Punkte

DaF leicht A1, Lehrerhandbuch
ISBN: 978-3-12-676252

Test 10 | Feste und Gäste

1 Wie heißen die Lebensmittel im Singular oder Plural?

(______ / 6 Punkte)

→ *max. 1 Punkt pro Antwort: je 0,5 Punkte für passendes Nomen und 0,5 Punkte für korrekten Artikel*

Bsp.:  die Brote

 ______________

______________ 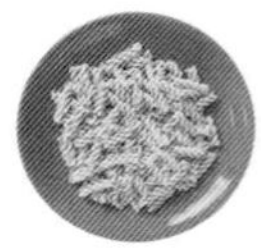

 ______________

______________ 

 ______________

______________ 

2 Welcher Tag ist heute und morgen? Schreiben Sie das Datum.

(______ / 6 Punkte)

→ *je 1 Punkt für korrektes Datum*

Bsp.: Mai 9 – Heute ist der neunte Fünfte. Morgen ist der zehnte.

Februar 1 – Heute ist der ______________. Morgen ist der ______________.

März 11 – Heute ist der ______________. Morgen ist der ______________.

Juni 15 – Heute ist der ______________. Morgen ist der ______________.

3 Ein Jahr: Schreiben Sie die Monate.

(______ / 10 Punkte)

→ *je 1 Punkt für korrekten Monat*

1. Januar
2. ______________
3. ______________
4. ______________
5. ______________
6. ______________
7. ______________
8. ______________
9. ______________
10. ______________
11. ______________
12. Dezember

4 Der, das, die? Ergänzen Sie das richtige Demonstrativpronomen. Achten Sie auf Nominativ oder Akkusativ.

(______ / 3 Punkte)

→ *je 1 Punkt für korrektes Demonstrativpronomen*

Bsp.: A: Ein Kostüm aus 1001 Nacht – wie cool! B: Meinst du das da?

A: Der Mann sieht ja verrückt aus! B: ________ da? Ja, finde ich auch.

A: Sieh mal, der Hut ist ja schick! B: Meinst du ________ da? Ja, stimmt.

A: Schau mal, das Gesicht! Toll geschminkt! B: Meinst du ________ da?

DaFleicht A1, Lehrerhandbuch
ISBN: 978-3-12-676252

5 Zum Geburtstag: Schreiben Sie 3 Wünsche. (______ / 5 Punkte)

→ *je 1 Punkt für passenden Glückwunsch*

Gute | Glückwunsch | Alles | Alles | Herzlichen | Liebe

1. ______________________! 2. ______________________! 3. ______________________!

6 Trennbare Verben. Ergänzen Sie die Verben. (______ / 4 Punkte)

→ *max. 1 Punkt pro Verb: je 0,5 Punkte für passendes Verb, je 0,5 Punkte für korrekte Konjugation*

stattfinden | einladen | ~~anbieten~~ | austauschen | vergessen | aufräumen | eingeben

Die Organisation Hopping Dinner bietet Koch-Partys an. So funktioniert es: Man __________ seine Daten auf der Website ______. Man bekommt dann einen Kochpartner für ein Abendessen. Das Treffen __________ in einer Privatwohnung ______. Die Gastgeber __________ die Gäste in ihre Wohnung ______. Gemeinsam kochen alle eine Vorspeise, eine Hauptspeise und ein Dessert. Man isst und man __________ die Zeit ______. Oft __________ die Gäste Telefonnummern ______. Am nächsten Tag __________ die Gastgeber die Wohnung ______.

7 Begründungen: Bilden Sie Sätze mit *denn*. (______ / 6 Punkte)

→ *je 2 Punkte für korrekten Satz*

Bsp.: Er: Partys – macht gern – tanzt gern – denn Er macht gern Partys, denn er tanzt gern.

Sie: denn – ist müde – hat – viel gearbeitet ______________________

Wir: machen – denn – kennenlernen – eine Kochparty – möchten – neue Leute ______________________

Ich: glücklich – bin – meine Familie – ist da – denn ______________________

8 Smalltalk: Schreiben Sie eine passende Frage oder Antwort. (______ / 10 Punkte)

→ *max. 2 Punkte pro Antwort / Frage: 1 Punkt für passende Wortwahl, 1 Punkt für korrekten Satzbau / Schreibung*

Bsp.: Wie geht's so? Danke, gut.

1. Was arbeiten Sie? ______________________
2. Machen Sie gern Sport? ______________________
3. Was möchten Sie trinken? ______________________
4. ______________________ Nein, ich bin leider sehr unsportlich.
5. ______________________ Ich esse lieber vegetarisch.

Gesamt: ______ / 50 Punkte

DaF leicht A1, Lehrerhandbuch
ISBN: 978-3-12-676252

Lektion 1
1 Wie | Wer | Wie **2** bin | bist | ist | ist | ist **3** bin / heiße | komme / bin | heißt | heiße / bin | komme / bin | ist | komme / bin | heißen | heiße / bin | komme / bin **4** Sie | Sie | Er | Er | Ich | Ich **5** Wie geht es Ihnen | Ihnen | Wie geht es dir | dir **6** Guten Morgen! | Guten Tag! | Guten Abend! | Gute Nacht! **7** das Taschentuch | die Schokolade | das Handy | der Spiegel | die Zahnbürste **8** Zeitungen | Hefte | Stifte | Fotos | Flaschen **9** Wie schreibt man das? | Wie heißt du? | Wer bist du? | Wie geht es dir? | Wie geht es Ihnen? **10 z.B.**: Ich bin Juliana. Ich bin 22 Jahre alt. Ich komme aus Portugal.

Lektion 2
1 fotografieren | reisen | schwimmen | telefonieren | Musik hören **2** gehst | spielt | geht | mache | macht / hört / spielt | gehe | gehen | machen **3** Das Bier | Die Blume | Das Herz | Die Uhr | Der Ball **4** Das ist kein Hut. | Das ist ein Messer. | Das ist keine Postkarte. | Das sind Gummibärchen. **5** in | ins | nach | in die | aus **6** sechs | sieben | neun | elf | dreißig | vierzig | sechzig | siebzig | neunzig **7** neunzehn | sechsundfünfzig | siebenundachtzig | zwölf **8 z.B.**: Ich komme aus Polen. | Ich wohne in Bremen. | Ich koche gern. | Ich reise gern nach Italien. | Ja, ich spreche ein bisschen Deutsch. / Ja, ich lerne Deutsch.

Lektion 3
1 die Milch | die Marmelade | das Brötchen | die Butter | der Schinken | die Eier **2** Esst | isst | Isst | essen | essen | Isst **3** warm | süß | weich | gesund | frisch **4** (frei) **5** einen | Ein | kein | Eine | Eine | keine | einen **6** mögen | Magst | Mag | mag | Mögt | Mögen **7** ein | den | die | den / die | ein | das **8** Sie | Sie | Es | Er **9 z.B.**: Ich esse gern Wurst. | Ich esse selten Äpfel. | Ich esse morgens Brot.

Lektion 4
1 Monate | Wochen | Tage | Tag | Stunden | Minuten **2** arbeiten | hört | essen | spricht | surfe | schläft **3** Um | Am | von | bis | am | von | bis | um **4** Sie frühstückt um 11 Uhr. | Sie fährt um 13 Uhr los. | Sie kommt um 13:30 Uhr im Büro an. **5** laut | unpünktlich | normal **6** will | will | will | muss | wollen | will | Willst | Muss **7** fünf vor halb zwölf | Viertel nach fünf | zwanzig vor acht | Viertel vor zwölf | Viertel nach zehn **8 z.B.**: Ich muss Deutsch lernen. | Ich muss oft im Restaurant arbeiten. | Ich will lange frühstücken. | Ich will mit Freunden ins Kino gehen.

Lektion 5
1 der Vater, die Mutter | der Sohn, die Tochter | der Großvater / Opa, die Großmutter / Oma **2** Das Baby heißt Clara. | Das Baby ist 4 Tage alt. | Andrea ist die Tante von Clara. | Josef ist der Großvater von Clara. **3** meine | meine | Ihr | mein | deine | dein | eure | unsere | unser | sein | seine **4** Väter | Brüder | Schwestern | Tanten | Onkel **5** Mach eine Reise! | Habt keine Angst! | Leb gesund! | Hab Spaß! | Seid mutig! **6** Robin kann Russisch sprechen. | Wir können Tiere verstehen. | Ihr möchtet Deutsch lernen. | Du kannst sehr gut Gitarre spielen. | Sie möchten eine Weltreise machen. | Ich möchte einen Musiker heiraten. **7** war | hatten | waren | hatten **8 z.B.**: Ich kann zwei Instrumente spielen. | Ich möchte gern Klavier spielen. | Ich kann schnell laufen. | Ich möchte schön singen.

Lektion 6
1 Stadtrundfahrt | Ticket | Kaufhäuser | Flohmarkt | Sehenswürdigkeiten | Museum **2** am | auf dem | im | am | auf der | an der **3** am | Vom | zur | am | Vom | zum **4** Fin hat in Frankfurt gearbeitet. | Viele Künstler und Studenten leben in Berlin. | Fin liebt die Stadt, weil sie so kreativ und offen ist. **5** haben | gemacht | haben | gesucht | hat | gesehen | ist | gegangen | haben | gegessen | haben | getanzt | haben | gelacht | sind | gefahren **6** warst | hattest | war | hatte | waren | hatten | waren | wart **7 z.B.**: 24 Stunden in Barcelona. Ich frühstücke im Café. Ich gehe zum Strand. Mittag esse ich in einer Tapas-Bar. Ich gehe ins Picasso-Museum. Ich gehe Salsa tanzen.

Lektion 7
1 der Winter | der Frühling | der Sommer | der Herbst **2** ein | keine | einen | keine | --- | keinen | --- | keine **3** gesehen | gefangen | gesungen | gegessen | getrunken | telefoniert | gechattet | gelesen | trainiert | gemacht **4** in die | an den | ans | aufs | in die | ins **5** Die Sonne scheint. | Es ist kalt. | Es regnet. | Es gibt Schnee. **6** muss | kann | kann | muss **7** Du darfst hier nicht / keine Musik hören. | Man darf hier nicht / kein Skateboard fahren. | Ihr dürft hier nicht / kein Fußball spielen. | Ich darf hier nicht schwimmen. **8 z.B.**: Am Mittwoch bin ich spazieren gegangen. Am Donnerstag habe ich Fußball gespielt. Am Freitag bin ich Rad gefahren. Am Samstag habe ich Basketball gespielt. Am Sonntag bin ich am Strand gewesen.

Lektion 8
1 zweihundertneunzehn | sechshundertneunundsiebzig | neunhundertachtzig | dreihundertvierundfünfzig **2** teuer | günstig | Günstig **3** 2794 | 46 | 847 | 1806 **4** einem | einem | einem | einer | einem **5** bei meinen | mit seinem | mit seiner | mit ihren | bei ihrem **6** der Kühlschrank | die Lampe | das Sofa | der Stuhl | der Tisch | das Bett **7** Kinderzimmer | Wohnzimmer | Schlafzimmer | Esszimmer | Arbeitszimmer **8** es | ihn / sie | sie | sie | ihn **9** sie | mich | uns | euch | dich **10 z.B.**: Ich möchte in Japan wohnen. Ich möchte dort mit meiner Freundin wohnen. Ich möchte in einer Wohnung in Osaka wohnen. Das Meer ist sehr nah und wir können schwimmen gehen.

Lektion 9
1 das Werkzeug | der Kühlschrank | das Wissen | die Freunde | die Erfahrungen **2** sein | meine | unser | sein | euer | ihre | dein **3** kommunikativ | ökologisch | sozial | praktisch | komisch **4** euer | unseren | unsere | eure | unsere **5** Der Anzug | Die Jacke | Die Bluse | Der Schal | Der Gürtel **6** gelb | rot | schwarz | blau | weiß **7** mir | mir | dir | dir **8** Die Tochter | dem Vater | die Krawatte | Der Vater | der Großmutter | das Buch | Die Großmutter | der Enkelin | die Strümpfe **9 z.B.**: Ich schenke dem Lehrer den Ball. Der Student schenkt dem Lehrer den Stift. Die Studentin schenkt dem Lehrer den Ball. Der Kurs schenkt dem Lehrer das Wissen.

Lektion 10
1 die Nudeln | die Tomaten | der Reis | das Fleisch | die Kartoffeln | der Fisch **2** erste Zweite | zweite | elfte Dritte | zwölfte | fünfzehnte Sechste | sechszehnte **3** Februar | März | April | Mai | Juni | Juli | August | September | Oktober | November **4** Der | den | das **5** Alles Gute! | Alles Liebe! | Herzlichen Glückwunsch! **6** gibt | ein | findet | statt | laden | ein | vergisst | --- | tauschen | aus | räumen | auf **7** Sie ist müde, denn sie hat viel gearbeitet. | Wir machen eine Kochparty, denn wir möchten neue Leute kennenlernen. | Ich bin glücklich, denn meine Familie ist da. **8 z.B.**: Ich bin Fotograf bei einer Zeitung. | Nein, ich habe leider keine Kinder. | Ich möchte gern einen Apfelsaft trinken. | Machen Sie Sport? | Möchtest du eine Wurst?

DaF leicht A1, Lehrerhandbuch
ISBN: 978-3-12-676252